ケアする建築

「共在の場」の思想と実践

山田あすか 著

鹿島出版会

目次

はじめに／004

1章 ほどほどにほどく、ほどけてからまる「施設」……013
事例01 復興のシンボルとしての「丘」 須賀川市民交流センター tette／036
寄稿 施設＝建物と機能のパッケージの解体 西野辰哉／040

2章 つくるから使うへ、そして「使う」がつくる〈利用縁〉……045
事例02 コミュニティとサービスと人を場所でつなぐ 本と暮らしのあるところ だいかい文庫／060
事例03 まちとの中間領域をつくる まちの保育園小竹向原／六本木／062
寄稿 ケアがあるコミュニティ 松原茂樹／064

3章 居場所をめぐる冒険……071
事例04 農と食と場で人をつなげたなら 風のえんがわ／094
事例05 公園を介したまちづくりの取り組み ブライアント・パーク／ザ・ハイ・ライン／南池袋公園／096

4章 〈公・共・私〉が解けるとき、あるいはその境界を越えていくとき……099
事例06 建築と庭の力が癒やし勇気づける場所 マギーズウェストロンドン／マギーズ東京／114
事例07 古民家の改修で、生活文化と健康をつなぐ メディカルヴィレッジヨリドコ小野路宿／116
寄稿 福祉でコミュニティをつくる――「福祉型アソシエーション」とわっぱの会 加藤悠介／118

5章 個にして共、共にして個 …… 123
事例08 まちに開かれた多機能型福祉施設 JOCA東北／142

6章 「弱さ」と「ケア」からはじまる …… 147
事例09 高齢期の「共に住まう」かたち ゆいま～る高島平／168
事例10 空き家を再生した、分散型ホテル アルベルゴ・ディフーゾ・カーサ・デル・ファヴォーレ／170

7章 文化と物語による世界の認知、そして社会の「適正な大きさ」 …… 173
事例11 廃寺の改修による「ごちゃまぜ」の場所 三草二木 西圓寺／186
寄稿 文化によるまちづくりで形成される地域の拠点 小篠隆生／190

8章 〈利用縁〉をつくるために …… 197
事例12 文化住宅を改修したオープンオフィス JOCA大阪／214
寄稿 介護サービスの利用実態から、地域共生コミュニティの拠点づくりをみる 佐藤栄治／218

9章 「ケアする建築」の展望、可能性と課題 …… 225
事例13 日々そこにある暮らしで、地域をつなぐ 春日台センターセンター／246

おわりに／250
プロフィール／258

はじめに

「ケア」と「建築」から社会を見る

経済が偏重され、社会的再生産が軽視されてきた結果、経済格差や人口偏在、深刻な超少子・高齢化など社会の持続性そのものが揺らいでいる。こうした中で、持続可能な社会の実現に向けて「**ケア中心型社会への転換**」の必要性が、社会学や医療、経済、ジェンダーなど多くの分野で叫ばれている。これまで、それと強く意図されずとも「ケア」は経済の側面に比べて軽視されてきた。あるいは、ケアがあまりにもあたりまえに存在していたがゆえに、経済的側面を重視することによって相対的にその価値が低下させられてきた。経済活動が人々の時間と能力を要するように、ケアワークもまた、人々の時間や気遣いや能力を要する。「経済的強者」がケアワークを一段低いものとみなし、ケアを安く買いたたく構造は、ケアが強者によって弱者を搾取するツールや手段として機能している。そしていま、その結果として社会的再生産が立ちゆかなくなっている。ケアや社会的再生産は放っておいても成り立ち存在し続けるものではない、と、ようやく認識されるに至りつつある。

「ケア」とは、狭義には家事、育児、看護、介護などのしばしば家庭内で行われる労働、政策的には医療・福祉・生活の分野の労働・支援、広義の概念としては気遣いや配慮などにまで及ぶ。「ケア中心型社会への転換」の思想において用いられる「ケア」は、それらの全体を指す。**どこにでもあり、あたりまえで、人によってイメージが異なり、全貌を捉えにくい**。それもまた、ケアの特徴である。

「ケア」は近代以降の社会では、それぞれの「家」で提供されることが前提であった。血縁と婚姻によってつくられる大家族を前提にした、子育てや病人や高齢者などの看護や介護、衣食住まわりを整えることなどの直接的なケアである。やがて、「小さなコミュニティ」である大家族が解体され、核家族化が浸透すると共に、そのような小規模な生活集団では担うことができないケアワーク――保育や介護などが社会制度として整備されていく。それは、居住地や職業の自由化、また個人の志向としてそもそもそうした血縁コミュニティに属することができない／それを選択しない人々もケアを得ることができる「公平な」社会制度への発展も意味する。その際には、ケアワークが賃労働になるというケアの経済活動への転換も起こる。**ケアの社会化**である。

建築計画分野から見ると、医療・福祉・生活支援と教育・文化という広義の「公共の福祉」の機能を担う施設（公共施設）は、本質的には「ケア施設」であり、社会化されたケアを提供するための場所でもある。公共施設は、人々が互いに支えあうシステムとしての「社会」ないし社会化されたケアの仕組みを体現し、その機能を担う場所であり、地域の他の諸機能や場所とつながり、それらをつなぐ拠点となっている。施設は、機能（群）・場所・拠点性の要素を有することで地域コミュニティの結節点ともなる（図）。

社会の変化の中で、制度もその具体である施設も移り変わっていく。並行して、地域発・住民発・事業者発の多様な取り組みの発展と共に、それらの施設はいまそこに含まれていた場所と拠点、機能の要素へと解体され、また再編されていく大きな潮流の最中にある。ケア中心型社会への転換の中でのこうした「ケア施設」の機能やあり方の変化、その担い手や利用する人々の変化を捉えることが、本書の視点のひとつである。それは、ケアとケアを担う施設を通して社会と人々の生活のあり方の変化を捉えることでもある。

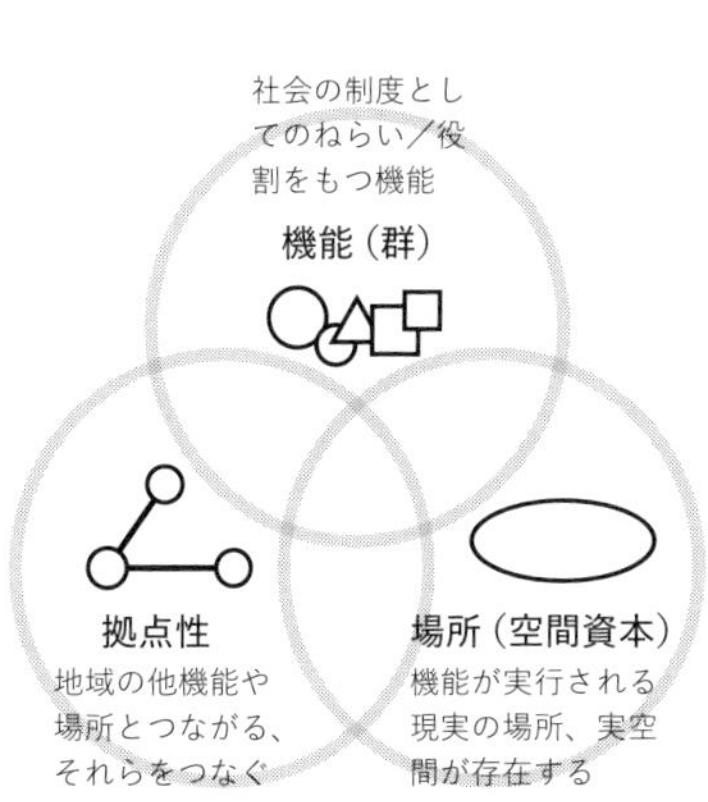

図「施設」の場所、拠点、機能の要素

ケア機能から共生コミュニティへ

近年、こうした「ケア施設」や「ケア機能」をもつ拠点が、地域住民や来訪者に居場所や交流の機会や場所を積極的に提供する取り組みが目立つ。それらの場所は多様な人々の「居合わせの場」となり、それを契機に共生型コミュニティのハブとなることも期待されている。

特筆すべき点として、こうした広義の福祉機能と拠点性を有する事例は、従来それが期待されていた公共施設に加えて、民間にも拡大している。また、その担い手や場も多様化している。その一例として、住宅やオフィスなどを居住者（所有者）が使いながらその一部を地域に開く「住み開き」がある。また、飲食や交流、読書、アトリエ、キッチン、フィットネスなどの多様な活動と滞在のための機能や空間をもつ私設公民館と呼べるような事例も各地で見られるようになった。そうした場の担い手は、必ずしも直接的に「ケア」を提供しようという意識では活動していない。目的は自分たち自身の楽しみや生きがいであったり、もてる資源の有効活用であったり、小さな商いであったりもする。しかし、これらの動きを全体像として捉えると、これらの活動は**ケア機能を起点とした共生コミュニティの拡がり**と表現できる。こうした取り組みの拡大は、社会のニーズの多様化や地域特性を尊重する思想、建物と事業のセットとして整備されてきた施設の解体と再編、施設整備から事業への助成への移行といった社会制度の変化と連動している。こうした変化は、経済的合理性を優先し、社会福祉を削減しながら自己責任のもとで競争を志向する新自由主義の拡大への反動としての〈**共common**〉／**新しい公共**への（再）転換とも軌を一にしている。また、例えば地方部での公共機能集約や、まちなかでの既存機能が融合した多機能な地域の拠点における物理的拠点としての建築＝場所は、複数事業の実態としてのハブ機能、機能の融合による新しい機能の創出の可能性をもっている。

こうした場所は医療や福祉機能の利用圏域を誘引する側面もあることから、一面では都市の縮退のアンカーともなりえる。[1]その地域に住み続けることを支える拠点となることもあれば、人・ものの流れの結節点として生活の場や生活動線の集積を別の場所へ移すことを誘導することもある。前者は、ケアを必要とする人々にケアを提供することで、その場所に留まることを可能にするための拠点。後者は、ケアを提供する拠点にケアを必要とする人々を移り住まわせる拠点、という役割である。

いまや、利用者の属性に対応して整備されてきた施設という枠組み、そしてその施設に対応した建築計画や都市計画という枠組みが、こうした社会的潮流の中で大きく変わりつつある。施設やそれを成り立たせる仕組みの解体と再編を経て、多様な人々やニーズが渾然一体となった「地域」に、属性で分けられることのない複合的な場所が再びつくられていく。人々はそうした場所を自らの意志や、その時々に必要とする機能に応じて選択し、利用していくその集積によって、地縁や血縁よりもゆるやかな「結果としてのコミュニティ／関係性（利用縁）」が生まれる。

関係性としての論考

この本は、異なるものとして扱われてきた知識や論考をつなぎ直すことも意図して編集した。例えば、ある社会制度の中での建物のあり方を考える建築計画という分野と、そもそも人は自分自身も含みつつそれを取り巻く環境とどのような関係を結んでいるのかなどを捉えようとする環境行動という分野。ケアに関係する様々な言説や社会問題、まちのなかでの様々な取り組み。それら、異なる「部分」として扱われてきたもの、異なる「視点」として相容れてこなかったものを敢えて結びつけようとしている。このため、数多くの脚注や、コラムでの補足ないし＋αの拡張する／関連する説明を掲

1 「小さな拠点」など。コミュニティ機能、コミュニティでの継続居住を支えるための諸機能が統合されることで、ニーズ密度を保つことができ、拠点の維持が可能になる。また、住民間の支え合いの関係の拠点があることは、人々のネットワークである「地域」そのものがそのリアルな場所に踏みとどまることにも寄与する

載した。生物学者である福岡伸一氏は、氏の提唱する「動的平衡」の概念の説明で、次のように述べている。[2]生命をどこまでも部分に分解していくことはできる。しかし、分解された部分は生命ではないし、部品を組み立てただけで成り立っているわけではない。生命は、物理的な部分やその集合なのではなく、その働きであり、現象なのだ、と。ケアもまた、ケア的な配慮をもってつくられた物品や建築や制度の条文そのものではなく、それらが人々と関係を結び、働きとなるときに観測される現象と言えるだろう。それゆえ、ケアを理解し捉えようとする試み、そしてその視点を他者と共有しようとする試み、またそれを社会の中で建築・都市の空間の中で実現させようとする試みは、関連する様々な知識や論考、視点の結びつきによってこそ成立するものであろう。

また、紙幅に応じて筆者らが運営する事例紹介ウェブサイトも活用しつつ、関連する事例も各章末に挙げている。ｗｅｂ（網）の概念はまさに象徴的で、一方通行や直線的でない関係の「網」こそが人々がケアやケアのある社会の関係性、それを理解しようとする多元的な視点の根幹にある。ひとつの物事を複数の視点（価値観）で見る、ひとつのキーワードから複数の関連キーワードを連想して拡げることは、アイディア発想の拡がりや多面的な物事の理解／検討において重視される。例えば、大学の設計製図の課題で学校建築が題材になったとき、学校建築の事例を探してそれを参照するだけでなく、子供の遊び場、放課後の過ごし方、学びの空間における環境行動、人間関係と空間の関係、教育法、教育場面へのＩＣＴや国際化、インクルーシブへの考え方など多岐に及ぶ範囲を検討することができれば、アイディアやコンセプトに多様な可能性や深みを得られる。体育館の設計を打診されて

2 福岡伸一『動的平衡――生命はなぜそこに宿るのか』、小学館、二〇〇九、一四五～一四七頁。「生命は、機械のようにいくつもの部品を組み立てただけで成り立っているわけではないという、厳然たる事実がある。（中略）確かに生命はどんどん分解していくと部品になる。（中略）では、それを機械のように組み合わせれば、生命体となるだろうか。否である。（中略）生命現象のすべてはエネルギーと情報が織りなすその「効果」の方にある。（中略）そして、その効果が表れるために「時間」が必要なのである」

体育館の事例に留まらず「大空間」の事例を調べるように、「求めている知識や発想」を一歩も二歩も引いた視点から検討できる。それら**多様なキーワードへの展開**はしばしば簡単ではなく、そうしたキーワード（視点）を多様にもち、増やし、一見して異なるように見えることがらに関連性を見出しながらつないでいくことも、建築計画分野の発展や知の共有の土台になる。

近年の世界は「わかりやすさ」を重視しすぎてきたのではないか。わからないもの、簡単には切り離せないものごと、相互に関連することがら、一方通行のストーリーとしては紡げない関係、簡単には言えない条件、ある言葉の背景にある既存の言説や先人の物語、そうした心の内に、また人々の間にほんとうに存在する現実に対して、われわれはそれを「完結に、わかりやすく」整理しようとすぎてきたのではないか。「わかりやすさ」や「整理」は、設定するストーリーに乗らない事柄、想定する利用者から逸脱する誰かを切り捨てる口実になってしまっていたのではないか。受け取り手自身の理解のネットワークの構築を阻害してはいなかったか。講義の感想を受講生に尋ねると、よく言われることのひとつに「余談が面白かった」がある。余談は本題ののりしろになり、エピソード記憶として記憶の定着を助け、付け足された逸話や例え話はしばしば興味関心を引き出したり理解を促したりする。[3] この本で目指したのは、たくさんの扉が置かれた廊下を歩いて行くような経験ができることだ。扉に囚われることなく、まっすぐに進むこともできる。別の日にもう一度廊下を歩くときには、そのときまで気にならなかった扉にふと呼ばれることがあるかも知れない。同じように、今日とは異なる興味関心をもって読み直したときには、今日とは別のキーワードが目に入ることもあるかもしれない。あるいは目的地までを最短でつなぐ廊下に並ぶ無数の扉のひとつのその先にこそ、誰かにとっての本当の目的地となる場所があるのかもしれない。束ねながら開き、他の目的地へのハブとなることができれば、それ以上の幸いはない。

一九八〇年にの出版時に話題となった経済学者レオポルド・コールの著書に、グローバル経済が巨大化した現代への警句とも取れる文言がある。[4] 曰く、拡大／成長しすぎた社会は諸問題への対応の力を失う、拡大した諸問題に対応するための多くのコストが必要になる。学術研究においてもその分野が大きくなれば、「それぞれの現場」が扱う内容は重複を避けて分断され、研究者はあらゆる次元を踏まえた自分の課題に取り組みにくくなる。「分野を横断した研究者」、などといった表現で他分野とされる分野間にまたがる研究を行う人を示すことがある。しかし本来であれば、「私という自分の課題」は、どこかひとつの「分野」に集約されるものではなく、また次元を行き来するものだろう。そもそもその「分野」という概念それ自体も人がつくった、いまはただそう見えているというだけの枠組みに過ぎない。構築された枠組みは理解のガイドラインとなるが、理解やその発展を縛りもする。拡張していく思考は、枠組みを超えて発散と収縮を繰り返す中で他者のそれを取り込み成長していく。分断をつなぎ直し、あるいは新たな視点を提示しながら、再統合される。その一貫性のあるひとかたまりが、新たにひとつの分野として見出されもするだろう。ケアをキーワードに複数の分野や課題を改めてつないでいくケア・サイエンスの概念は、新しい体系化・新しい分野の誕生と言える。それを同時代で眺められるとは僥倖である。そこに参加できるならなおのことだ。これまでに専門分化によって意図せず分かたれてきた思想を再統合し、厚みを取り戻すとき、改めて生命——生態系としての知が息づくことを期待して。

（なお、本書で紹介する事例の情報は取材時のものである）

3 何かに例えて共通項を見出しながら興味を引き出す話題づくりはままある。例えばメヒシバという「雑草」が地上部分の茎には節をつくりながらその箇所でちぎれる（弱くある）ことは、躯体を切ってそのジョイント部分を敢えて弱く作りその部分が壊れることで壊れてはいけない躯体を守るように設計することと似ている。身近な自然からも多くを学べると聞けば、その日から見慣れた景色が違って見えるようになる人もあるだろう。稲垣栄洋『身近な雑草の愉快な生き方』筑摩書房、二〇一一

4 レオポルド・コール著、藤原新一郎訳『居酒屋社会の経済学——スモール・イズ・ビューティフル』ダイヤモンド社、一九八〇、一四六〜一四七、二一七〜二一八頁

column 1

変化を記録し、誘発する——Webとの連携について

公共施設や公共の福祉の機能の再編によって、従前のいわゆる「施設類型」に基づいているだけでは現象の理解やニーズの把握、何よりこれからの計画が難しい状況が生じている。この状況を共通理解としながら、これからの社会システムを形づくっていく拠点や施設を考えていくための材料とするため、筆者らは広義の「公共の福祉」の機能（医療・福祉・教育・居住・交流）をもつ事例や、その形成と醸成に寄与する事例、そしてそれらを起点とする共生コミュニティの事例を集めた。そして、そうした事例の情報を記録し、シェアするための一種のデジタルアーカイヴとして、ウェブサイト「PROJECTS' CATA-Log（プロジェクツカタログ、愛称ぷろログ）」を立ち上げた（図）。ものごとの「はじまり」を意味する「プロローグ」とかけて、「ぷろログ」という愛称で呼んでいる。社会的な支援、すなわち公共の福祉はその提供拠点となる場所を必要とする。一方で、求められる支援や可能なサポートのあり方は、技術や社会の変化に伴い、かつてよりも、また思うよりも早く変化していく。そして、一度つくられた建物はそう簡単に壊したり短期間のうちに大きな改修を繰り返したりするわけにもいかない。公共施設や公共の福祉の機能を担う場所が、いかに変化を内包しうるかはいま、重大な関心事である。変化し続ける様相を記録に留めることもまた、将来の誰かの振り返り参照のために必要であると考える。

事例に出会うための手がかりを増やすため、多様な事例をどのように認識しているか、例えば〇〇の関連事例を教えてください、と言われたときにどのようなキーワードで脳内検索をかけて、事例（CAse）をヒットさせているかという〈つながり／共通事項／関係性〉を、「ひとと活動」や「ハッシュタグ」などのキーワード・タグ（TAg）によって記録／整理（Log）することを試みた。それぞれ一家言をもつ実践者や研究者が認識している分類と、当サイトでのそれは差異があるかもしれない。それら違和感の誘発

も、違和感なく受け入れられる連想と同様に「一定の刺激」として機能し、総体として生態系としての知をつくっていく。

未知の事例や思想、ものの見方に出会うことは幸せだ。目の前に扉を見つけるとき、またそれが開かれていくときの期待感は、筆舌に尽くしがたい。また、普通は研究室に閉じてしまい、直接表に出る機会は多くない、一次資料にあたる事例の見学レポートも、公開可能なものは掲載している。思うよりも早く、社会や制度が変わり、事業拠点やそのあり方も変化している。例えば筆者が研究をしているこの二〇年ほどの間にも、多くの事例が生まれ、変わり、あるいは事業を終えてきた。筆者は今ならまだそれを記憶し、各事例を社会の変化の文脈に載せて語ることができるが、一〇年後にも同じことをできるかはわからない。後の世代が経過を追いたいと考えた時のため、その材料とできる一次資料や一・五次資料を残しておくこともまた、既存の未知への扉となることと期待する。その願いを込めて、ロゴの右下には入り口がデザインされている。

図 Projects' CATA-Logトップページ（イメージ）

建築・都市の職能者や学術領域を志す学生、またこうした知識や知見を地域での多様な活動に生かしたいと考えられる建築・都市の設計、行政、事業運営に関わる実践者にとって、こうした各地での取り組み事例の共有は大きな後押しになるだろう。

それぞれ異なる背景や地理的条件、文化をもたない地域コミュニティは、そこにつくられる様々な場所は、何かひとつの方向性に集約していくものではない。変わりゆく社会に対応し、あるいは社会の変化を誘導する場所は、「こうあるべき」ではつくられない。それらは「こうしたい」という意志とその選択によってつくられていく。建築計画の分野が寄与できる最も大きな役割はその選択を助け、選択の結果もたらされる日々に伴走することだろう。その基盤として、研究成果である理論とともに、一次情報も有用だろう。同じ材料を目にしても、あなたと私はきっと別の料理のレシピを思いつくだろうから。

1章

ほどほどにほどく、ほどけてからまる「施設」

「ケア」は歴史的経緯の中でそれぞれの血縁・婚族集団に内包されていき、また社会化されていくという変遷をたどっている。社会化されるケアを担い、提供する場として、社会は身近な地域に多種多様な「公共的役割を担う施設（地域施設）」を必要としてきた。地域施設は、高度経済性共起に人口拡大や人口分布（居住地）の急激な変化に急ピッチで対応しながら整備され、その後、高齢化や人口偏倚など社会ニーズの変化に伴って再編されていくこととなる。

その様相は、編まれた糸がほどかれて／ほどけて、それらが再度編み直されたり、あるいは意図せずからまりあって新しい姿が見えたりするイメージとして共有される。

1 「特別」を解体してあたりまえを再生する

かつてそれぞれの血縁・婚族集団に内包されていった「ケア」が、改めて社会化されていく過程では、人々に身近なケアを担う地域施設が高度経済成長期の人口拡大や人口分布（居住地）の急激な変化の中で急速に設置されていった。その後、高齢化の進行など社会ニーズの変化に伴い、新たな種別としての施設整備と、それまでに整備された機能の解体・再編が繰り返されていくこととなる。

「施設」とはここでは、機能をもつ建物、建物として具現化された社会制度を意味する。特に税金を投じてつくられ、維持される施設は、設置目的に沿って定められた機能をもつことが前提とされる。施設に求められ、それが担う機能が変化すれば、たとえ建物にはほぼ変わりがなかったとしてもそれは異なる「施設」として認識される。例えば療養型病床群としてつくられた建物や建物の一部（病棟）が制度変更で老人保健施設（老健）となり、次いで介護医療院となったケースがある。そこは医療と介護を必要とする高齢者の中長期の介護・看護のある生活の場としてつくられた空間で、制度変更に伴う設備や内装、人員配置等に変化はあれど建物の躯体にも空間構成にもほとんど変化はなかった。それでもその三つの段階において、それらはそれぞれ異なる「施設」である。建物や利用者像ではなく、提供される機能とそれに伴う人的手当、諸費用の支弁にも関連する法的位置づけ、すなわち制度が変われば異なる「施設」と見なされる。つまり施設は、建物と機能の結びつきによって成り立つ。

多様な人々の集団において、「高齢者」など、ある属性を定義し、その属性にあると見なされた人々を集めて、それに特化した施設をつくり、専門的なケアを行う、という方法が一般的かつ当然としてきたのが「施設整備」の時代であった。例えば特別養護老人ホームは常時の見守りと介護が必要であり、かつ経済的な困難を有する高齢者のための生活介護の専門施設、義務教育制度において各地域につくられる公立の小中学校は、教育のための専門施設である。介護や支援の方法論や環境、制度が確立していく時期にあってはそうした「属性」や「専門施設」としての明確な区切りが自己定義のためにも必要であったことは間違いない。

今日、それぞれの専門施設を必要とする人々の比率が整備当時とは大きく異なっている。そして、専門施設の整備根拠であった、それぞれの属性をそのほかとは異なる特異なものとして捉える考え方も大きく変化しつつある。であるにもかかわらず、「専門施設」としてつくられてきたがゆえに、部分的にであれ、それを他の用途に用いること、利用者数が減ったからといって他の属性のために転用することは、用途地域の制限を含む立地や単位空間の設定など建築的な特徴からもなかなかに難しい現実がある。「異種用途の混在」は従前の制度設計としては非常に特殊な例であり、その実現には一般的に様々な困難を伴う。大きな理由としては、それぞれの「属性」に応じた防災・防犯上の安全の確保や、その設立背景に遡る予算の制限などがあげられる。同様に、特別養護老人ホームや病院などでも同じような状況がある。しかしそれはある意味で、いろいろな人々、いろいろな状況が混ざり合いながら存在するあたりまえの地域社会から引き離してしまうこと、そうした多様な人々や状況の存在を地域社会から覆い隠してしまうことにもつながる。現にいま、学校は地域開放など様々な使われ方をしているが、それでも「学校」が子供のための教育の専門施設であり、本質的かつ第一義には子供のための施設であることに、疑問をもつ方は少ないだろう。

そこに例えば、以下のような提案があったとする。

「学校という子供のための専門施設はいま本当にどの地域にも必要だろうか？　地域によっては、地域住民全般のための公共施設が集約的にあり、そのなかの一部の空間を、あるいは時間を区切り、子供たちが専有的にまたは優先的に使えばよいのではないか？

それならば、子供の人数が減っても、地域に子供が学べる場所を残すことができる。大人数でのディスカッションや集団的体験は、例えばオンラインで他の地域に住む子供たちと一緒に行えばよいのではないか」

専門施設を地域に開放する、ではなく、地域施設の一部を学齢期の子供たちが専有的に使う、という反転の提案である。これは記述の中の「地域によっては」の部分が重要で、つまり、「地域によっては」学校を専門施設として維持するだけの人口や人口密度を保つことが困難な実情が現実にある。それに合わせた機能運用や公共サービスの提供ができないか、という趣旨である。しかし現時点では、「学校という制度」は全国一律に考えられているため地域の実情がどうあれそうした運用を前提としておらず、フリースクールの制度化などの話題もあるが、学校施設でない場所で子供たちが就学したと見なすことはまだ一般的ではない状況だ。それぞれの「属性」ごとに相応しい場があり、その属性ごとに一定規模の人間を集めて遇するべきであると、空間化された制度という思想は人々の意識の根底に染みついている。他方、地域（従前、「地域」と認識されていた範囲）に小学校がなくなるということは、その地域にはもう子供＝将来の地域住民がいなくなる、この地域はやがてなくなっていくという未来の宣告でもある。地域や地域の維持、そして地域で暮らし、育つ子供のために必要なのは「学校施設」か、「学びの場（機能）」か。施設としての学校がなくなってもその地域で学ぶことができる「機能」をもつ場所が残るならば、そこに子育て世代が、子供が、住み続けられる可能性は残るのではないか。ＩＣＴ技術の活用など、時間と距離という物理的制約を超える多様な仕組みと、「施設」からの脱却がその解決策なのではないかといった課題の発見やフレーミングは、様々な取り組みによる変革につながる。

　狭義の「福祉施設」としての住まいの場の計画は、ノーマライゼーション[1]や個を尊重する価値観から変化してきた。かつて、特別養護老人ホームや障害者入所更生施設（当時の呼称）など少なからぬ数の入居系福祉施設は土地取得の容易性や周辺住民との軋轢を避けるため等の理由で、既成市街地や人口集積地から離れた場所や山中につくられた。[2]特に障害者の生活施設の整備の段階では、理想的で安全な暮らしの場をつくる理念のもとで、そこで生活が完結するよう機能集約をした大規模な「コロニー」と呼ばれる生活施設群がつくられた。それはしばしば、内部の安全確保の観点や立地上の特性から、外部に対して閉じがちであった。自然豊かで静かな環境は入居者らの生活を潤し、機能集約によって利便性や安心感が満たされたであろう一方、障害や老いという人間が生きるあたりまえの姿を人々の目から遠ざけ、隔離することで恐れや差別を助長してしまう側面も危惧された。また、暮らしの場と規模（生活単位）という考え方そのものが浸透していなかった時期には、いわゆる「施設」は暮らしの場らしからぬ病院のような設えで、生活のための空間が一括的につくられた。障害者施設や児童養護施設ではこれを大舎制と呼ぶ。廊下にずらりと並ぶ六人部屋、五〇人が一斉に集まる食堂、

1 花村春樹『「ノーマリゼーションの父」N・E・バンク－ミケルセン――その生涯と思想』ミネルヴァ書房、一九九八。「ノーマライゼーションnormalization」は、現在の社会環境において障害をもつ人々が社会から排除されることなく、障害があってもなくても等しく普通の生活を送れる社会をつくろうとする概念で、一九五〇年代に北欧で提唱された

2 障害者や患者、高齢者などの弱者を福祉的に保護する趣旨で専門的なケアの場所に集めるなどの、弱者を「特別視する」支援を行うことが、結果的に場所や活動の自由度を奪い、社会から排除してしまう実態が指摘できる。「弱者の保護」の趣旨で、結果的にその人々の場所や行動を制限してしまうことは現在でも見られる。「車椅子／ベビーカー優先車両」をつくることは、「優先車両があるのだからあちらに行けばよいのに」と、それ以外の車両には行きにくくすることでもある。他の何両もの車両において、車椅子やベビーカーが必要な人々との共存をあたりまえだと思う社会意識の醸成を阻害する要因にすらなりうる。ケアを必要とする人のための「特別な場所」をつくること、つまりケアの局在（ケアが部分的にしか存在しないこと）は、その他の場所からケアを必要とする人々を排除する遠因ともなる

といった具合である。そこで、入居者を同じ時間に起こして車椅子等で同じ場所に集め、同じ時間にまとめて食事をさせ、流れ作業のように入浴させ、という、作業としての介護の効率性が重視された一斉一括的な暮らしとなっていることに問題意識が生じた。そこには生活させるスタッフと生活させられる入居者はいたが、**暮らしの主体**はいなかった。

その後、障害者の生活や社会参加についてのノーマライゼーションの思想のもとに、一九七〇〜八〇年代には障害者に特別の環境をつくることで地域社会でのあたりまえの暮らしを途絶させてしまう環境への反省が急速に広まった。そしてその後は大規模で隔離的な施設建設は下火となり、大規模な生活施設の中の生活単位を分割すること（中舎制）や、さらにグループホームあるいはその集合のような一般的な住宅と同程度の規模にしていく思想（小舎制）が広がっていった。生活の場としてのあり方がより重視され、支援のあり方も自己決定や選択肢を尊重する自立支援へと発展していっている。[3]

高齢者施設にもこうした思想が反映され、一斉一括の大規模施設を脱して生活施設自体やその中での生活単位を小規模化すること（分散化、ユニット化）、普通の住まいに近づける住まい化、まちなかやそう遠くない場所に立地を求め建物を地域に開く地域化、などの大きな動きに発展していった。それは、ケアを身近にし、特別な場所で提供されるのではなくごく普通に存在するものと位置づけていくこと、ケアやケアのある暮らしをあたりまえのものにしていこうとする動き、「ケアのあたりまえ化」だと表現できる。**図1−1**は、このうち高齢者福祉に関連する社会的な課題と、その解決方法と

3 障害者に関する施策は、従前の措置制度から、二〇〇三年にノーマライゼーションの理念に基づいた支援費制度へと大きく転換した。しかしなお、障害種別ごとに縦割りになっている、働きたいのに働きにくいなどの課題があり、二〇〇六年に障害者自立支援法に改正された。この制度では、サービス提供主体が一元化されるとともに、利用者が障害の種別によらず、就労、活動、生活など必要とするサービスが利用できるように事業体系が再編された。厚生労働省、障害者福祉「障害者自立支援法のあらまし」mhlw.go.jp/bunya/shougaihoken/service/aramashi.html (2023.11.15閲覧)

4 井上英晴、賀戸一郎『宅老所「よりあい」の挑戦——住みなれた街のもうひとつの家』ミネルヴァ書房、一九九七

5 下村恵美子、谷川俊太郎『九八歳の妊娠——宅老所よりあい物語』雲母書房、二〇〇一

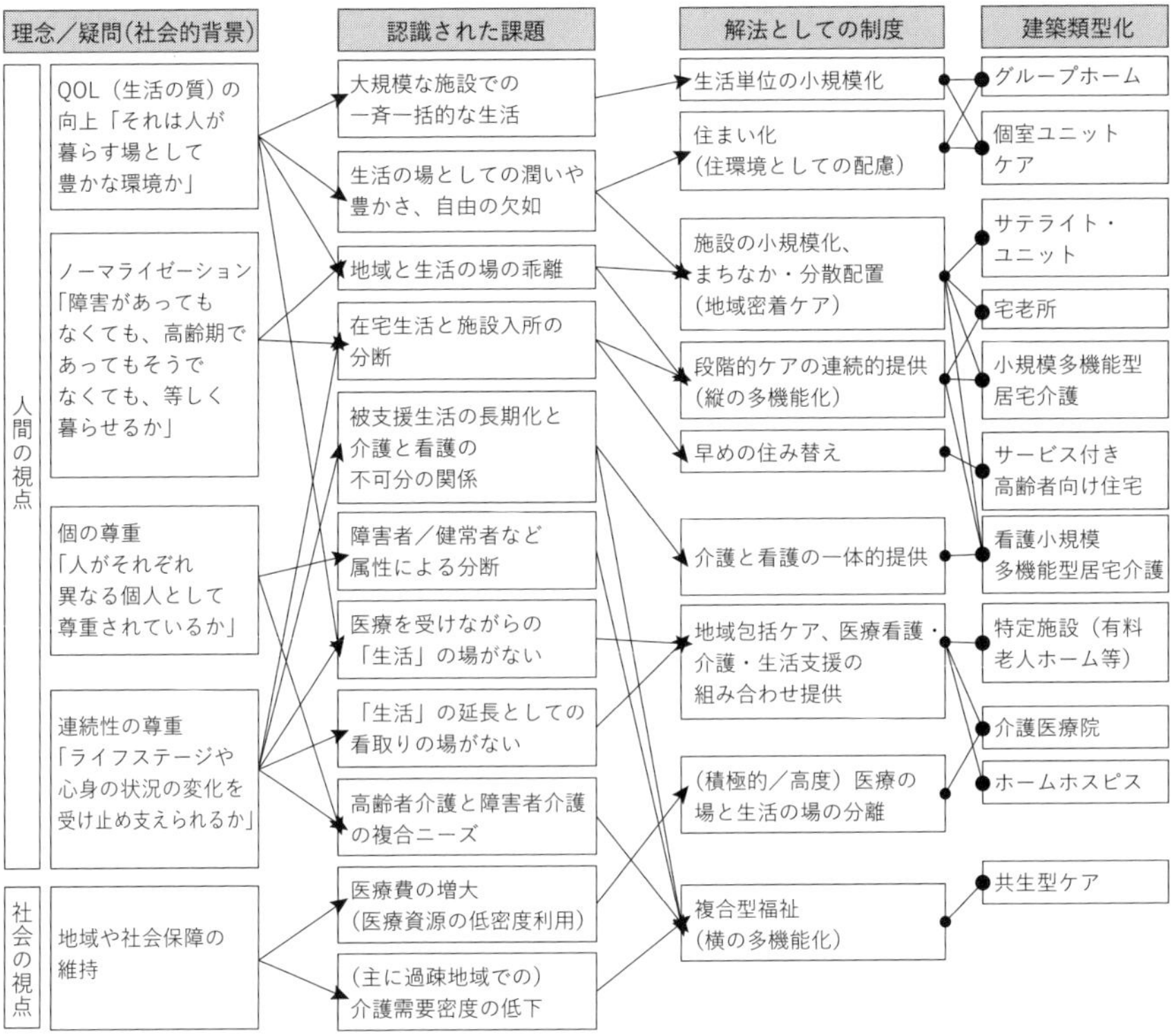

図1–1　高齢者福祉関連の社会的課題と、解法としての制度、具体的な施設／拠点の整理

しての制度、具体的な建築物（施設／拠点）の対応関係を示した図である。

　介護保険の施行（二〇〇〇年）による「措置からサービスの選択へ」の移行や、民家等の既存建物を改修したグループホームや宅老所[4,5]、全室個室・ユニット型の新型特養[6]を含め、外山義が提唱した「自宅でない在宅[7]」の概念は、我が国の高齢者の生活環境を大きく変えた。利用者と施設の関係が「措置」から「契約」に変わることが注目された介護保険の施行や、廃校舎等の社会資本としての空き家・空き建物の利活用への関心の高まりを背景に、「建築と機能のパッケージ（≒施設）の解体」という概念も同じ頃に聞かれ始めた。[8]

その後、施設整備における「建物と機能は一対一対応」、「一建物一用途」の原則も変化していく。例えば、ここでいうグループホームの正式名称は「認知症対応型共同生活介護」であり、宅老所の取り組みをもとに二〇〇五年の介護保険法改正によって制度化された「小規模多機能型居宅介護」も、「特別養護老人ホーム（介護老人福祉施設）」のように施設としての整備という旧来のあり方に拠っていないことが特徴的である。特に小規模多機能については、「施設の居室の役割を住み慣れた家が、施設の廊下の役割を地域の道路が担う」と説明される[9,10]（図1-2）。介護がすなわち全制的な施設ケアを意味するのではなく、人々が地域で暮らすことを支えるためのケアのひとつなのだという発想／説明の転換は画期的であった。

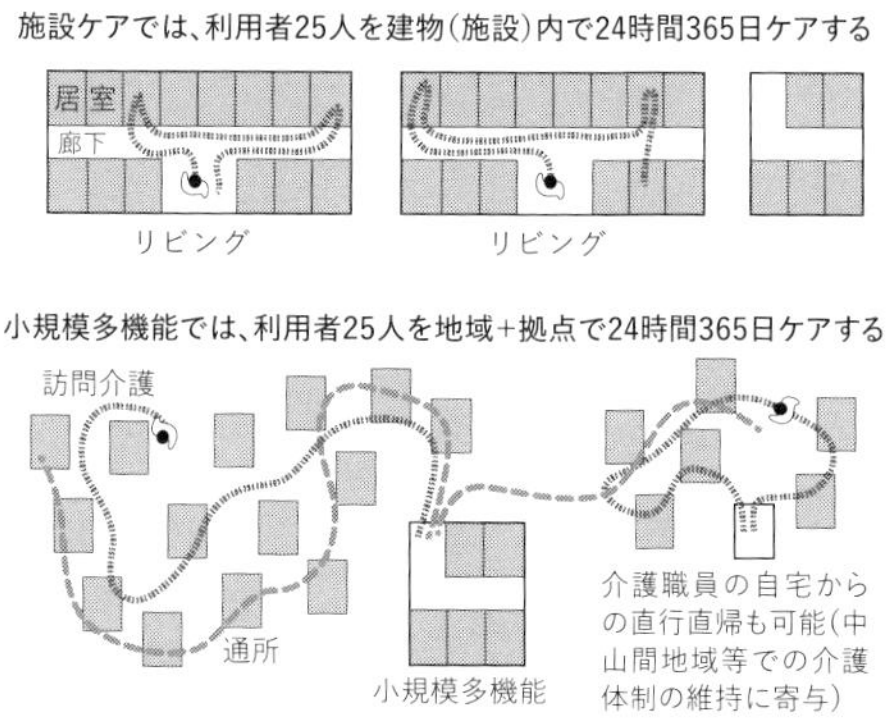
施設ケアでは、利用者25人を建物（施設）内で24時間365日ケアする
居室
廊下
リビング
リビング
小規模多機能では、利用者25人を地域＋拠点で24時間365日ケアする
訪問介護
通所
小規模多機能
介護職員の自宅からの直行直帰も可能（中山間地域等での介護体制の維持に寄与）
図1–2「小規模多機能」では、道が廊下に、自宅が居室になる
注9、10をもとに作成

これらの流れを概観すると、ケアの確立期に、必要な支援を可視化する意図もあってつくり上げられた「特別な建物と機能の組み合

6 二〇〇二年に導入された新型特養は、個が尊重される家庭的な生活環境でのケアを行うという理念のもと、全室個室・ユニット型、すなわち生活単位が一〇室までとそれまでに比べて小さく、共同生活室≒リビングスペースをもち、キッチンや浴室など基本的な生活がその生活単位ないしその近傍で送れる設備などの設置基準を有する。従前に比べて豊かな生活環境であるが、施設型給付と非施設型給付の差が拡大することで不公平感が増したり、施設入所希望が増加することは好ましくなく、二〇〇五年には食費と居住費は入居者の自己負担となった（低所得者には補足給付あり）。この居住費＝ホテルコストと介護費用の分離は、施設という建築と機能のパッケージの解体の概念を進めた。なお新型特養制度化以降、国はその整備を推奨してきたが、ホテルコストを負担できないために個室ではなく多床室を希望するケースもあり、近年では地域のニーズや公設施設であるなど運営者の役割を踏まえ自治体の判断によって多床室型の特養や多床室と個室を混合する特養がつくられることもある

7 外山義『自宅でない在宅――高齢者の生活空間論』医学書院、二〇〇三

8 西野達也、石井敏、小菅瑠香「多摩ニュータウンの廃校となった小学校を活用した地域福祉施設の提案（最優秀賞）」日本医療福祉建築協会主催デザインシャレット、二〇〇一

9 日本医療福祉建築協会『小規模多機能サービス拠点の計画――目指すべき方向性と考え方』二〇〇六

10 井上由起子『いえとまちのなかで老い衰える――これからの高齢者居住そのシステムと器のかたち』中央法規、二〇〇六

わせである施設」が解体され、より、あたりまえと言えるあり方に再編されていくのだと解釈できる。「ケア」やそのための「施設」は、つくられ、ほどかれ、また新たな形態に織り上げられていく解体と再編によって変化を重ねている。

2 地域資源の活用による、まちと福祉の融合

こうして施設がほどかれる過程で、ケアの提供のためにまちの資源を使うという発想や選択肢が拡がっていった。先に挙げた、既存の民家を利用した認知症高齢者グループホームや小規模多機能型居宅介護はその一例である。同様に、大きな社会問題ともなった子供のための保育施設不足の（一時的な）解決方法として、既存の建物を利用した小規模保育拠点が各自治体の裁量のもとで多数つくられた。[11] 東京都認証保育所や横浜保育室、仙台保育室などがその例である。[12] こうした小規模保育拠点は、屋外遊戯場の代替となる場所があれば敷地内に屋外遊戯場を確保する必要がないとする緩和措置によって運用されている。このため、屋外遊びが気軽にはできず、継続して遊びを繰り返したり同じ場所を拠点に選んで遊びを発展させるなど「遊び込む」経験はしにくいことから保育の質の保障への懸念もある。[13] しかし一方で、従来のように園庭をもつ保育施設では、その中で保育を完結させることもできてしまうゆえに、子供の姿を地域から見えなくし、子供からもまた地域の人々の暮らしが見えにくく

11 戦後からあった類似の制度として、保育者の自宅などを利用して保育を提供する京都市の昼間里親制度や各地の家庭的保育事業（保育ママ）などが挙げられる

12 のちに、保育所設置基準の緩和（二〇一五年）により、当時の小規模な自治体独自の認可制度による準認可保育所の多くが認可保育所となった

13 学校教育施設である「幼稚園」は保育単位（クラス）数に応じた面積をもつ屋外遊戯場（園庭）が必須である。が、児童福祉施設である「保育所」は、公園や河川敷、境内など代替となる場所が近隣に確保できる場合、屋外遊戯場の設置基準については緩和できる規定がある

くなる、地域で過ごす経験を積みにくくするという弊害もある。[14] 子供たちが朝、保護者に送られて保育所へ行き、敷地外に出ることなく施設内で終日を過ごし、夜に保護者に連れられて帰宅する。そうした施設内完結型の保育では、子供は地域との関係を結びにくい。保育所への送迎が車で行われるような地域であればなおさらだ（なお、園庭をもたない小規模保育所は車送迎を前提としない人口集積地に多い）。「施設」型の福祉事業は、その場の専門性と安全性を高められる一方、ある意味では閉鎖的な「施設」への囲い込みという側面ももちうるのである。施設型があたりまえであった整備から、地域資源のネットワーク的利用の拠点型保育への移行は、子供たち専用の安全でつくり込みができる環境がもちにくいなどのデメリットもある。しかし選択肢として「施設」型の福祉事業に加えて拠点型事業も可能になることは、地域で子供が育つことが改めて可視化される契機ともなっている。[15・16・17]

近年では地域資源を活用する学童保育の拠点[18]や福祉のまちづくり学会での活動、まちの資源を活かしながらまち全体で子供を育てようという「まち保育」[19]の概念の提唱など、保育をきっかけとしたまちづくりについても関心が集まっている[20]（図1–3）。集約型の「施設」で行われていた福祉機能が解体されて拠点化し、それが地域へ分散配置され、地域資源を活用しながら地域ぐるみで福祉機能を担うことにつながっていく。

これらの既存建物を利活用した拠点型保育では、提供したい福祉サービスとその量に応じて、適切な動線をもった、**「使える床」としての既存建物ないし空間**が選択されている。[21] 必要なだけの床面積、

14 充実した園庭は子供たちの発達や遊び込みの環境づくりに大いに寄与する。同時に保育所保育指針では、家庭および地域との連携を重視し、地域の身近な人とふれあったり地域の公共施設を訪れたりすることで保育所の外の地域社会とのつながりや地域の情報を知って活用することができるように支援する方針が示されている（2章）。多くの保育所では園外保育（散歩）をプログラムに採り入れているが、園庭が充実している場合などは必要性が低いことから必ずしも毎日の日課とはならない

15 山田あすか、佐藤栄治、讃岐亮「小規模保育拠点の保育者による子育て環境としての都市環境評価に関する研究——〇～二歳児を保有する世田谷区・家庭保育福祉員と京都市・昼間里親を対象として」『都市計画論文集』四四—三、二〇〇九、一七五～一八〇頁

16 小林陽、山田あすか「東京都家庭福祉員制度での拠点内環境づくりと都市環境の利用・評価に関する研究」『日本建築学会計画系論文集』七七—六八一、二〇一二、二五〇七～二五一六頁

そして何に使われるかをあらかじめ決めてそれに最適化した空間を建築化する、新築でつくられてきた「施設」とは異なるアプローチである。

空き家を活用したグループホームなども含めて、施設の解体や、[22]事業主導化[23]は、その実施の場としての地域の資源が見出され、福祉と日常の生活が再び折り合わされることにつながっている。[24]古民家を福祉の用途に利用することで、地域の景観や地域の住生活文化を残すことができるという側面も、重要な価値である[25]（図1－4）。

既存建物の活用のため、多くの地域で空き家バンクや移住・住み替え支援など中古不動産の流通の促進への施策や取り組みが多数行われている。しばしば、制度の浸透がまだ十分ではなく利用率が課

図1–3 まちで保育する／保育するまち。上：外出保育で安全な道の歩き方を学ぶ。中：境内で参拝する、地域文化を学ぶ。下：子供たちが来るからと家の前に飾り付けをするようになった民家

17 山田あすか「東京都内の種別が異なる小規模保育拠点における都市環境の利用・評価に関する研究」『日本建築学会計画系論文集』八一―七二三、二〇一六、一〇六九～一〇七八頁

18 塚田由佳里、小伊藤亜希子「民家等を利用した学童保育所にみる「拠点性」の利点と成立条件――大阪市の事例調査より」『日本建築学会計画系論文集』七四―六四五、二〇〇九、二三一九～二三二八頁

19 三輪律江、尾木まり、稲垣景子『まち保育のススメ――おさんぽ・多世代交流・地域交流・防災・まちづくり』萌文社、二〇一七

20 まちぐるみでの保育・子育てでは、イタリア北部の都市、ボローニャの西に位置する「レッジョ・エミリア」市での取り組みが世界的に著名である。日本でもこうした活動に共感する、まちの保育園などの活動が知られている

21 既存建物を福祉用途に転用する場合、しばしばネックになるのは採光、避難経路（二方向避難や敷地内避難経路の幅員）、内装制限である。これは建物の用途によって建築基準法のレギュレーションが異なるためで、より規制がゆるい建物を、不特定多数の人々や配慮が必要な人々が利用するためより厳しい規制が定められる公共用途や福祉用途に転用する際に生じているギャップである

22 既存の大規模施設の「（改築等を契機とした、小規模施設ないし事業拠点への）解体」という意味に限らず、そもそも新規開設しようとしたときに大規模にはつくれないように（社会的に）誘導されている状況を含む。本文中に説明した特別養護老人ホームや障害者施設だけでなく、病院や保育所等の医療・福祉施設全般における傾向である

23 施設整備に拠らず、事業オリエンテッドで拠点が形成されるようになることを指している

24 森一彦、加藤悠介、松原茂樹他『福祉転用による建築・地域のリノベーション――成功事例で読み解く企画・設計・運営』学芸出版社、二〇一八

題となっているケースなどの課題もあるが、空き家・空きビルを活用したいという意向は着実に定着していっている。一方、持ち主の死去によって相続関係にある人がわからなくなってしまう、地域によってはその相続関係の整理や手続きを行って建物を使えるようにするコストが見込める収益に見合わない、そのためそうした仕組みが育ちにくい、などの課題も指摘されている。[26] 空き家状態はそれが長期化する前に、またそもそも空き家になる前に、先んじて対応されることが望ましいと言われてきたゆえんである。建物を使うことができるための選択肢――使い方のモデルが複数示されること、「こんなふうに使えるのだ」という実例が身近にあることは、早め早めの使い方変容の誘い水にもなるだろう。空き家を活用した事業を連鎖的にエリア内で起こすことで、まちの活性化につなげる事例

図1–4 保育所として使われる古民家。上：旧大川家住宅（栃木県）、下：陽だまり保育園（古民家の解体移転による再生）（栃木県）

25 歴史的建築物の保存をめぐる近年の状況として、動的利活用（動態保存）が進んでいる。国宝や重要文化財といった「指定文化財」の場合には、保存を優先しその建物の改修等の経緯を踏まえて最も価値あるとされる時代の状態に復元され、その状態を保つように保存される。それが例えば住宅なら、住民が住み続けることはない。それよりも数が多く希少性は少ないが歴史的・文化的価値があるとされる建物は「登録文化財」として、ゆるやかに保存の網をかけつつ守られる。建物が取り壊されずに残ることを目的に、部分的な改修や用途転用を許し、多様な使われ方のなかで古い建物と人々の「いま」の生活や価値観が新たに結ばれていく

26 野澤千絵『老いる家――崩れる街 住宅過剰社会の末路』講談社、二〇一六

も各地で見られている。[27・28・29]

既存の建物を「使う」事業拠点展開は、地域的ニーズの量や分布の変動の中で、土地取得から始まる新築よりも比較的早く・安価に対応できることが大きなメリットである。そのメリットは特に都市部で大きい。例えば大規模集合住宅の建設等で、ある地域に急に保育のニーズが増えたとき、保育所が必要となるが、中長期ニーズ予測、土地取得、建物の建設を行っていれば、それだけで何年も経ち、そのときそこにある保育ニーズに対応する機会は逃してしまっている。[30] とはいえ二〇年後までそのニーズがあるとは予想できないときにすぐに保育所をつくる決断ができるかというと難しい。既存建物の利活用であれば、また小規模保育拠点であれば、即応性をもって、柔軟に保育定員を地域に提供しやすい。

3　施設の解体が地域資源の利活用につながる

福祉の用途では、このように施設の解体と地域資源の利活用が進んでおり、広義の教育施設である習い事や塾なども地域の空き家や空き室（テナントとして利用できる床）を使うことはまったく特別なことではない。人口集積地のクリニックや「暮らしの保健室」[31]など、小規模医療拠点でも同様である。なお、こうした既存建物や既存空間の利活用事例では、内部空間での様々な動線や環境づくりが重要であると同時に、外部との境界領域のあり方が地域との関係性をつ

27　馬場正尊、Open A他『エリアリノベーション――変化の構造とローカライズ』学芸出版社、二〇一六

28　松場登美『過疎再生 奇跡を起こすまちづくり――人口四〇〇人の石見銀山に若者たちが移住する理由』小学館、二〇二一

29　和田欣也、中川博子『空き家再生でみんなが稼げる地元をつくる――「がもよんモデル」の秘密』学芸出版社、二〇二一

30　保育ニーズへの即時対応性は重要である。子育てと就労の両立が支援されることの重要性もさりながら、保育を必要とするときに、それが得られる状況であることは行政／社会への基本的信頼感につながる。保育を必要とする子がいるのに保育所に入れない、となれば、第二子・第三子を産もうという気持ちにはとてもなれないのは自然なことである。保育がないことで保護者が就労を継続できなくなれば、経済的な余裕もなくなる。それは結果として少子化をますます加速させる

くるという観点から物件を選んだり、カスタマイズする必要がある。一方で、施設種別ごとに機能に特化した空間でなければいけないという縛りもほどかれていっている。むしろ、建物としての独特のつくられ方と転用による使い方のギャップはその場所が選ばれることに寄与する特徴や魅力でさえある（図1－5）。

逆に、転用が難しい建築種別はなんだろうか。我が国の建築計画分野では、病院がその筆頭にあげられるだろう。前述のように、従前は各種施設はそれぞれ機能に特化し専用の建築物としてつくる必要があるとの思想が大前提にあった。病院は各種施設の中でもとりわけ機能が複雑で、かつ利便性が治療成績、人命に関わるものでもあり、機能を充足することが最も重視される。病院はあくまでも病院としてつくられる。病院建設時に、その建物が病院として使われなくなる状況が考えられることはまずない。実態としては、特に高齢者の長期入院の病床として整備された療養型病床群が老人保健施設になる、それがさらに介護医療院になる、といった転用はあるものの、それは医療制度が変わっていくことへの追従的変化であった。

他方、既存建物の利活用や転用があたりまえであるヨーロッパ諸国では、病院が新築される際にはその建物が病院としては使われなくなったとき、または規模が縮小されたときの転用可能性を考慮して建築されている[32]。ＯＥＣＤ各国では病院での患者入院日数（入院から退院までの日数）はどんどん短くなっている[33]（図1－6）。医療の発達で手術などが低侵襲性の術式に置き替わっていることや、薬がよくなりセルフケアの領域が拡大して看護観察の必要性が減少すること、入院適用の範囲を狭くして

31 東京都新宿区で二〇年以上訪問看護を続けてきた訪問看護師である秋山正子氏が、訪問看護の実践の中で気軽に医療や健康、介護などのちょっとした疑問や困りごとの相談をできる場が必要であることに気付き、イギリスのマギーズ・センター（114頁、事例6）を参考にして開かれたもの。新宿区の高齢化が進む大規模な団地の商店街空き店舗を借りて最初の一例がスタートし、現在ではこの活動に賛同する多くの人々によって全国に拡がっている。無料で予約が不要で、居心地がよいことを重視した場がつくられており、看護師など医療の専門家に気軽に相談ができるワンストップの相談窓口、市民との学びの場、安心できる場、交流の場、連携の場、育成の場の六つの機能をもつ　https://kuraho.jp（2023.8.17閲覧）

32 日本医療福祉建築協会『海外医療福祉建築研修二〇一七報告書』二〇一〇

33 なお日本は療養型病床からの転換遅れなどでまだ格段に長く、医療・介護・生活施設の役割分担と連携が再編の途上にある

図1–5 様々な改修・用途転用の事例。左上：元教会の建物を転用した洋菓子店「フロインドリーブ」（兵庫県）。右上：元学校の商業施設「工房のまち☆北野」（兵庫県）。左下：元学校の美術館「アルテピアッツァ美唄」（北海道）。右下：廃校となった小学校の校舎が地域に開かれたファブラボとボルダリング施設になった「大坂小学校」（鹿児島県）。

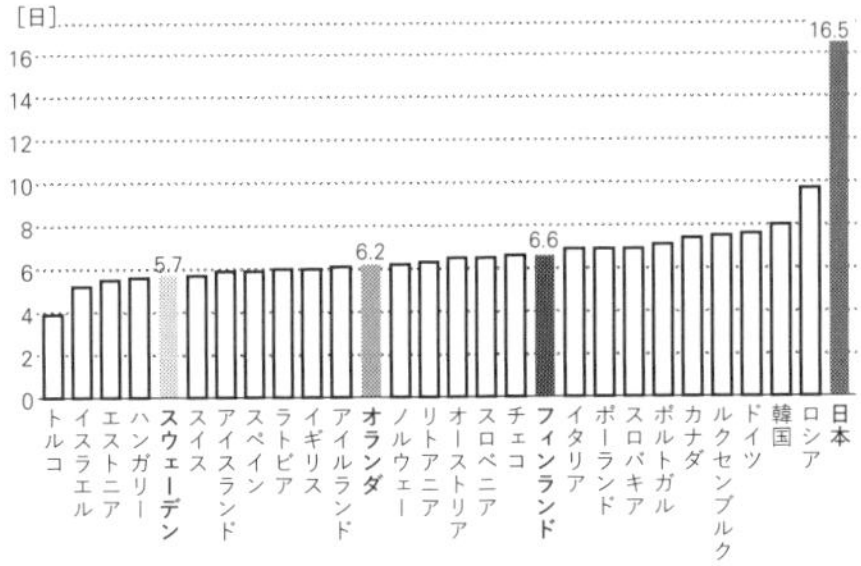

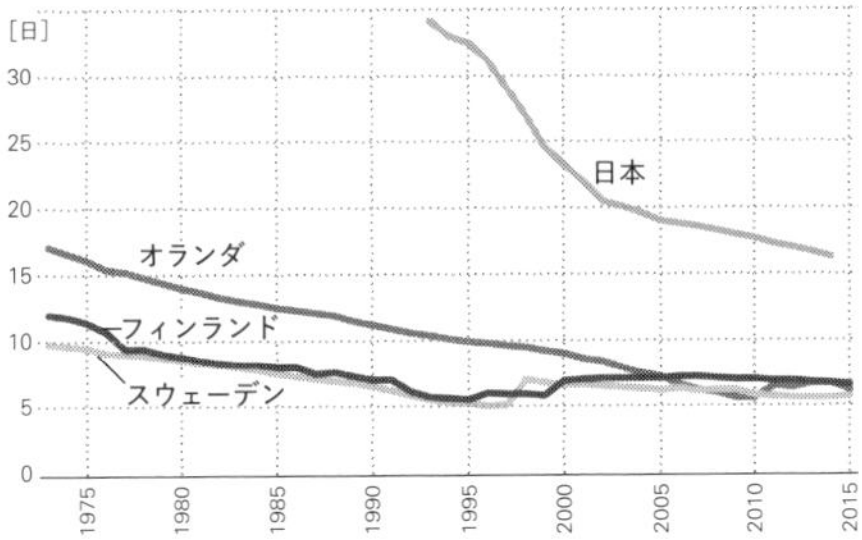

図1–6 平均入院日数（急性期ケア）の推移。OECD dataより作成。削減率はオランダが高い

訪問看護や通院型に置き換えつつ必要があればペイシェントホテル[34]を利用できるようにする、など多様な技術発展や制度変更の複合的な結果である。日本の状況から見るとそれらの国々での入院日数はもう十分に短いのだが、今後医療やＩＣＴのさらなる発達などでもっと短く――もしかしたら入院というものがほとんど必要なくなるように――変化する可能性もある、と考えられている。入院日数のさらなる削減は、必要な病床の減少に直結する。必要な面積は縮小が予期される。あるいは、技術や社会の変化は今日の病院が想定する前提条件そのものを現在予想すらできないものへと大きく変えるかもしれない。

　しかし、日本の木造文化とは異なり、石造文化圏では一般に、一度つくった建物はそう簡単に壊すものではない。歴史的建造物も景観や文化を尊重する思想から、大事に使い継がれる。そうした文化圏の「常識」がマッチングすると、「どのような建物であっても、それがずっと使い継がれていく間には、その建物が担う機能や使われ方はゆっくりと、あるいは急激に変化するものだ。だから建物をつくる際には当然のこととしてその使い方の変化に対応可能な建築を設計するものだ」という思想が導かれる。病院としての役割を（一旦）終えた建物やその部分が、引き続きまちにとっての「使える床」としての役割を果たすことができるようにあらかじめ計画する。より積極的には、まちのあるべき未来を想定し、その建物の将来的な使い方を誘導するような建物として計画する。そうした考え方は、その建物をまちがどう使ってくれるかを想定すること、所有者によらず将来にわたるまちの資源としてその建物を計画することと同義である。

34　ペイシェントホテル（患者向けのホテル）とは、入院適用ではないが、家が遠い、急変時に移動しにくいなど通院の負担や不安を減らすために病院の近くにいたい患者や家族が利用できる宿泊施設。利用圏域が広い基幹病院（二次救急レベルの機能をもち、高度な急性期医療を提供する病院）や専門病院の敷地内や、これに隣接してつくられることが多い。しばしば、看護師が常駐し、軽度な見守りや急変時の初期対応が可能な運営とされる。入院適用として病床を占めるよりも医療費を抑えることができる

35　病院の病棟診療部門の配置は、両者を上下に積むブロック型（高層一体型）や堂塔基壇型に対して、両者を分離する病棟分離型（階数とその組み合わせによって、高層分棟型や高層・低層分離型、高層・低層独立型など）に整理される。この場合は、病棟部門棟、診療部門棟のいずれも高層で分離されている

そのような転用前提の病院施設整備を可能としている工夫は、例えば以下のようなものである。図1‒7の病院（マルティニ病院、オランダ・フローニンゲン）では、患者が入院する病棟部門と、治療を担う中央診療部門を、それぞれ別の機能をもつゾーンとして独立的に捉えている。[35] このうち、病棟部門は順次縮小していくことが可能なように、動線部分で切り分け可能なゾーニングを行っている。病棟が病棟（入院病床）として使われなくなった後は、住宅やスモールオフィスに転用できるように計画されている。病院という「特殊な」用途の必要面積は縮小が想定されても、住まいや働くための場

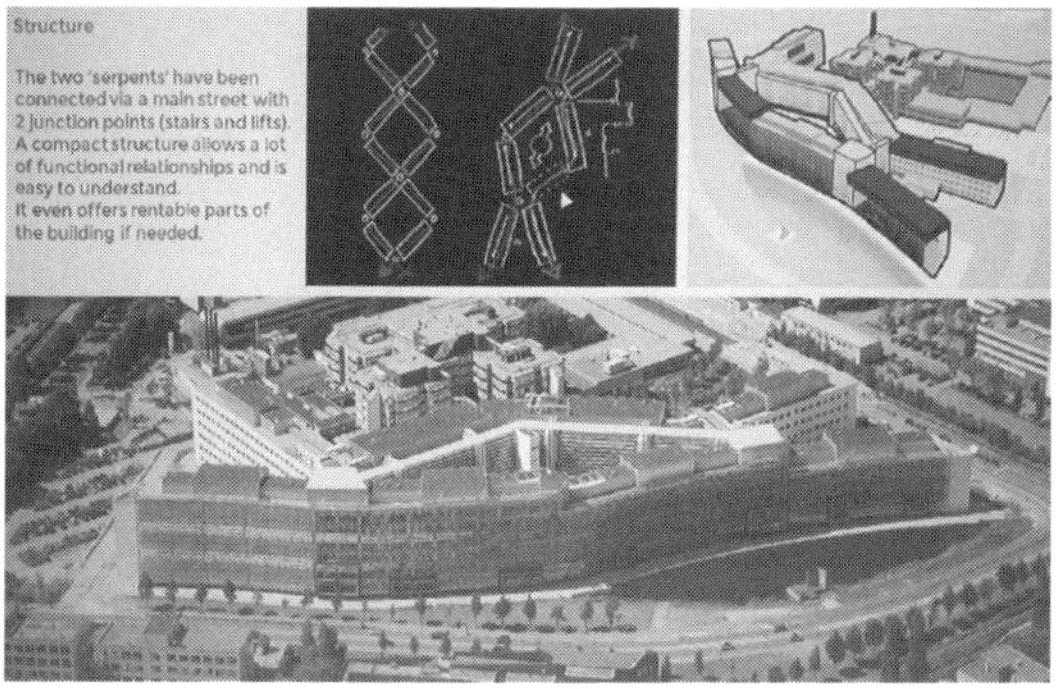

図1‒7 マルティニ病院（SEED Architects設計、オランダ・フローニンゲン、資料提供：アーノルド・ブーヘ氏）。病棟端部から段階的に別用途に利用できる、必要に応じて増築できる、などの多様な変化への対応が企図された計画

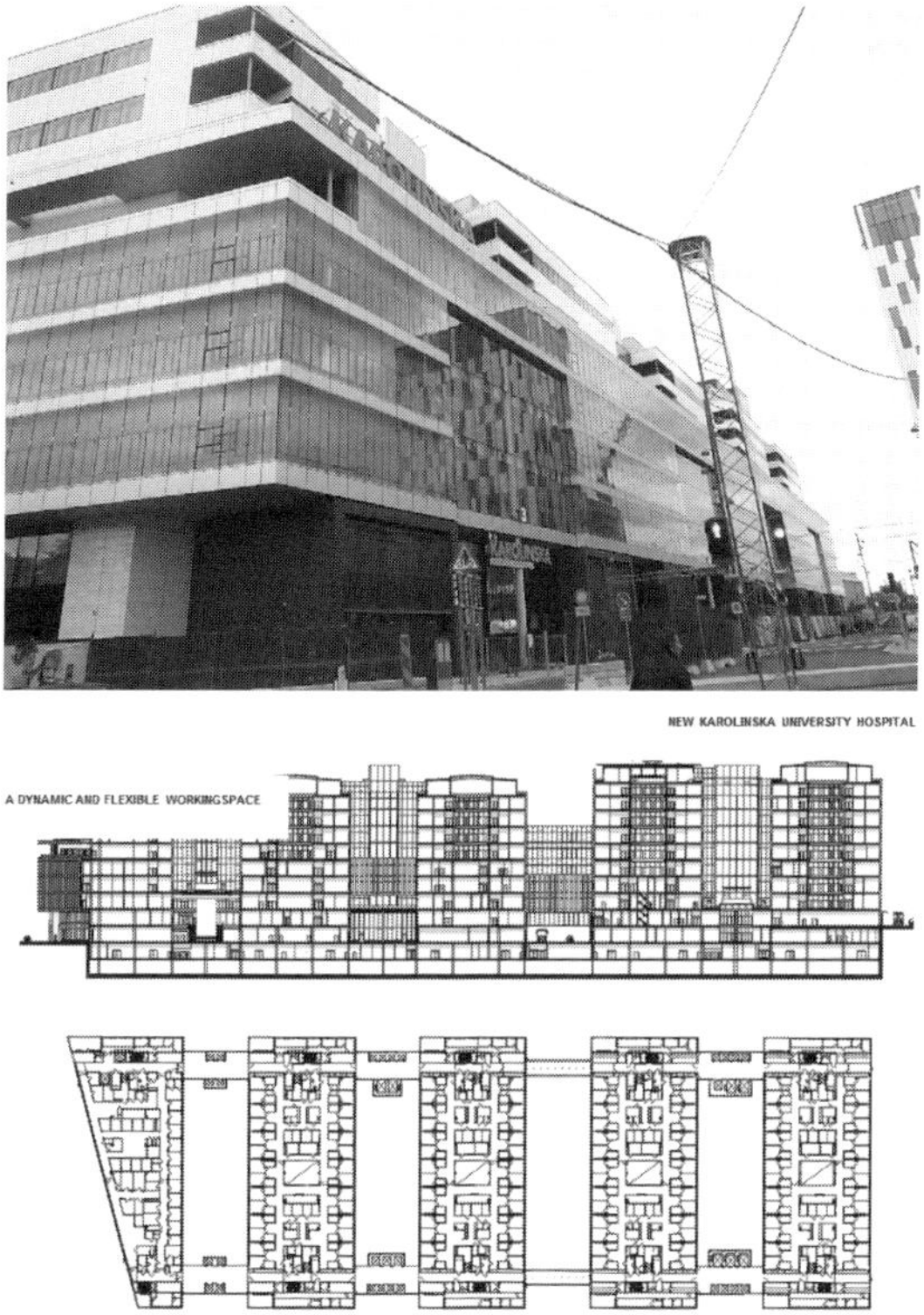

図1‒8 新カロリンスカ大学病院（White Tengbom Team設計、スウェーデン・ソルナ）。階高が高く設計されて、商業ビルにできるように設計されている病院の事例

は比較的そのニーズが減りにくいと想定されているためである。
病院の建築計画として、特に診療部門では将来的な技術革新や機材の導入等で拡張が可能なように端部をオープンにする（端部に室を設けず、廊下が外部に接するよう計画する）計画手法がよく知られている。この事例の病院では、オープンな端部は切り分けたゾーンに独立動線を付置することもできる仕組みである。また、中央診療部門では必要面積の縮小は当面はないものとして、しかし機器類の更新が比較的短時間で起こると想定して機器の入れ替え時の搬出・搬入が容易なように配置されている。これは病院の計画としてはごく一般的な配慮であり、長期的な変化のみならず短期的な変化には当然に備えている。そして、病院という医療施設もまた、看護と診療、介護、生活などの機能に解体できる。この機能の解体的理解によって、各部分の拡大縮小可能性を踏まえて、切り分け可能な部分を計画できると説明できる。[36] 図1–8の事例（新カロリンスカ大学病院、スウェーデン・ソルナ）は、この建物が病院として使われなくなるときには商業施設などとして使用されるようになることを想定し、キャンパスのなかでも特にアクセスがよい場所に配置、フロアには固定の壁が出ないよう自由度が高い構造とし、階高も商業施設並みに高く設定された病院である。

高度専門医療を提供する病院を将来的には住宅や、商業施設にすら転用可能なようにあらかじめ設計する。こうした例は日本ではまだほとんど聞かない。木造／石造文化の差や災害への備えなどの差もあって彼我の差は大きいように見えるが、日本でも医療制度や関連する介護制度、その切り分けなどは常に変化の途上にあることを考えれば、医療施設も実は用途変更を含む変化とは無縁ではないだ

36 日本では入院期間がOECD各国の数値に対して突出して長いが、各国制度では「慢性期医療（生活を主体とした、医療看護が付加的に組み込まれる時期）」と「急性期医療」を完全に分離し、慢性期医療の場を病院から外に出す（Special nursing home、ペイシェントホテル、帰宅後の訪問看護・診療・通院など）ことが徹底されてきた

37 なお、病院の病床は医療計画でコントロールされているが、病床を減らしていく全体方針のなかで、削減された病床はしばしば医療系の別の用途で使われている。例えば、療養型病床群の削減は老人保健施設やそこからさらに介護医療院への転換につながっている。病院ごと転換したケースもあれば、大規模な病院の場合は病棟単位での転換もある。また、削減された一般病床の病室を使った透析センターや健康診断センター（人間ドック）の例などがある

ろう[37]。拡大の時代に「成長と変化」を是としてつくられてきた病院の計画は、縮小と撤退の時代にあって再編をつきつけられている。

施設が解体されることで、地域資源が活用しやすくなる。地域資源の活用によってまちと福祉がつながる。そして福祉用途／公共性のある使い道とつながることで、まちの要素が地域資源として見出され、地域の景観や地域文化の保全につながる、建物はそもそもそうした資源性を有する存在として計画される価値観が強まる、という、様々な波及が起こっている。

4 解体と再編の時代に

施設が事業と建築に分かれること、またパッケージ化された事業が解体されることで、事業や複数事業の組み合わせの展開のスピードも、事業と建築、複数事業の組み合わせの可能性も増していく（図1-9）。施設はしばしば、建物＋事業①＋事業②……などの複合要素によって成立しており、例えば多くの特別養護老人ホームは入所型サービス＋通所型サービス（デイサービス）＋ショートステイ＋介護相談＋地域交流スペース、などの要素を有している。これらの要素が一旦解体され、グループホームやサテライト・ユニット、ショートステイの専門施設、単独デイサービスや小規模多機能など、それぞれ異なる事業所が立ち現れている様相は、特養の要素が解体され、地域に分散整備されているとも表現できる。病院もまた、入院定員の削減方針も受けて高度先進医療を担う少数の病院と、外来診療を担うクリニックに解体される方向にある。

逆に、解体された事業、あるいは従来異なるものとして存在してきた事業が複合化することで、新

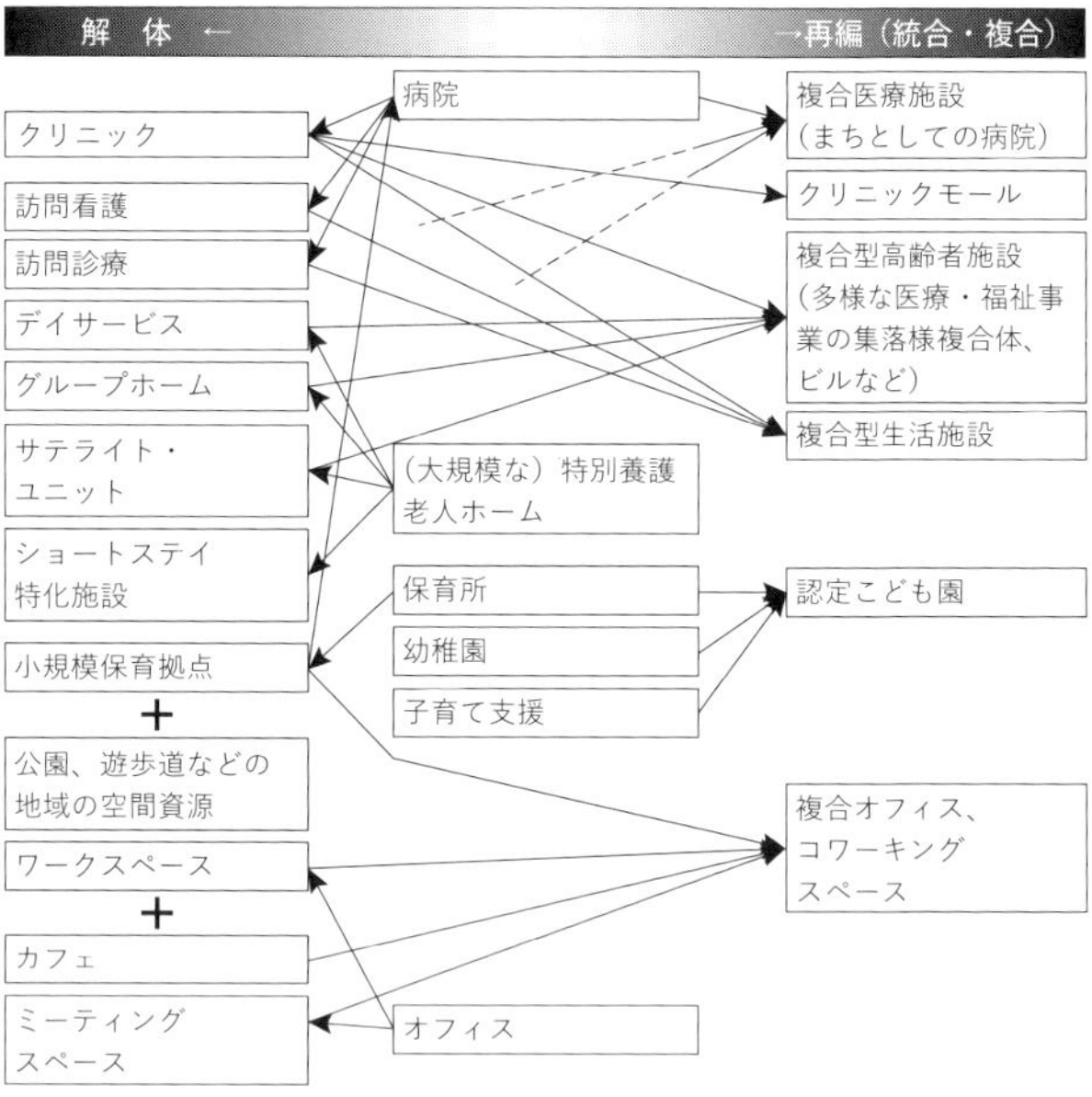

図1–9 様々な解体と再編

たな価値や利便性、課題解決を得ている場合もある。例えば複合型高齢者施設、クリニックモール、小規模多機能、認定こども園（保育所機能＋幼稚園機能＋子育て支援機能）、中高一貫校、認知症カフェをもつ特養、などが挙げられる。機能・事業が一旦解体されることで、異なる事業との連携がしやすくなる。例えば、クリニックのある有料老人ホーム、小規模多機能をもつサービス付き高齢者向け住宅、保育機能をもつ病院やオフィス、学童保育のある保育所など、多様な複合や連携のパターンがある。

「解体」によらず、また必ずしも建築物としての物理的一体性をもたず、もともとあった機能をネットワークに乗せることで、統合的機能をもつ事例もある。例えば少し離れた幼稚園と保育所の連携によって保護者の就労の有無などによらず就学前乳幼児に保育と教育を提供する連携型認定こども園はその一例である。他にも空き家を宿泊室として地域のカフェやレストランで構成される分散型ホテル（イタリア、アルベルゴ・ディフーゾ、図1-10）やまちホテル、集落を利用した滞在施設（図1-11）、集合住宅の住戸を分散的に改修して[38]フロントを別に設ける分散型サービス付き高齢者向け住宅、空き家が増えた郊外の戸建て住

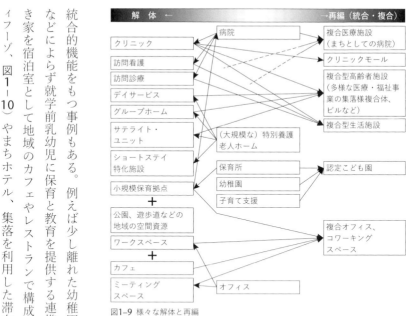

レセプション機能をもつ
メイン建物

図1–10 アルベルゴ・ディフーゾ、カーサ・デル・ファヴォーレ（イタリア・エミリア・ロマーニャ州）。アルベルゴ・ディフーゾは協会に属しているものだけで2019年現在、イタリア国内外に120地域程度の広がりを有している

集落の風景（出典：http://shunran.info/）

廃校舎を利用した集会・集団宿泊場所

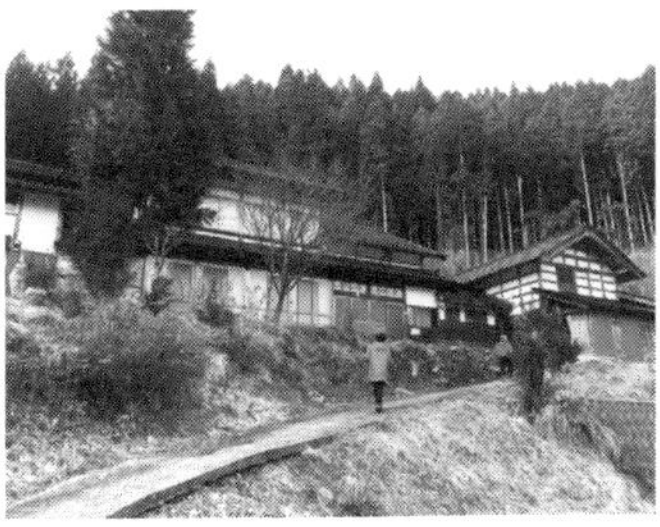

図1–11 春蘭の星（石川県）。2集落、70軒程度から始まった活動は、現在では奥能登2市2町、23集落に広がっている

宅地の住宅を居室と見立てる見なしサービス付き高齢者向け住宅、などを例として挙げられる。

　これら、解体と再編（統合・複合）は各地域の実情や利用者のニーズ、事業者のビジネスプランに呼応して、同時に起こる。また公的な動きとして、特に地方で注目される「共生型サービス」では、介護保険または障害者福祉のいずれかの指定を受けた事業所がもう一方の制度での指定を受けやすくなる。[39] これらも、パッケージとしての「施設」が、それが担う機能（事業）群とそのための場所に解体されることで、事業の組み替えや組み合わせ、場合によって引き算、そしてそれをどこで誰が行うか、どのような機能連携を期待するか、そうした組み合わせの可能性が増したと説明できる。

　既存の日常生活を支える環境では暮らしにくい人々、特別な支援が必要な人々のために、特別なケアとそのための建物、すなわち施設がつくられる。そしてそれらのケアが一般的になり日常性を獲得していくことで特別な専用施設が解体されてあたりまえの日常に溶け込み直していく、あたりまえをつないでケアができるようになる。それはあとに述べる「ケアが遍在する（どこにでもある）」環境に近づくことである。

　さて、この1章のタイトルには「ほどほどにほどく」を冠している。機能や建築は、「材料」レベルまでほどいても使うことができ、あるいはそこまでほどくことではじめてしがらみなく使えるようになることもある。例えば古民家の解体による古材利用はそのような使われ方の例と言える。また、

38 集合住宅を改修したグループホームや有料老人ホーム、サービス付き高齢者向け住宅などは少なくないが、特に水回りなどの改修しやすさやサービス提供の効率性、管理運営のしやすさなどの観点から例えば一・二階部分など低層階にまとめて設置する方法が一般的である。分散型での運営の場合は、多様な世帯／人々が混在して生活する、よりソーシャルインクルージョンに近い生活環境が実現しやすいことがメリットである

39 厚生労働省「第一四二回社会保障審議会介護給付費分科会資料」二〇一七年七月五日、mhlw.go.jp/file/05-Shingikai-12601000-Seisakutoukatsukan-Sanjikanshitsu_Shakaihoshoutantou/0000170288.pdf（2023.3.13閲覧）

図1–12 紐状に裂いた布を横糸にして織る「裂き織り」

ある程度は従前の組み立てロジックを継承したかたまりのままとすることでスピーディに、安定感をもって使える側面もある。一度織られた布を、糸まで解体することなく布のまま紐状に裂いて、裂いた布を横糸にして再度織り上げる「裂き織り」という技法がある[40]（図1－12）。すべてが解体されることなく、ある程度のまとまりがあるために織り上げるスピードも糸から織り上げるよりも早く、また元の布の風合いも生かせ、厚みを出せる分断熱性やクッション性が高いなどの特徴がある。解体と再編といえども、どこまでも解体するのではなく、これまで用をなしてきたひとかたまりや、風合いをなす組み合わせをうまく維持して活かしていくことも、重要な一側面だろう。どこまでを不可分なユニットとして捉えるか、それによって、解体と再編の過程を経てできあがるものは異なる。この「用をなしてきたひとかたまり」を認識し、それを残そうとすることは、後述の文化への認識につながる。または、「地域」というものをどのように捉えるか、どこまでを相互に関連のある要素として認識し、残そうとするかにも関連するだろう。

40 国内では青森県に伝わる「南部裂織」が有名。綿栽培が難しく木綿が貴重であった東北地方で、古布の再利用方法として広く用いられた。その後、木綿製品が工業化により大量かつ安価に生産され流通するようになったことで生業としては廃れたが、伝統工芸やハンドクラフトとして残っている

1——メインエントランス側正面。まちの目抜き通りに面しており、まちの活動の中心たるべき地理的条件を備えている。須賀川の地が重なって歴史やまちとしての個性や文化がつくられることが建築の形態によって表現されている
2——1階のエントランスホール兼通路の奥にはカフェコーナーやチャレンジショップBoxが配置されている
3——1階から2階へあがる大スロープから、メインエントランス方向を見返す。その下には多目的スペースがある

事例｜01

復興のシンボルとしての「丘」

—

須賀川市民交流センター tette

所在地：福島県須賀川市
設　計：石本建築事務所＋畝森泰行建築設計事務所、オーク構造設計（構造協力）
https://pjcatalog.jp/archives/657

東日本大震災（2011年）によって大きな被害を受けた街の中心地に、総合福祉センターの建替として図書館・生涯学習・子供の遊び場と子育て支援・カフェ・ミュージアム等の機能を複合して新築された市民交流センター。スラブが互いに関連をもちつつずれて重なる構成によって天井高が異なる多様な内部空間やそれらの関係性、そして内外の関係をつなぎながら積層するテラスが生み出されている。

1階は敷地東西の街路をつなぐようにエントランスホール兼屋内通路の役割をもつ開かれた空間である。様々な催し物に使われるホール、市民活動の拠点となるスペース、カフェ、チャレンジショップコーナー、子供の遊び場ともなる多目的スペースなどが配置されている。メインエントランスからアプローチすると、南端部に上階にのぼるダイナミックなスロープ動線がつながる。ここからは多様な機能をもつスラブの重なりが視認でき、この建物が目指した自由度の高い使われ方や様々な機能どうしの連携の可能性を体感できる。

内部空間では図書館がのりしろとなって各機能をつなげていることが特徴的で、図書の棚、滞在の場所、また生涯学習（公民館）機能をもつキッチンルームやスタディルーム、音楽活動室などが渾然一体となってフロアを構成する。キッチンルームに隣接するラウンジスペース

1

6

1――上階より、メインエントランスの方向へ吹き抜けを見下ろす。ずれながら重なるスラブの様子、吹き抜けを介して向かい合うスペースの関係を見ることができる
2――積層する図書館機能のゾーンでは多様な天井高の場所がつくられている
3――活動室と書棚、滞在空間が混在する
4――屋内側からサンルームを介してテラス方向を見る。多様な使い方を誘う
5――滞在や掲示の機能が組み込まれた書架
6――ミュージアムフロアへのアプローチには関連書籍が置かれている

が料理関係の書架スペースを兼ねるといった構成である。

「復興のシンボルとしての丘」のコンセプトを体現する積層されたテラスは、屋内空間、サンルーム、テラスと3層の空間構成で屋外空間をグラデーショナルに結んでいる。サンルームは屋内やテラスと一体的に使うこともできるバッファの領域であり、多様な使われ方や空間／活動の関係性を喚起する装置でもある。また屋内にあって上下の層をつなぐ吹き抜けは、視覚と動線で各階に配置された機能やそれらを利用する人々の関係もつなぐ。機能の連携と空間の連携が相まっている。

ここでは、永らく建築計画が範とした「一機能一殿舎＝制度が規定する機能群とその器としての建築〈施設〉」が、人口分布の変化や公共施設運営をとりまく様々な事情を背景として集約・複合化を経て機能に分解され、機能間相互の多様な関係性とそこからもたらされる新たな活動の可能性とともに再編されていくことを実感できる。

この建築を特徴づける〈機能群の融合〉は、制度としての施設＝機能群の機序から個々人の活動や経験それ自体への、計画理念の転換とも言い換えられる。活動と対応する室群とそれらが纏うバッファとしての本のある空間、また領域化された屋内外の境界空間は、多様な活動と滞在のシグニフィア（手がかり）である。計画者・設計者の論理や情報は手がかりとして解きほぐされ、従来の「施設の利用者」は、それらを自ら編み上げて場をつくり、「この建築とその意味を自らデザインする主体」となる。機能群の解体と再編による曖昧で複雑な場、主体の転換、そしてこの仕掛けが常に未完であり、変化し続けることそれ自体を基盤とすること、こうしたことがらに依拠する建築はまさにVUCA*の時代の公共の場所の試行が可視化されたものである。

＊ VUCA（ヴーカ）: Volatility（変動性）、Uncertainty（不確実性）、Complexity（複雑性）、Ambiguity（曖昧性）の頭文字を合わせた、現代の社会の特性を表現した語

2

3

4

5

施設=建物と機能のパッケージの解体

西野辰哉

「一機能一殿舎」というパラダイム

施設計画には暗黙の大前提がある。それは「あるソフト（機能、プログラムともいう）にはそれに相応しいハード（建物）がある」という考えである。このパラダイムをもとにして、施設利用者の利便性や快適性を獲得するため、学校、病院、高齢者施設など各種建物別のあり方が追求されてきた。隈によると、機能という概念から建築の形態を科学的かつ合理的に導こうとする態度はマルキシズムに基づくという。[1]また、一つの機能が一つの建物を専有することを、鈴木は「一機能一殿舎」と表した。[2]つまり、施設とは建物と機能のパッケージであり、そこでは「ソフトとハードの一対一関係」が成立する。一つの建物が一つの機能で専有されることは、縦割り制度による補助金を活用して、特定の公共サービスを提供する施設を建設する際の条件にもなっている。この「一機能一殿舎」パラダイムは、戦後復興から高度経済成長を経て長らく続いたインフラ建設による経済活性化政策を背景として、地域公共施設の新築志向とともにあった。

しかし、よく考えてみてほしい。サービスとは、本来、人と人との間でやりとりされる行為であり、特定の場所や空間でしか起こらないものではない。インターネットを介して提供されるサービスも増えてきた。その文脈では、たまたま、ある公共サービスを提供するための専有空間として与えられた建物が「公共施設」である、と理解する方が妥当ではないか。[3]また、今や多くの地方都市で人口は減少傾向となり、さらには経済低成長を背景として、既存建物の活用が多くみられるようになった。建物と機能がパッケージとして組み

1 隈研吾『新・建築入門——思想と歴史』筑摩書房、一九九四

2 鈴木博之「トータリティ獲得のために」『都市住宅』鹿島出版会、一九七二年一一月号、一七〜二二頁

3 例外として、公営住宅のように住まいの空間の提供そのものがサービスとなる場合もある

合わさった「施設」の供給というアプローチは解体されつつある。

以下、建物と機能の一対一関係を解きほぐしていってみよう。

新しい複合化の試み

これまでの複合型公共施設は単に別々の機能が「合築」されたに過ぎなかった。つまり、一つの建物の中で各機能の管理運営が別々に行われる複合体であった。これを「合築運営型」という（図1）。これに対して、中国地方のある市における市民交流センター整備計画では、もともと別々にあった図書館、公民館、劇場などを複合するにあたり、「統合運営型」が採用された。施設全体での維持管理・運営を一体化するものである。そして、複合する各機能が必要とするものの重複するような室、例えば会議室をあらかじめ稼働率等をふまえて適切な室数と規模に再編することによって、室数や管理の効率化を目論んだ。

「合築運営型」の複合施設は「（一機能一殿舎）×多」と表現できる。ここでのソフトとハードの関係は本質的には一対一関係である。一方、「統合運営型」複合施設は「多機能一殿舎」と表現できる。ここでは複数の機能が一つの建物をシェアする。建物側からいえば「複数の機能に対応できる諸室を過不足なく設ける」ことになる。

デンマーク・オーフス市の高齢者施設

日本でデイサービスといえば、高齢者向けの食事、活動介助、送迎などのパッケージサービスを執り行うデイサービスセンターで、そのための専有空間は往々にしてワンルームである。一方、デンマーク・オーフス市における「デイサービス」は、特別な領域を持つパッケージサービス（日本における「デイサービスセンター」）ではなく、ローカルセンターという建物において提供されるサービス選択肢の一つである（図2）[4]。どういうことかというと、パッケージサービスが解体されて、ケアが必要な高齢者には必要十分なケアサービスが提供される一方、自立高齢者は自由に食堂を利用したり活動に参加する。ケアサービスは、

図1　複合施設の管理運営方式

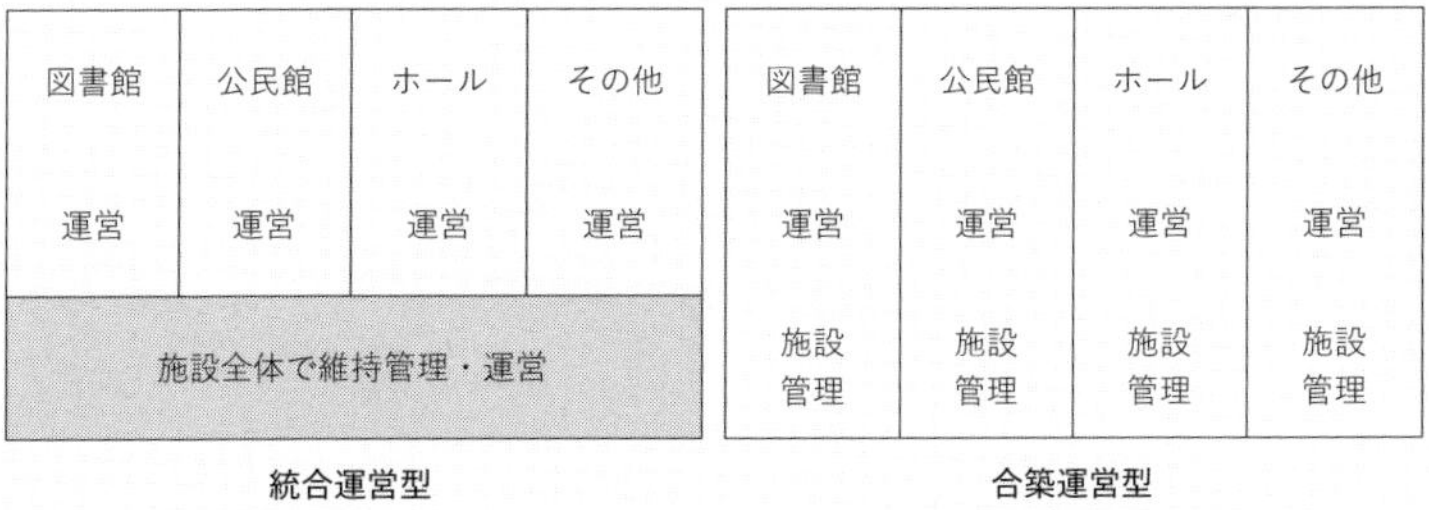

図2 デンマーク・オーフス市のローカルセンターと日本のデイサービスセンターの比較

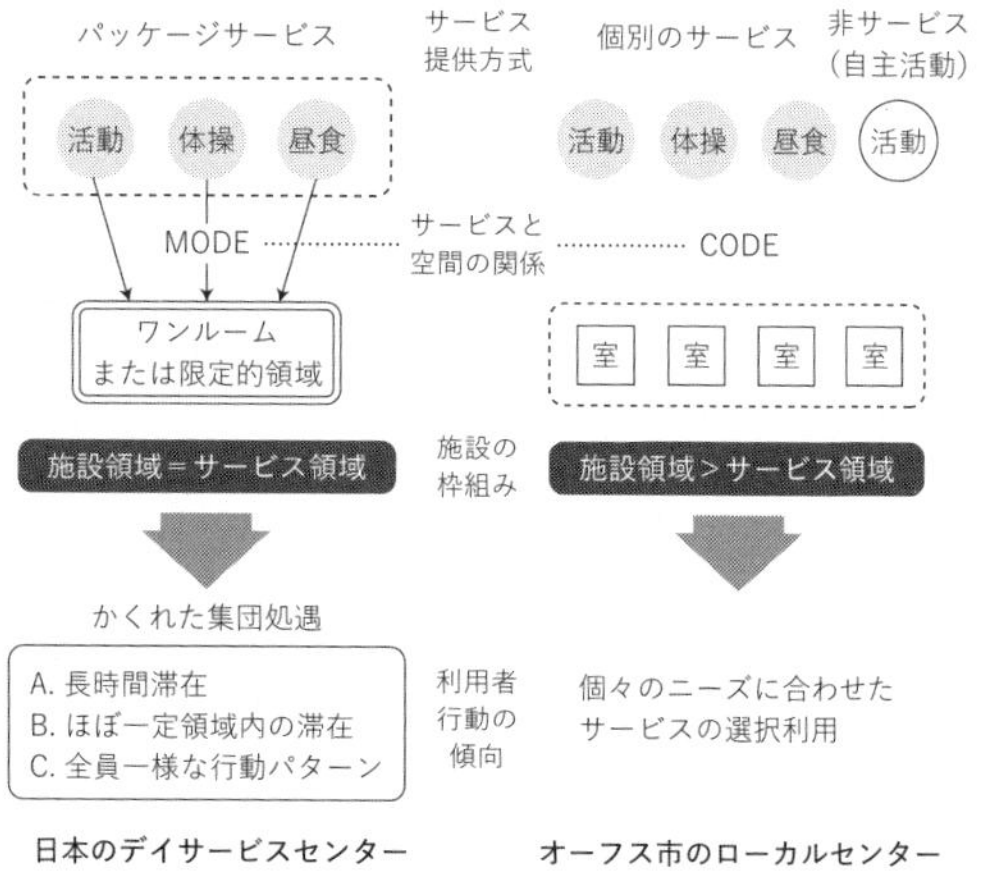

図3 従来型施設および建物と機能のパッケージを解体したこれからの公共拠点

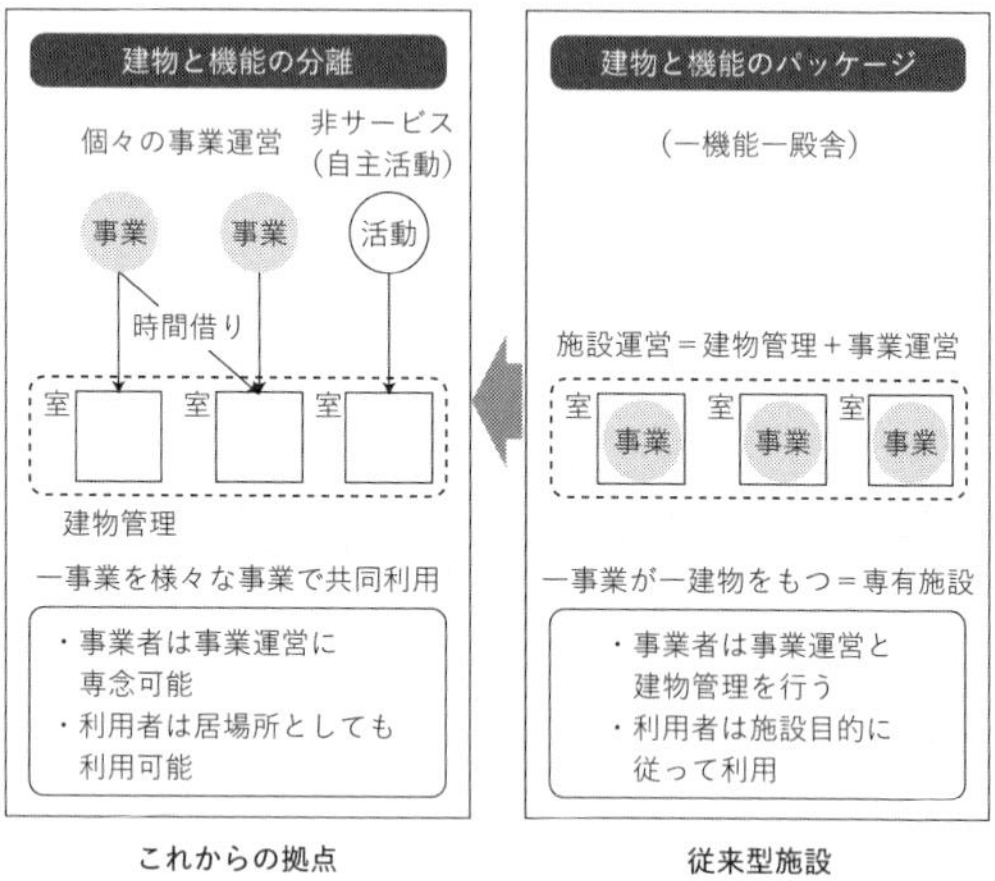

ケアが必要な高齢者とケアスタッフの間で発生しており、どの室にいるかはあまり関係ない。同じ室にケアが必要・不必要な高齢者が同時に存在するプログラムもある。あるいは、ある室で、ある時間にはケアの必要な高齢者のためのプログラムが提供されたり、また別の時間には自立高齢者の活動のために使われたりする。つまり、ローカルセンターでは、ソフトとハードの一対一関係が完全にズレていた。さらにそれぞれのローカルセンターは百年前に建てられた建物や、十年前に建てられた建物など、全て形態は異なっており、いわゆる建物形態の「型」というものも存在しなかった。

4 西野達也「場の視点からみた高齢者通所施設における集団処遇に関する試論——日本のデイサービスセンターとデンマークのローカルセンターの比較考察」『日本建築学会計画系論文集』六一四、二〇〇七、四九〜五五頁

「一機能一殿舎」の解体と再編成

これまでは、しかるべき機能に対する理想解としての建物のあり方が施設計画研究の主題であった。その前提として「一機能一殿舎」つまり「ソフトとハードの一対一関係」というパラダイムがあった。しかし、ここでは、今後の社会や時代に沿ったソフトとハードの適切な「関係」を、新しい施設のあり方として提案しよう。否、もはやそれを施設と呼ぶのはふさわしくないので「拠点」と呼ぼう。**図3**右はソフト（事業、機能）とハード（建物）のパッケージである従来型施設である。**図3**左はこれからの拠点として、ソフトとハードの一対一関係を解消し、それらを分離したものである。ここでは建物管理者と事業運営者が別に存在するので、必要に応じて建物（室）を時間借りしてもよい。定常的な賃貸契約の場合もあるだろう。このソフトとハードの新しい関係の利点は、事業運営者は地域や時代のニーズに柔軟に対応した事業の運営に専念できること、一方、建物管理者は既存建物の様態に合わせた運営・管理が可能となることである。また室や空間が空いていれば、事業とは関係なく、みんなが利用することも可能となり、開かれた拠点となるだろう。

「一機能一殿舎」即ち「専有施設」は縦割りの制度によって規定されており、これを解体することは容易ではない。しかし、私たちは大量の施設新築を前提とした「はじめにソフトありき」で始まる計画技術から、既存建物ストックとその活用を中心とする「はじめにハードありき」、「また一方にソフトありき」の計画技術へと大きく転換を迫られている。[5] いいかえれば、ソフトからハードのあり方を導く理論知としての方法とは異なる、今あるハードと今必要なソフトとをうまく関係づける実践知の方法の構築が求められている。近年よくみられる、空き家や空き施設を活用した新しい福祉拠点などはその好例である。そこでは、これまで交わることのなかった異種のサービスが地域住民の現在的なニーズをもとに混ざり合って、イノベーション的新しさを生み出している。

5 劇場や病院等の特殊用途の建物や小規模な施設等はこの論の例外となる

column 2

ケア／文化／物語と世界の認知（その1）

気遣い（意識）としてのケア、文化、物語、のキーワードと世界の認知の関係を図に示す。

哲学の分野でハイデガーは、「ケア（気遣い≒それに意識を向けること）」を介して人は世界を認知する、という（6章）。また、自身の経験や知識、指向によって、心理学的環境は異なり、事実の如何に関わらず、人間の行動の決定要因となるのは「凍った湖の上をゆく旅人」に例えられる心理学的環境である。[1]人は、知っているものしか見えないし、見ようと思うものしか見えない。それは、その人が属するコミュニティ（興味関心や政治・経済・習慣などによって結びついた共同体）が共有する価値観や文化にも大きく影響される。文化は、ある価値観を共有する共同体の縁《エッジ》をつくり、また共同体の価値観を形成する要素そのものでもある。広井氏は、ヤスパース（一九六四）の「枢機時代」、伊東俊太郎（一九八五）[2]の「精神革命」と対応させて、人類史において宗教や倫理、哲学など精神的・文化的な革新の時期は、農耕開発と人口の急増による資源と環境の制約（有限性）に直面した時期に一致し、それは「物質的生産の量的拡大から精神的・文化的発展へ」の転機となったのではないかと述べる。これは、**哲学や文化はその社会の縁（へり）を成す、内的発展への転換の現れ**である、と解釈できる。

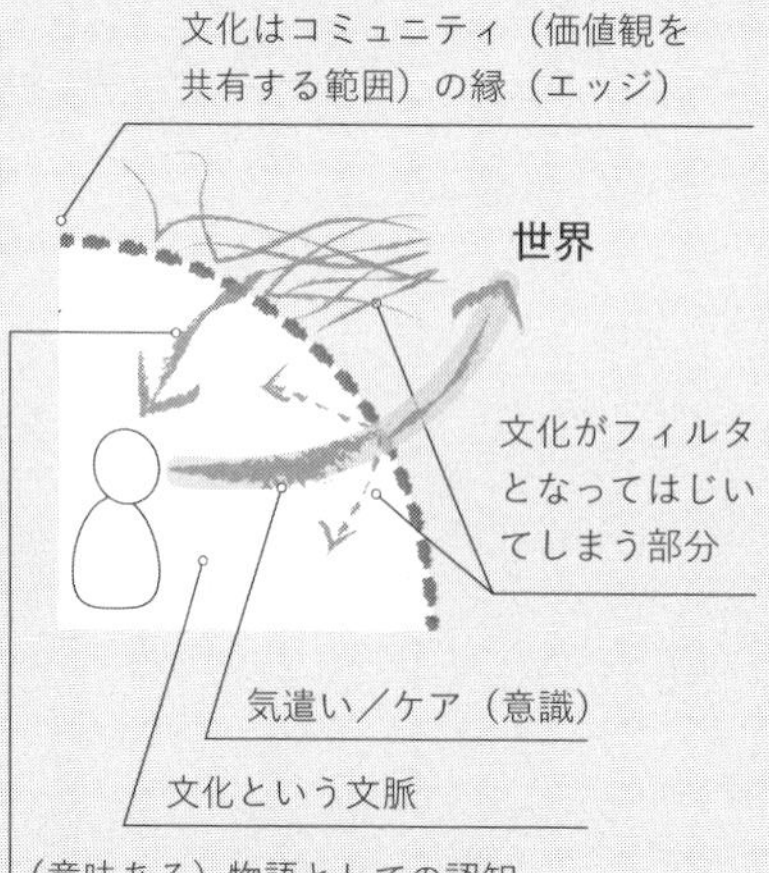

図 ケア／文化／物語と世界の認知

1 相馬一郎、佐古順彦著『環境心理学』福村出版、1976／2 広井良典『無と意識の人類史』東洋経済新聞社、2021、78-80頁

2章

つくるから使うへ、そして「使う」がつくる〈利用縁〉

二〇〇〇年代、スクラップ・アンド・ビルドからストック活用やリノベーションへと社会の趨勢が大きく変化した。そうした意識と方針の変化は、「つくるから使うへ」と表現される。[1,2] その価値観は建築・都市の分野にとどまらず、ＩＴの分野などへも広がっていった。「使う」は、既存のハードをより効果的に活かすためのソフトインフラ[3]の有り様や、確立し提供された技術やサービスを利用者自身が使いこなすための技術や価値を表す概念とも解釈されている。[4]「使う」に着目することで、ケアというものやその関係性、ケア事業について新たな視点を得ることができる。

1 利用者が集まると事業になる

1章で整理した様々な変化は総じて、「機能＋そのための建築」パッケージである施設の「整備（つくる）」から、事業とそれを行える場所の「利用（使う）」へ、そして建築と事業、複数事業の組み合わせによる再編と捉えられる。既存の建物に発生する空き家・空き室や利用者／利用頻度の低下による「使われていない・すでにある空間」をどのように使うか、1章で取り上げた、「施設」の解体や、用途変更を伴う建物の利活用、すなわちそこにどのような使い方を設定し、使い手を集めて招き入れるか、ということがひとつの視点である。

一方で、ある使い方での利用者がいなくなった建物が、別の使い方でならばその建物の維持に対して十分に利用者を集めることができるか、事業性を保てるか、ということもまた課題となる。場所があるだけでは、ニーズは生まれない。利用者≒ニーズをつくり、実存建物でそのニーズをいかに事業化するかには、ニーズの集約が鍵となる。特に人口過疎地域である事業を必要とする人がいても、その人口（ニーズ）密度が低い場合には、事業の成立に必要なニーズを集めるために利用圏が広くなる必要がある。その場合に移動コストが大きいことは利用者や事業者への負担であることから、事業拠点の維持にはマイナスの要因とな

1 「特集＝トーキョー・リサイクル計画──作る都市から使う都市へ」『10+1』二一、LIXIL出版、二〇〇〇

2 大島芳彦「人と地域を変えるリノベーション──時代は「つくる」から「使う」へ、事業構想PROJECT DESIGN ONLINE」projectdesign.jp/201610/free-resources/003165.php.2016.10（2023.11.17閲覧）

3 国土交通省『国土のグランドデザイン二〇五〇──対流促進型国土の形成』二〇一四年三月二八日付け、mlit.go.jp/kokudoseisaku/kokudoseisaku_tk3_000043.html（2023.11.17閲覧）

4 細谷功「「作る」から「使う」へ、ビジネスモデルの視点も変化する──組織の宿命を乗り越える」日経XTECH、xtech.nikkei.com/it/article/COLUMN/20131015/510962/（2023.11.17閲覧）

る。ニーズ密度が低いとき、それでもその地域に事業拠点を残したい[5]とき、異なるニーズを統合することでニーズ密度を保つ選択肢がある。これは、利用可能な範囲に利用者を確保することを意味する。それはこの先には一般的になるであろう、複数の事業で相乗りして利用する場所・設備、公共施設の時間／空間的部分利用による事業がイメージできる。時間で区分して利用／空間をゾーニング／分けることなく混在させるなど様々な運用形態がありうる。

実際に、NPO活動など事業に対して助成や委託があり、活動場所は団体がそれぞれ状況に応じて確保する方式での福祉事業の実施はすでに一般的である。さらに将来的には小規模サービスなどで、地域の公共施設等を活用したケアサービス提供は可能だろうか。場所や設備は自前でなくとも、どこか利用できるものを活用することとし、スタッフとサービス（ソフト）を提供することでサービスとして成立させる方式のケア事業である。現在では、例えば高齢者通所介護（事業）の入浴サービスには事業者が独自で設置する自前の入浴設備が必要で、訪問入浴では入浴車や持参した入浴槽を用いるサービス提供方式が一般的である。在宅サービスでは、食事提供などでも、自宅設備を使ったケア提供が前提となる。「訪問入浴スタッフが、サービス付き高齢者向け住宅の空いている浴槽を使って、近くに住むAさんの入浴ケアをする」や、「ホームヘルパーが、公民館のキッチンを使って、Bさん・Cさんに食事を提供する」といったサービス提供は認められていない（図2－1）。「訪問介護」の訪問先は必ずしも自宅でなく別の場所や、複数人でシェアできるような場所でもよいのでは、と考

5 高瀬敦、山田あすか、野原康弘、佐藤栄治「地方都市における訪問介護の効率的配置と運用に関する研究――U市とN市の社会福祉協議会の運営実態」『都市計画論文集』日本都市計画学会、五一―三、二〇一六、九〇一～九〇八頁。ケア事業のための物理的な場所＝拠点があることには、その地域に継続的に居住するための、まさに命綱の価値もある。訪問で医療・福祉を提供する拠点から移動コストがかかる中山間地域に居住する高齢者と、アクセシビリティの高い地域に居住する高齢者の需給サービスを比較すると、同じ要介護度でも中山間地域の居住者の方が利用頻度が低いという統計がある。要介護度が高い在宅生活高齢者の割合も、中山間地域では低い。医療・福祉の拠点から距離がある地域には、訪問介護／看護のサービスを届けることが難しいこと、また頻度高くケアが必要な場合はそれまでの自宅に住み続けることは困難であり、拠点近くなどに住み替えが必要となる実態を読み取れる

えていくと、「訪問」と「通所」というサービス区分もほどけていく。それらは、いずれ緩やかに融合していく可能性があるかもしれない。現状では、「通所」はスタッフが動かず利用者が集まってくる、「訪問」は利用者が動かずスタッフがやってくるが、例えば利用者がそれぞれの自宅等から集まってくる場所に、スタッフがやってくる、という具合である。地方の診療所や健康相談／健康増進事業などは実態として類似の状況で運営されている場合もあり、通所（利用者が動く）と訪問（スタッフが動く）という事業の組み合わせで、事業が提供される場所の自由度や選択肢が増えると想定できる。

これは、「ある場所をどう使うか」とは異なるアプローチであり、「利用者がいる（使う）」ことを前提にその場所をどこに見出すか、という反転の関係にある。

通所支援には、利用者を「集めて」ケアを提供する介護の効率性の側面と、利用者がいつもとは違

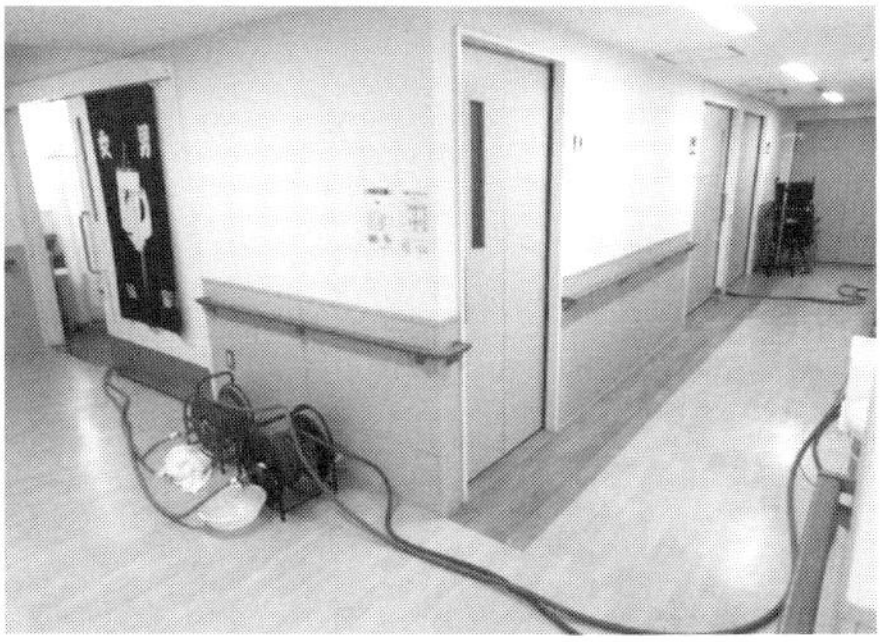

①入居型施設の居室で、浴室から湯を引いて「訪問入浴」を利用している様子。多様な事業が組み合わされた複合施設内で、「自立・訪問介護・施設介護」の利用者は、フロアごとの浴室を使う（居室には浴室なし）

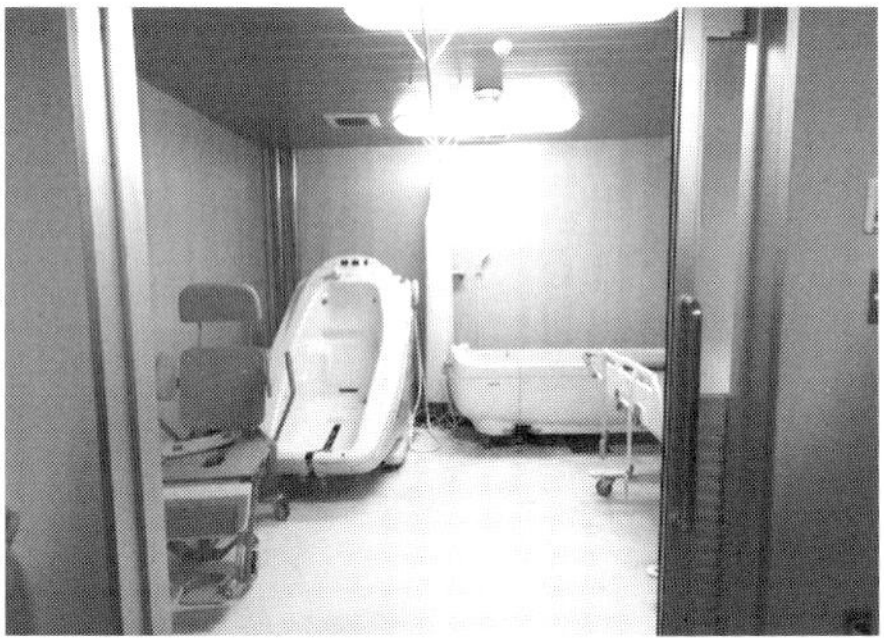

②「サービス付き高齢者住宅の共用部分」として設けられた浴室。訪問介護の入浴支援を利用する入居者が利用する。規程（1機/10人の専用の浴室）により、地域開放（地域の高齢者が訪問入浴で利用するなど）はできない

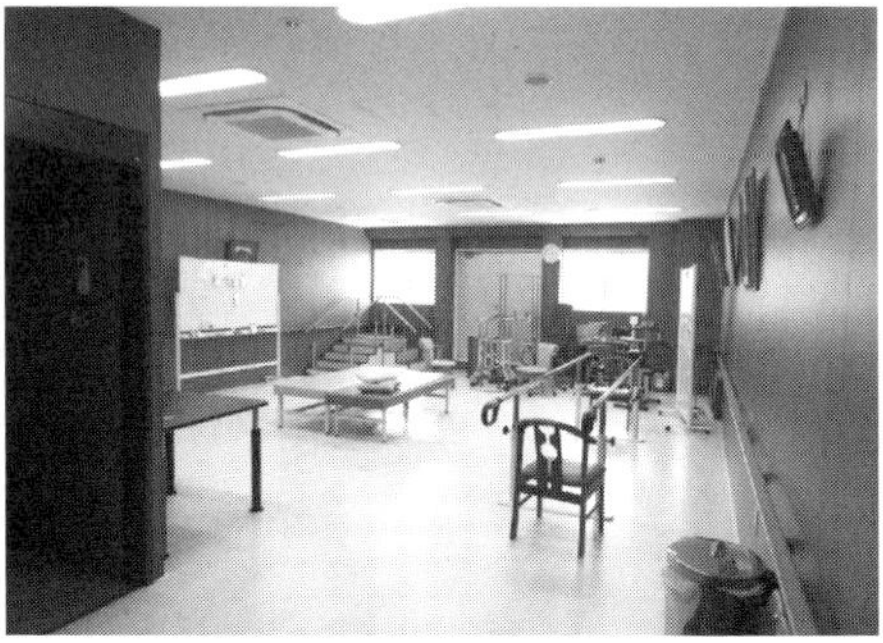

③「サービス付き高齢者住宅の共用部分」として設けられたリハビリルーム。「訪問リハビリ」を利用する入居者が利用する

図2–1 施設内での入浴やリハビリ。施設サービスと訪問入浴の併用ができないため入所型や、訪問型の事業を多数組み合わせることで、現在の「施設」体系において隙間となっているニーズに対応している事例

う場所で過ごすことができる自宅外の場所の提供という二つの側面がある。人々が、自宅外に集まりの場所をもつことは、利用者相互の交流などの刺激を生む。そこで必要なのは「利用者＝ケアを必要とする人が集まり」、「ケアを提供するための場所や設備と、ケアの提供があること」であって、そこに十分な機能があれば、本来的な意味では「そこがデイサービスセンター（通所施設）である必要」はない。[6]求める役割に十分な機能があれば、そこをデイサービスセンターの役割を果たせる場所だと見なすことができる。

人が集まっていることは、人々の交流やケアの提供の効率性、その場所（地域）の維持などの観点からそれ自体がポテンシャルである。地域に人々が集まる／集まれる場所があれば、個人宅への訪問よりもケアの提供の効率の意味では有利となる。場所とサービスが定型化された施設型サービスの解体が進むこと、それによってサービスが維持できる地域などを想定してみると、例えばご近所のAさんの家でも、自治会館でも、商店のイートインスペースにでも集まって、そこにケアスタッフがやって来る。ケアを必要とする人々の密度がある程度あれば、そうした提供方法もありうる。実際に愛知県の南医療生活協同組合[7]では、三人以上の組合員でつくる「班会」への支援を行っており、健康チェックなどの催しを申請すれば医療施設の職員を講師として派遣する、などの取り組みがある。そのように、ケアの前提となる場所は施設から事業者提供型の（固定の）拠点や利用者宅への拡がりに加えて、「人の集まる場所」という、より「テンポラリーで利用者群の存在に主導される場所」が加わっていくだろう。人口／ニーズの集積に呼応するモバイル型のケア、**ケアのモバイル化**である。[8]常設型の固定的な場所があればそこに人が集まりやすく安定的な選択先となりやすいと同時に、人が集まる

6 全国で同じ負担割合で介護保険料と利用料を払う人々が同じ介護サービスを受けられることを前提に、設置基準や介護サービスの内容が定められている。安全性や平等性などの観点で、施設設置基準は働いている

7 「病院が街になる」がコンセプトの駅前まちづくりに貢献する病院。南医療生活協同組合南生協病院、pjcatalog.jp/archives/604（2023.11.17閲覧）

ところにはケアを提供しやすいという意味で、次には「まず人が集まる場所をどうつくるか」が課題でありまた工夫のしどころとなる。ビジネスの成立可能性が人口／ニーズの集積可能性と重なる。多様なニーズを取り込む（複合化／多機能化）ことで拠点を維持するか、発見したニーズの塊＝ポテンシャルとしての人の集まりに応じて場所を見出すか、この両面が改めて意識される。

建築計画の観点からは、このうち「場所がある」ことに着目し、その場所でケアに取り組むことで、場所それ自体とその場所をアンカーとする地域や地域コミュニティの維持に寄与したい。それは、**ケアをシェアするための何らかの場所**である。

8 二〇一〇年頃、ノートPCなど各種ITデバイス、クラウドサーバや通信サービスが充実したことを受けて急速に普及したデスクワーカーが、固定の機材のある職場（オフィス）ではなく、まちのカフェやレンタルスペースなどを利用しながら働くスタイルが、遊牧民を意味する「ノマド／ノマドワーカー」と表現された。その定着と拡大は、プリンタやコピー機などを使うことができるコワーキングスペース、レンタルオフィス、駅などにある個室型ワークスペースなど新たな「拠点」や「場所」へとつながっている。結局のところ人は、場所を離れては生きられない。どこかに居られなければ生きられない。ジェシカ・ブルーダー著、鈴木素子訳『ノマド——漂流する高齢労働者たち』（春秋社、二〇一八）には、リーマンショックで安定的な職や家を失った人々が短期や日雇いの仕事をつないで暮らす、しかしそこには助け合いのコミュニティが存在する……というアメリカ社会の実態をルポルタージュされており、安定的な拠点や固定的に所属するコミュニティを失うこと／もたないことは、大きなリスクかつ負担でもある

2 「使う」の相乗り——基盤としてのシェア性

人、もの、動線が集まることは大きなポテンシャルである。過疎化が進む地方都市でも、新しく総合病院が建てばそこには循環バスなどがめぐり、自家用車を利用できない患者も集まり、病院の前には薬局やスーパーなどの「門前町」ができる。人口過疎地域では、毎日人がいる状況がつくられる医療福祉などの拠点は、その存在自体がポテンシャルである。パン屋が出店するのに保育所はよい立地ですよ、毎日職員と保護者さんが一五〇人も来る、それだけの潜在的購買者を集められる場所は地方のまちにそう多くはない、と話す保育所運営者もいた。また、コンビニが撤退する（出店できない）

生活密度・購買力密度の地域でも、道の駅ならば地域の外から人が来る／通りすがりに立ち寄る際の購買力を取り込むことで経営が成り立つ。こうした道の駅には生活用品が置かれ、地域住民の売り買いの場を兼ねる「小さな拠点[9]（図2-2）」の役割を併せもつ。観光事業も同様に、地域資源を活かした外来者の地域への呼び込みによって、雇用や地域資源それ自体を含む地域の経済規模の維持に寄与する。このような、人が集まる事業の場所に他の事業も集まってくる、外来者の労働や購買／消費によって地域を成り立たせる現象は決して珍しくなく、意識されずともはやそれは一般的になっている。また、過疎化や人口偏在によるニーズ密度の低下は、福祉機能の複合化・多機能化、結果として年齢や障害の有無などが混ざり合う共生の仕組みにつながっている。

住民向け／外来者向けという従来は別であった事業の区分は融け、事業はお互いに**利用を相乗り**＝**場所や機会や集客力をシェアする**ことで、リスクを分散し、ニーズを調整し、安定化を図っている。人がいる、集まる機会をどうシェアするか（事業が集まる）、また誰とその事業価値をシェアするか（外来者の取り込み）、というシェアの多様化である。また、こうした集まりと事業のシェアにより、同じ持ち出しでより質の高い設備や場所を使えるようになる。シェアハウス、コワーキングスペース、AirbnbやUberなどの各種シェアリングエコノミーなど、場所や設備、労働のシェア全般に当てはまる。そして、公的ケアの拠点であり、社会の基盤である地域公共施設のこれからを考えるとき、地域施設がもつ公共性の基盤は、広く薄く、人々がその建物や機能をシェアすることそのもの、必要なときに使えるストックを社会でもつことであると気づく。地域公共施設の整備や維持は、ひとりではもてないもの、いまは興味関心がなくもちたいとも思えないものにいつか出会う可能性、ケアが必要と

9 国土交通省「「小さな拠点」とは」mlit.go.jp/common/001048684.pdf（2023.11.17閲覧）。「小さな拠点」は、地方創生の取り組みの一環でも取り上げられる、一体的な日常生活圏を構成している集落生活圏の維持に資する商店や診療所、交通や物流などの機能やそれを担う場を、歩いて動ける範囲に集めた地域の拠点

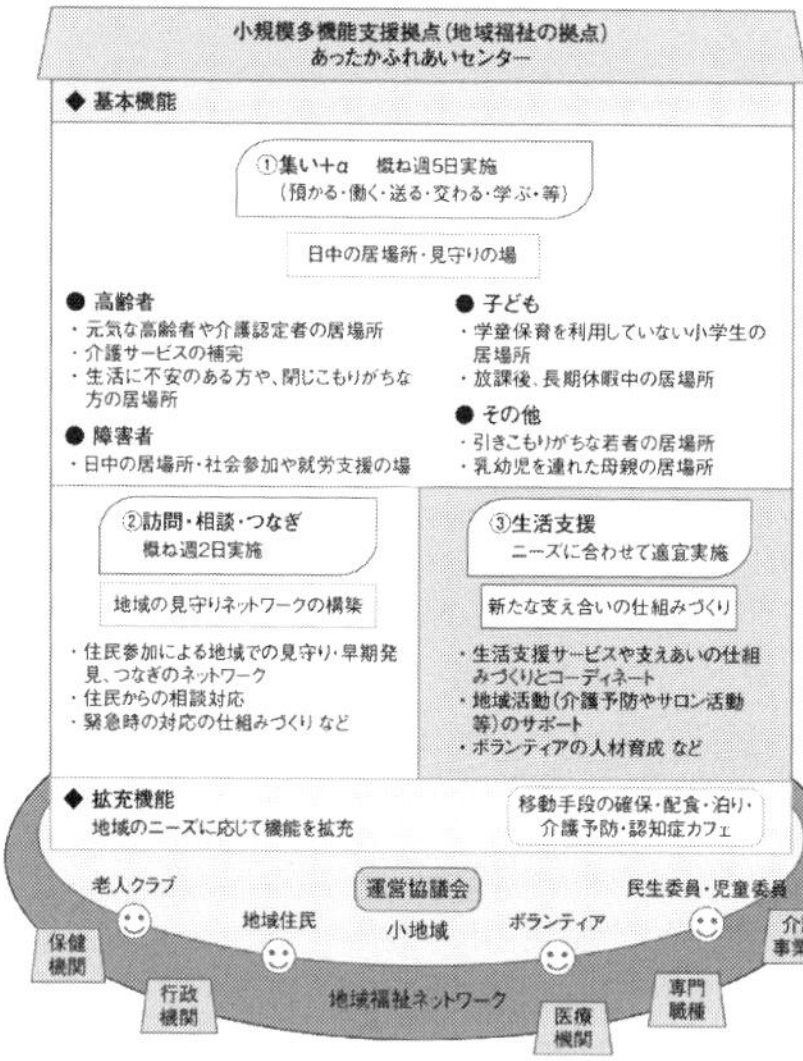

③高知県が行う小規模多機能支援拠点「あったかふれあいセンター事業」。過疎化と高齢化によるニーズ密度の低下を背景に、既存の福祉制度の枠組みに拠らず、そこで子供・高齢者・障害者など誰もが必要な支援を受けられる共生型の支援拠点を国の交付金事業を利用して立ち上げ、その後県独自の補助事業として実施している。
（吉本知子（高知県地域福祉部地域福祉政策課地域福祉推進チーム主査）、公益財団法人長寿科学振興財団、健康長寿ネット、高知県「あったかふれあいセンター事業」にみる地域共生社会づくりへの展望、tyojyu.or.jp/net/topics/tokushu/kyoseigatasabisu/kochi-center、2023.11.17閲覧）

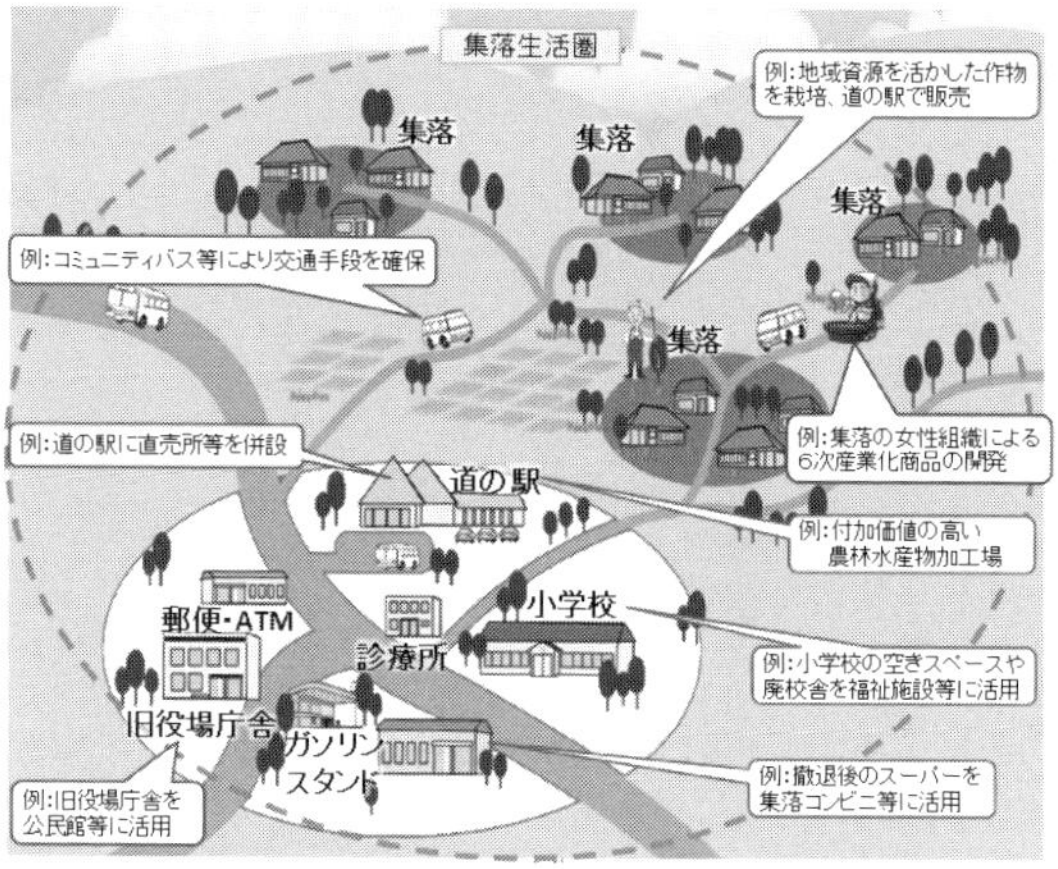

①国土交通省が提示する「小さな拠点」……「小学校区など、複数の集落が集まる基礎的な生活圏の中で、分散している様々な生活サービスや地域活動の場などを「合わせ技」でつなぎ、人やモノ、サービスの循環を図ることで、生活を支える新しい地域運営の仕組みをつくろうとする取組です」とされ（傍点は筆者）、物理的な、集約的拠点そのものとして複合化・集約化が行われる例や、ネットワーク型の活動の例が含まれる。
（国土交通省mlit.go.jp/kokudoseisaku/kokudoseisaku_tk3_guidebook.html、2023.11. 17閲覧）

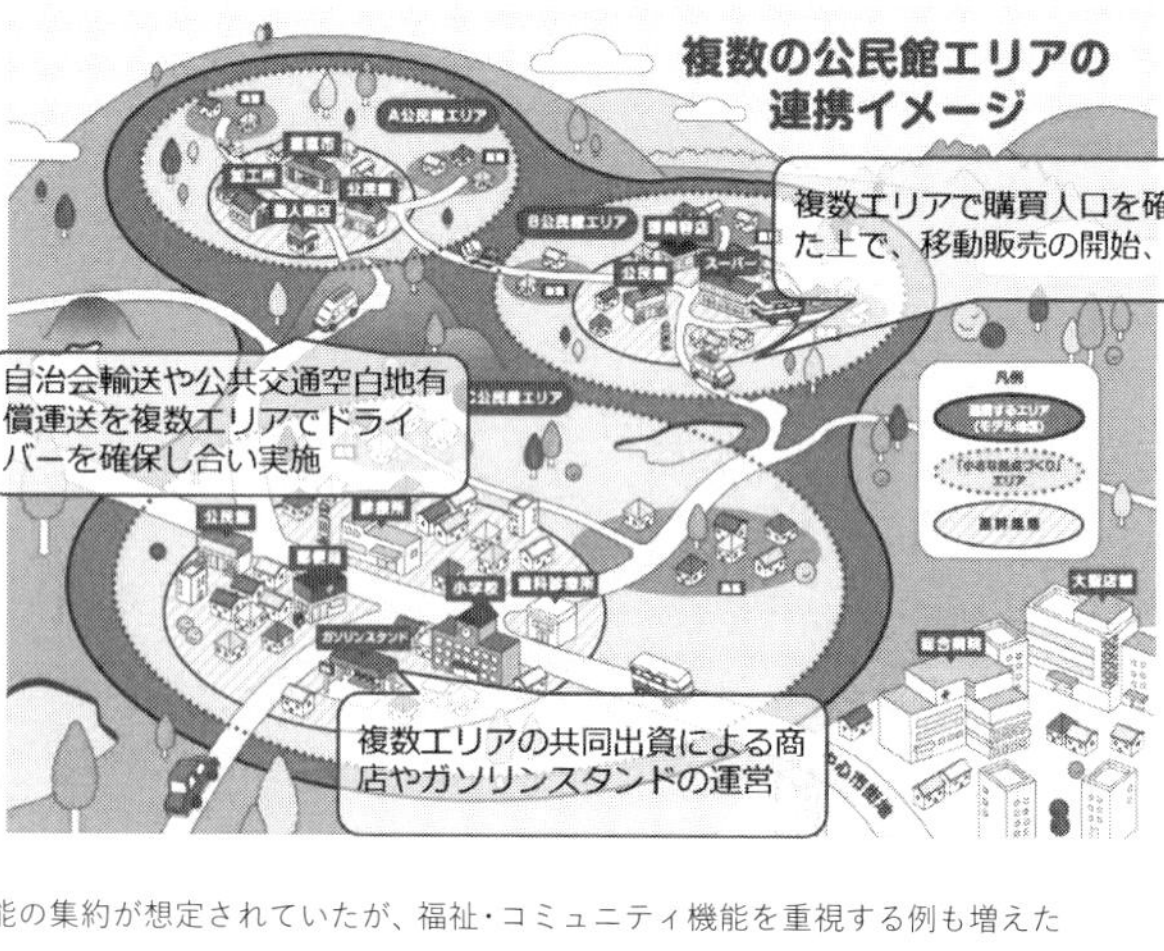

②島根県が公民館エリアを基盤として構想する「小さな拠点」……島根県、地域振興、「小さな拠点づくり」モデル地区推進事業（pref.shimane.lg.jp/admin/region/chiiki/chusankan/tiisanakyotendukurinokasokuka.html、2023.11.17閲覧）

図2–2「小さな拠点」。当初は経済・行政機能の集約が想定されていたが、福祉・コミュニティ機能を重視する例も増えた

なるときに備えることでもある。小さな拠点として統合・集約しながらでも生活関連施設や地域施設が維持されていることが、集落の存続のアンカーとなる。社会の基盤はまさに**シェア性**にある。

シェアされる社会基盤は、原則としてニーズに対応してつくられる一方、必ずしもニーズによらずにつくり、維持されなければならないこともある。知らないものを欲しいと思うことや、まだ見ぬもの、すでに失われたものがある社会を想像することは難しい。拠点をつくり維持することには、ニーズを喚起する／ニーズを守る側面もある。例えば図書館があればいつか使えるが、利用者の減少や自治体の経費削減を理由に全国で行われる公共施設マネジメントのもとで「整理」されている実態がある。公民館などの地域施設も同様に全国の自治体で整理統合が検討されている。そうした場所はたとえ日常的にはさほど利用率が高くなくとも、災害時の避難所としていざというときの備えや余裕空間の役割を担っている場合もある。選挙などの低頻度だが重要な機会や、緊急の集会など、人々が集って公共的に使える場所は地域に「必要」である。単にニーズがあるからつくるのではなく、それが必要である人、必要である状況に備えて、ニーズをつくらなければならない。かつて必要とされたが、いま十分に使われていないとすれば、ニーズとニーズへの対応をアップデートする必要がある。地域に公共を残す、地域で場所や設備をシェアする仕組みをつくることそのものが基盤だといえる。逆に言えば、**場所や設備をシェアすることで公共性やコミュニティが保たれる**。

シェア性を限りなく排除していくとき、あらゆるものを個人の所属物とし、シェアされる空間をなくしていくとき、そこにコミュニティは残らない。シェアはコミュニティをつくり、コミュニティは何がしかの共通項をもつこと、何かをシェアすることで維持される。

また、建築の長寿命化、加速するニーズの変化により、一度つくられた建物は、公／民の別によらず、次の用途で、あるいは次の利用者が使い継ぎ、利用されていく。これは世代間の共有、**時間によ**

るシェアとも言える。それが例えば〈私〉に属するような物件であろうとも、この建物は時間を超えていく、と思うとき、それは個人の手には完全に乗り切らない、ある種の公共性を帯びる。

3 「使う」がつくる〈利用縁〉

「つくるから使う」への変化の中で、社会基盤としての場や時間のシェアに着目すると、場や設備をシェアしながらの「使う」を通してつくられる新しい場や価値、参加の仕方が広がっている。そのように解釈をする視点では、住まいや教育も含めた「広義の福祉機能」が起点となって、そこを使う人々の関わり、様々なコミュニティ／共同体を形成する実践例を見出すことができる。そうした実践例は、公共施設のみならず、民間の活動にも拡がりをもち、場の大小を問わず、また狙いが明確であるかどうかにも差異がある。そうした場やその担い手と場の多様化は、施設の解体と再編の時代において、**共（コモン）／新しい公共への（再）転換**とも同じ流れを汲んでいる。

この、互助・共助の必要性の再認識と自然発生的なその拡がりのなかで、場所や機能／サービスを媒介とし、それらの**利用という共通項**によって生み出される関係性を、筆者はかねて〈利用縁〉と呼ぶ。そして利用縁によって生じるネットワーク的関係性は「利用縁コミュニティ」と表現できる[10]。それは、場所などの利用を介して他者あるいは地域とつながることでもあり、程度の差こそあれ、人々が日常生活を通して様々な場所や他者とすでにつながっていることの説明でもある。筆者は子供たちを保育所に送迎するために、保育

10 初出は日本建築学会賞受賞論文講演会、山田あすか「医療・福祉施設における利用者本位の建築計画に関する一連の研究——環境行動、施設計画、制度と都市環境のスケールを縦断して」二〇一八など

所へ続く道を何年も毎日通っていた。その道沿いの住宅に住む人々と、挨拶を交わすような仲になった。ときには庭先の収穫物をいただき、お礼をお返しするようなお付き合いもあった。そして子供たちが保育所を卒園してその道をもう通らなくなり、その人々との関係もなくなったことにふと思いが至ったとき、自分たちはその道の利用を介して、ゆるやかな縁をもっていたのだと気づき、それを利用縁と名づけた。失うことで気づくような、意識すらしにくいほどあたりまえに感じられる関係性があり、失うまでそれと気づかなくても存在している関係性がある。

公助が縮小し、自助の限界が自明であるなかで、人々の互助・共助の関係性を再構築すること、その重要性を再認識することが重要だという価値観が共有されつつある。二〇一〇年頃に社会問題として注目された、「無縁」をキーワードにした問題提起[11][12]では、社会で生きるには何らかの縁が「あってあたりまえ」であったためにかえって、時代や社会状況の変化の中でそのあたりまえが崩壊してもなお、社会と社会的支援から孤立し「無縁」の状態にある人々への気づきや対応が遅れていることが危惧されてきた。地縁を離れた社縁、会社の中のコミュニティや会社でのつながりを基にする人間関係の価値が、居住の再編を伴った戦後の高度経済成長期に急拡大し、そしてまた失われていったとも指摘されている[13]。それまでの日常生活の中では人間関係の重要性や必要性を感じられず、その存在を認識する機会も少なかったからこそ、東日本大震災（二〇一一年三月一一日）の後にあれほど人々が助け合う「絆」が喧伝されたのだろう。極限の状態や目に見えぬ放射能への恐怖感の中で、被災地の人々や支援者らの懸命の活動や、それらについての連日の報道を通じて、失われたと思われていたそれがまだ確かにあると思えるような共同幻想[14]がもたらされた。声高に叫ばれた「絆」は、被災者が必要とし

11 NHKスペシャル取材班『無縁社会』文藝春秋、二〇一二
12 石川結貴『ルポ——子供の無縁社会』中央公論新社、二〇一一
13 橘木俊詔『無縁社会の正体——血縁・地縁・社縁はいかに崩壊したか』PHP出版、二〇一〇
14 吉本隆明『共同幻想論』角川書店、二〇二〇

た支援そのものではなく、それがありさえすればよいというものではない。支援を受けやすくなるための必要条件であり、支援の必要性や偏りを緩和するある種の互助的状況であった。そして、積極的な意味での「絆」が重視され、前提とされるほど、輪に入れない、様々な要因で絆をもつことが難しい人々への支援は難しくなる。互助・共助の必要性が認識されるほど、支援につながれない人々や状況の困難さはより強く認識される。コミュニティありきとしてそこから始まる考え方ではなく、コミュニティそのものをいかに再編するか、ということが課題となる。既存のコミュニティやそれを形づくってきた契機のあり方では、いま現在支援につながれない人々や状況への手は届かない。地縁、血縁、性別、身体的特徴、出自のように自分では選べない要素によって、人はその生き方や期待される態度を決められるべきではない、という考え方も浸透している。「縁」には、「人と人を結ぶ巡り合わせ」や「関係」などの意味のほか、関係ができるきっかけ、ある結果を生じる間接的な原因や条件の意味もある。[15]「利用縁」のゆるさと、それがもたらす「結果としてのコミュニティ」は、人々を縛るシステムとしてではない関係性を捉える概念である。利用縁コミュニティは、基本的に自分自身では選ぶことができない血縁や地縁（非選択縁）とは異なり、参加（利用）も離脱も、またそのタイミングも自由で、参加の度合いも人それぞれ異なる。コミュニティのメンバーは興味関心や必要な支援、お気に入りの場所、日々通る道などなんらかの「共通項」によってゆるやかに関係する。例えば、なんとなく顔見知りのカフェの常連、朝夕の送迎時にすれ違う程度の保育所の保護者同士、同じスーパーマーケットやバスを使う人、図書館の勉強スペースを利用する顔見知り、施設のボランティアメンバー、子育て支援の互助アプリの利用などといった程度の関係から、サークルやサロンなど共通の趣味や目的のもとに集まる人々も居る。利用縁は、幅広い概念である。人々は意識的に、あるいは無意識

15 「縁」『大辞林』三省堂、第四版、二〇一九

のうちに、人々は多くの利用縁コミュニティに属し、それらを状況に応じて使い分け、利用先が生活に合わせて変化していくのにつれて、参加コミュニティやその距離感も自然に移り変わっていく。自由で選択的で、個々人の自己決定の集積がゆるやかに形づくる流動性の高い、**結果としてのコミュニティ**である。

「縁」があってあたりまえだとされる「家（イエ）」「家族（カゾク）」の関係性の理解にも、利用縁は拡大される。例えば家における家族、特に親子のコミュニケーションを強化するために、「子育てのための住宅」を語る書籍などではしばしば、「ともに過ごす場所と時間」「興味関心を共有する装置」を薦める。それは「宿題もできる食卓テーブル」であり、「家族のシェア本棚」であったりする。[16]積極的な関わりがなくともリビングに家族がそれぞれの居方で居合わせることができるように家具や設えを置こう[17]、自室への出入りの際はリビングを通る動線とし必ず顔を合わせられる動線にしよう、といった提言もある。子育ては、子供本人の成長を支援することであると同時に、子供を家族という共同生活者として育て、共同生活者ら同士の関係を形成していくプロセスでもある。血縁家族であっても、その関係を強化するためには時間や場所をシェアすることが重要で、それら場所やものをともに「使う」ことが関係性の根幹にある、と利用縁の視点からは説明できる。逆に、ともに使うものがない、場を共有することもない家で、カゾクはそれでも互いの関係性を保てるものだろうか。近代では血縁関係をもとに生活の時間や場所をシェアする集団を家族（カゾク）と呼んできた。[18]例えば食卓をシェアし、食事をともにすることがなければ、同じようにあらゆるシェアを排除するとしたら、その人々をカゾクとして認識し、関係を育てるようすがあるだろうか。シェアハウスなど生活空間「家（イエ）」やその設備の利用を元に

16　家づくりわくわく調査隊『子どもの心が育つ魔法の家のつくりかた』梧桐書院、二〇〇八
17　宮脇檀『それでも建てたい家』新潮社、一九九五
18　元は生活の場所や時間を共有していたが、いまは生計や生活の場をともにしない家族は「原家族」と表現される

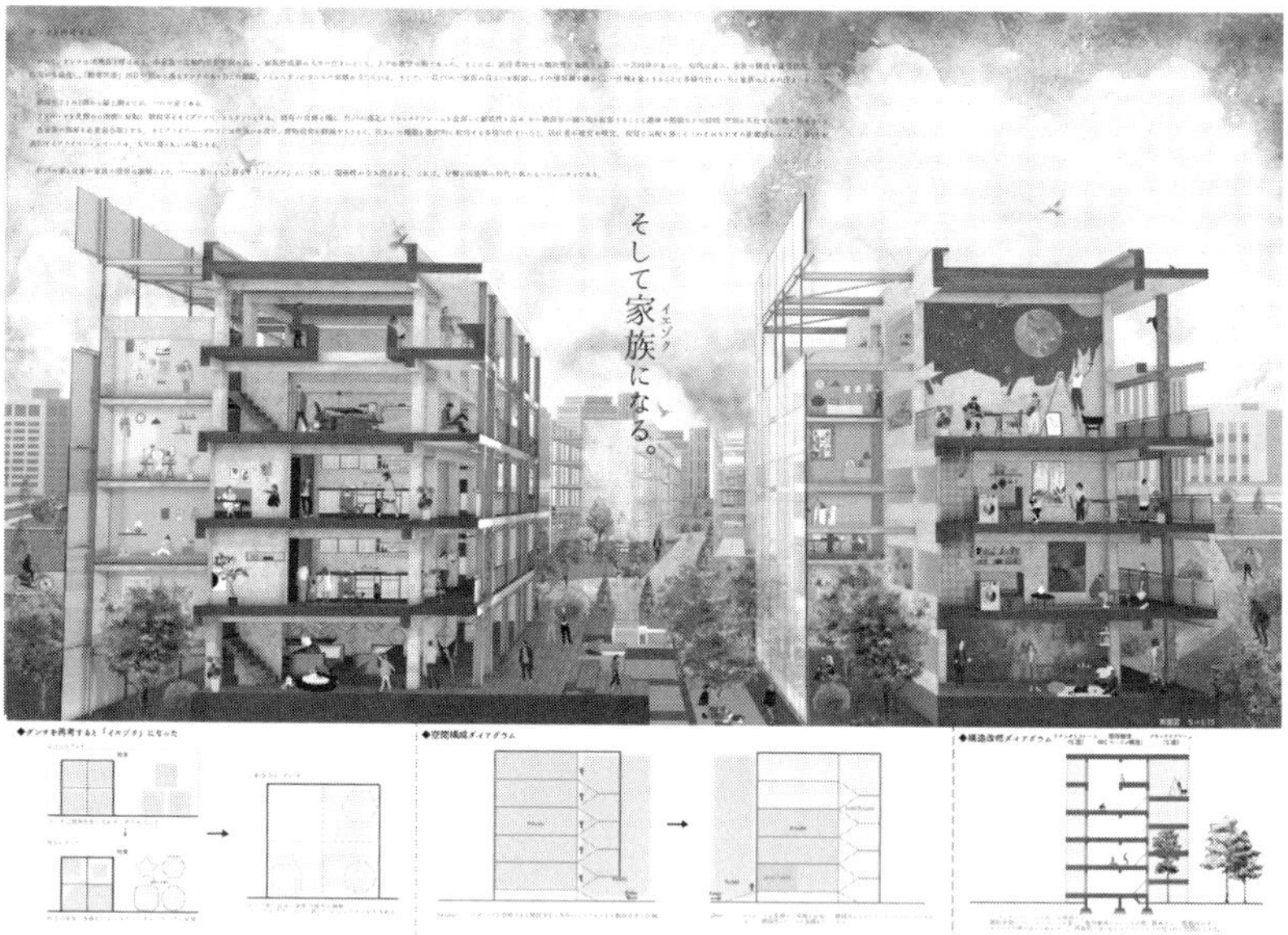

図2–3 団地再生における現代的なコミュニティの形成と新しい暮らし方を提案した建築コンペ応募作品「そして家族（イエゾク）になる。」榎村賢、齋藤美優、押尾萌加、張尚瀬、岡田一希、2019

つくられた集団を仮に「家族（イエゾク）」と表現すると、生活空間をともに使う（シェアする）ことによる利用縁がもたらすコミュニティのあり方を端的に示せる（図2–3）。

例えば高齢者や障害者のグループホームは、生活の場であることを重視し、「大きな家だと思って」設計することが推奨される。同時に、そこに住まう人々は生活歴も生活リズムも異なる他人であること、個人を尊重する視点からは、家族（カゾク）のような暮らしは想定しない方がよい、とも言われる。そうした距離感は以下のような表現が適切であろう。〝そこに住まう人々と支援者は、生活の場である「家」をともに利用する利用縁コミュニティ「家族（イエゾク）」である〟が、〝「家族（カゾク）」ではない〟。

「家」の集合に目を広げれば、集合住宅や住宅地の設計でも、コミュニティの形成にはアプローチやコモンスペース（共有庭）を共有する＝ともに使う場所をもつことが有効とされる。地域公共施設が担ってきた役割にも、「使える場所や設備」をもつことによる関係性を見出せる。建築の分野ではかねて、ともに使うことをコミュニティ形成の要としてきた。利用縁は（血縁／婚族）家族の関係を強化することと同様に、地縁の強化にも寄与する。

「互助」の拡大が求められる現在、政府が進めようとしている地域包括ケア、共生型ケアも、互助の働きを前提としている。「自己選択的であること」を前提に「互助」が期待される社会において、利用縁コミュニティは「互助」の歯車の軸となりうる。そのためにも、偶然の可能性に満ちた、多様な機能や利用者が混在し、多様な人々の偶然の出会いのなかでお互いのつながりが自然に形成されていく拠点として、地域公共施設の役割は大きい。同時に、施設とは何か、その担い手は誰か、という先述の問いは、地域におけるともに使う場の捉え方を広げる。

それは、利用者の属性に着目して整備されてきた施設という枠組み、そしてその施設に対応した建築計画研究や都市計画の拠点整備計画という枠組みが、社会的潮流の中で解体され、再編されていく変化の途上に見出された関係性である。これは、「地域」という、本来的に多様な人々やニーズが渾然一体となった場所に、人々の属性によって分けられることのない複合的な場が再びつくられつつあるという認識に立ち、その場を結び目とする、現代的な関わりのあり方を理解する視点だろう。[19]

そしてこうした場はしばしば、まちの居場所、**地域のなかの居場所**、身近な居場所、などと呼ばれる。

19 この後の公共性と共同体の議論にも関係するが、厳密には「人々の属性によって分けられることのない」は、「年齢や身体特性、ニーズのあり方や個人が変えられない要素によっては分けられない」と表現する方が正しい。それは場のルール、運営者の思想への共感、利用にかかる料金、インテリアやエクステリアのデザイン、ある種の文化的要素への反応性、などによってフィルタリングされている。例えば、品のいいデザインの空間にはそれを好む人が集まる、オープンなデザインの空間は幅広い人々によって利用される、といった〈場と空間の物理的デザイン〉や〈運営のあり方〉によるフィルタリングが、実態として存在している。逆に言えばこれは、その是非は別として、建築の側面からの〈コントロール〉の可能性を示すものである

1——一箱本棚が壁一面を埋めている。それぞれの「箱」が、オーナーの興味関心や人となりを伝えるショウケースのような、あるいは名刺のような役割を果たしている

2——商店街の空き店舗を改修して開かれた。本棚とベンチが外にも置かれており、この場所とまちをつなぐアイコンとなっている

事例｜02

コミュニティとサービスと人を場所でつなぐ

—

本と暮らしのあるところ だいかい文庫

所在地：兵庫県豊岡市
設計・リノベーションデザイン・施工：
合同会社 流動商店（三文字昌也、豊田健）
運営者：一般社団法人 ケアと暮らしの編集社、
代表：守本陽一
https://pjcatalog.jp/archives/657

総合診療医や看護師らからなるグループが運営する、一箱本棚オーナー形式によるシェア型図書館と書店・カフェ。医療系専門職などケアラーのためのケア拠点であり、孤独を癒やす社会的処方を体現する場でもある。

「相談」の心理的ハードルの高さや健康への興味関心の薄さを課題と考え、まずは「楽しそう」で「おしゃれ」な印象から、健康や居場所の重要性への認知を拡げる活動を行っている。この場所との関わり方には訪問、カフェ利用、シェア図書館の利用や書籍の購入、店番の人や他の利用者との交流、一箱本棚オーナーになる、とグラデーションがある。場所や人との交流の程度を選択できることは関係の持続や敷居の低さに寄与する。近年徐々に開かれつつある医療福祉の場においてサービス提供者と受益者、年齢や障害の有無などの属性による「役割」から人々とその関係を解き放つことが、多様な人々の居心地のよさにつながっていく。そしてここでも滞在や活動への参加は人々がコミュニティや医療・福祉のサービスにつながる入り口にもなっており、同時に医療・福祉やコミュニティが人々の「いま」につながるきっかけにもなる。それは、変化し続ける人々をありのままに受け入れ、多様性を実現する「うつわ」のかたちそのものだ。

1

2

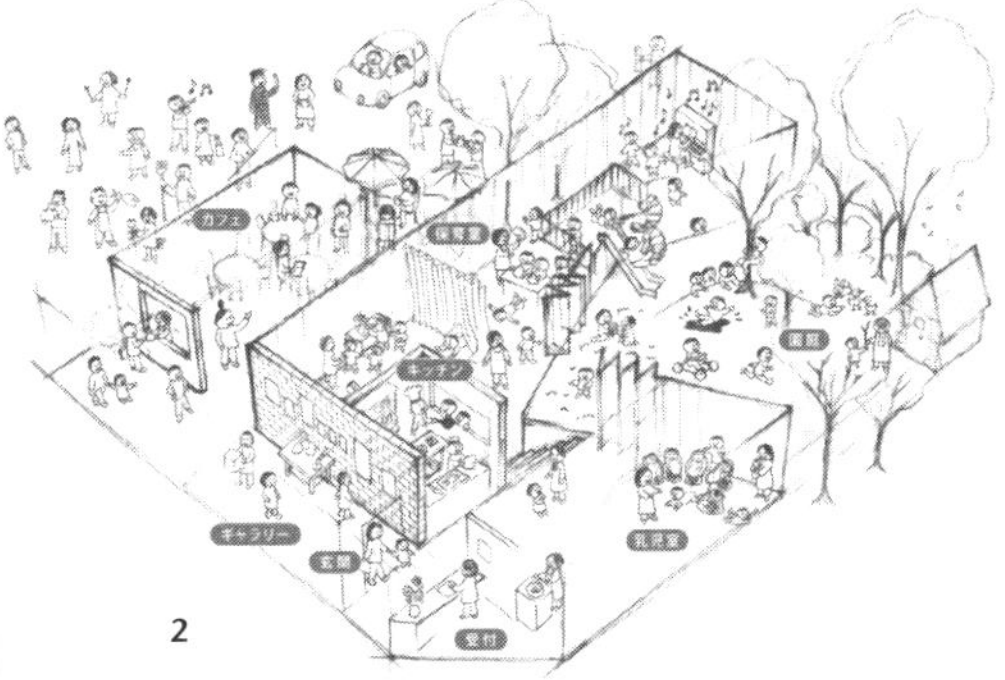

2

3

5

1、2、3——（小竹向原）住宅街に溶け込む、家のような外観の構え。まち側にカフェを設け、ドキュメンテーション活動を反映したギャラリーを介して保育所にアプローチする動線。（**2**は竣工時のもの）

4——（六本木）サンドイッチ、飲み物、本が買える小さなお店。地域に根ざし、地域住民がつながり合う場を目指す

5——（六本木）置き畳や棚、天蓋などで丁寧に環境づくりがなされた保育室は、子供たちの安心感や活動への興味関心を誘う。主体性を尊重する環境支援が行われている

事例｜03

まちとの中間領域をつくる

—

まちの保育園
小竹向原／六本木

所在地：東京都練馬区（小竹向原）、港区（六本木）
設　計：宇賀亮介建築設計事務所（小竹向原）、
Yasuo Watanabe(Interstudio)（六本木）
運営者：ナチュラルスマイルジャパン
https://pjcatalog.jp/archives/854 & 400

小竹向原

六本木

まちと保育園が近しく、協働できる関係となることを目指した「まちの保育園」。保育園は子育てをする若い人たちが集まる場所、まちにとっても保育園は資源であり、地域の拠点となりうる。子供の人格形成期に、多様な人々と出会うことやまちとの関係をつくることが、まちへの愛着や人間社会への基本的信頼感の醸成に寄与する。小竹向原には「まちのパーラー」「まちのま」、六本木には「まちの本とサンドイッチ」というパン屋を併設する。これらは、まちと保育所との中間領域的な場所として、開設時からのコンセプトとしてつくられてきた。

北イタリア発祥の教育「レッジョ・エミリア・アプローチ」の理念に共感し、子供が主体的に学ぶことを重要視している。自然素材や体験を取り込もうとする内外装、創造活動に取り組めるアトリエや、子供たちの身体寸法や心理に配慮した遊びの環境づくりがほどこされた保育室、保育活動の記録（ドキュメンテーション）による子供たちの活動プロセスのシェアや保育スキルの向上などはそれらの例である。

建築においては、視線のコントロールや動的体験の引き出しなどに寄与する立体的な空間構成が随所に取り込まれていることが特徴的で、住宅地やビルの中にあるという環境的手がかりの少なさを克服している。

1

4

ケアがあるコミュニティ

松原茂樹

人の顔が見えること

地域住民も訪れるコミュニティカフェに行くと、そこで働くスタッフや、やってきた住民から「△△さんはどうしているの」「○○さんは最近来ないね……」という話をよく聞く。また掲示物に添えられている作者の個性がにじむ手書きの文字やイラストからは、やってくる人に対する気持ちが垣間見える。魅力的なコミュニティほど一人ひとりの個性があふれ出ている。ローカリティやコミュニティが見直され、実感されるいま、そこで暮らす住民一人ひとりの顔が見えることの価値を再認識する必要があるだろう。

地域共生社会と福祉施設の現場の動向

厚生労働省では地域包括ケアシステムを推し進め、高齢者、障害者、子供を含め地域に暮らす住民や地域の多様な主体が互助で地域をつくる地域共生社会の実現を目指す。[1] 菊地氏は共生社会について「地域がさまざまな人によって成り立っているということに、お互いの『顔』が見える距離感で気づきあえる、そして何かあったときに自然と手を差し伸べることができる、緩やかでフワッとした手ざわりのようなもの」「個々人の生き方よりも共同体の価値が優先されるようになってはならない」と述べている。[2] 互助といっても強い結びつきではないが、ゆるやかなつながりの中でお互いが支えあう関係が必要である。

神戸市長田区で二〇一七年に開始したサービス付き高齢者向け住宅「はっぴーの家ろっけん」[3] の運営代表・首藤氏は阪神・淡路大震災前の自身の体験をもとに、「皆で助け合って暮らす昔の長屋のような場所」というコンセ

1 厚生労働省「地域共生社会」mhlw.go.jp/kyousei syakaiportal/ (2023.11.17閲覧)

2 菊地馨実『社会保障再考』岩波書店、二〇一九

3 pjcatalog.jp/archives/ 627 (2023.11.17閲覧)

4 「人を呼び寄せる魅力は？／介護施設アワードで1位／神戸・長田のシェアハウス」神戸新聞NEXT、二〇二一年二月二一日、www.kobe-np.co.jp/news/sougou/202102/0014096168.shtml (2023.11.17閲覧)

5 建物と機能のパッケージの解体が進む中での試みだが、このような取り組みは以前からある。一九九三年に「このゆびとーまれ」が始め、全国に広がった富山型デイサービスでは、民家を改修した小規模な建物で、高齢者・障害者・子供を限定せずデイサービスに受け入れる。また地域住民も気軽に訪問できることが特徴である

6 熊谷晋一郎「依存先の分散としての自立」、村田純一編『知の生態学的転回 技術――身体を取り囲

プトでつくられ、氏はその最上階に家族とともに暮らしている。その運営では、名もなき個性もない人ではなく、名前があり個性がある「日常の登場人物を増やすこと」が重要だという。[4] 登場人物と述べているとおり、外国人も赤ちゃんも「特定多数」が一階のフリースペースに自由にやってきて、入居する高齢者と顔が見える関係を築く。ここにやってきた個々が思い思いに過ごし高齢者と関わることによって、介護職員だけでは実現できなかった高齢者がやりたいことを実現できる。また高齢者が乳幼児の世話をするなど社会的役割をもつ。[5]

他者に依存してこそ自立

生まれつき脳性まひがあり、電動車椅子を利用する熊谷氏は、東日本大震災での建物からの避難体験を踏まえ、自立とは依存しないことではなく依存先を増やすことだと指摘している。[6] 依存先は支援機器や道具などに加え、「人」が最も重要だろう。特に地域で生活を送る上で困ったときにさっと手を差し伸べてくれる顔見知りの存在は大きい。

精神障害をもつ人たちが活動する「浦河べてるの家」では、「三度の飯よりミーティング」と自分を語り、仲間の話を聞き、語り合い、支えあうミーティングを行う。[7] また「安心してサボれる職場づくり」を実現するために「弱さの情報公開」を行っている。働くこと以外にも日常生活でも調子が悪い人を仲間が支えあい、お互いを支えあう。これはピアカウンセリングやピアグループと呼ばれ、同じ背景をもつ当事者同士が良好な関係を築き、地域での自立した生活の実現をサポートしている。

コミュニティにはケアが必要

建築計画は人を「強い」存在として捉え、「する」ことの論理で計画してきた。今後は、人は常に能動的に行動する「強い」存在ではなく「弱い」存在と捉え、「ただ居る」[8] ことから立ち上がる建築が重要である。「居る」について、能動的な行動は縁を生みやすいが、「ただ居る」ことから縁が生まれ、コミュニティになるためにはケアが必要である。

む人工環境』所収、東京大学出版会、二〇一三では、自立を「何ものにも依存していない状況ではなく、『依存先を増やすことで、一つ一つの依存先への依存度が極小となり、あたかも何ものにも依存していないかのような幻想を持てている状況』」だと表現している

7 べてるの家『べてるの家の「非」援助論——そのままでいいと思えるための二五章』医学書院、二〇〇二（一一三頁）

8 山田あすか「解体と再編の時代、「使う」がつなぐコミュニティ」、二〇一九年度建築学会大会研究協議会「人口縮減社会におけるコミュニティとパブリックの新しいかたち——二〇三〇年の地域施設の姿とは」所収、二〇一九

9 広井良典『ケアを問いなおす——深層の時間と高齢化社会』筑摩書房、一九九七では、以下のように説明している。「ケア」には多彩な意味があり、①「介護」「看護」、②中間的なものとして「世話」があり、③広くは「配慮」「関心」「気遣い」という広範な意味を持つ概念である。ケアは人間の本質であり、広井氏は「人間は誰しも、「ケア」する対象を求めずにはおれないし、また自分が「ケアされる」ことを欲」し、その対象は人に限定されず「普通「自分以外の何ものか」に向けられたも

コミュニティとケアは本来、密接不可分である。広井氏は、ケアの多彩な意味合いと本質性を踏まえて、[9]「ケアの最終目標がその当事者が地域や社会の中で自立していくことにあるとすれば、コミュニティという視点を抜きに考えることはできない」と述べ、「福祉というものを、その土地の特性や、人と人との関係性の質、コミュニティのあり方、ハード面を含む都市空間のあり方と一体のものとしてとらえ直していくことが重要」とし、『福祉』を場所・土地に返す」「空間化するケア」（あるいは「ケアの空間化」）と表現する。[10] ケアはむしろ広い意味で用いることが適切であり、見過ごされがちだが、子供、障害者、高齢者も含めてすべての人が行うことができる。

近年、世界で社会問題として認識される孤立・孤独には複合的な要因が絡むが、広義のケアすなわち他者からの関心・配慮がない状態と捉えられよう。支援を行っている、牧師でありNPO法人抱樸の代表の奥田知志氏は「周りがどれだけおせっかいをやくか」が大事だとして、孤立したホームレスの人々を対象に「ほっとかない」支援を行っている。[11]

広義のケアは「まちの居場所」[12]（図1、2）で人と人との関係性の質を把握するキーワードとなる。田中氏は「まちの居場所」の価値の一つは「社会的弱者ではなく、尊厳をもった個人として居られること」であり、サービスをする側／される側という固定された関係ではなく、また属性によってカテゴライズされた特定の役割を担うのではなく、「自分のできる役割を担いながら『まちの居場所』を支えるかけがえのない個人として居られること」が大切だと述べている。[13] これは自分自身はもちろんのこと、場を担う主《あるじ》や居合わせた他人も含めてお互いにケアがあるからこそ実現できる。ケアは何かを「する」ことでも「される」ことでもなく、「共に居る」ことである。「弱い」存在として人が「ただ居る」ために、誰かのケアが必要である。共生と排除は表裏一体で、ケア次第である。

のであるのに、その過程を通じて、むしろ自分自身が力を与えられたり、ある充足感、統合感が与えられたりするものである」（一一～一四頁）

10 広井良典『コミュニティを問いなおす――つながり・都市・日本社会の未来』筑摩書房、二〇〇九

11 NHK「大回復 グレートリカバリー「孤独論」・「ズームバック×オチアイ」」二〇二一年五月一四日放送

12 日本建築学会『まちの居場所――ささえる／まもる／そだてる／つなぐ』鹿島出版会、二〇一九

13 田中康裕『まちの居場所、施設ではなく。――どうつくられ、運営、継承されるか』水曜社、二〇一九

14 NPO法人にはカフェK（二〇一五年一二月設立）、リユースショップZ（二〇一七年五月設立）、就労支援O（同年八月設立）、アトリエ&ギャラリーF（二〇二一年四月設立）、焼き芋屋T（二〇二二年六月設立）がある。いずれも空き店舗を改修している。近隣には、大学やA病院、小学校、中学校、スーパーなどがある（図3、4参照）

ケアがあるコミュニティの実践例
――大阪A地区のNPO法人K

大阪A地区は、一九二二年に精神疾患医療にも力を入れるA病院の開設後、戦後になって周辺の住宅地が開発された病院ありきのまちである。そこで活動するNPO法人Kは、A病院の元看護部長O氏が退職後に立ち上げた法人である。精神疾患で長期入院する患者自身が被写体や語り部となり、チラシ配りや名刺づくりなどで主体的に参加する写真展など、後に他病院等へも広がっていった「患者」と看護師との協働関係を通して、「患者」に当事者としての主体性が生まれ始めた。そういった過程から、治療や看護の対象として「入院者」に接するのではなく、彼らが望む社会とのつながりや、「普通に生活する」ことの具体的な課題を自覚した。そして、病院内では出会うことのない人々との出会いの機会を求めて、A病院の近くの商店街にある空き店舗に、病院や施設でもない、地域に開かれたコミュニティカフェKを二〇一五年一二月に開いた。[14]

メンバーの仕事をつくり、事業を立ち上げる

カフェKは「この場所があるから安心」と思える場、まちで暮らす人たちと精神障害者が同じ時間を共有できる場所としてつくられた。調理を別の看護師が担当し、精神障害のあるメンバーが給仕や片付けをする。他に、高齢者が処分に困っている食器や服を回収して販売するリユースショップZは、X氏の夢を叶えるために行ったバザーがきっかけだ。賑やかな就労継続支援Oでは、織物や裁縫などメンバーが自分の体調とペースに合わせて、自分がつくりたい物をつくる。人の出入りが苦手なメンバーのために、静かに作業でき、作品を展示販売できるアトリエ&ギャラリーFがつくられた。空きガレージを改修した焼き芋屋Tでは、畑作業でつくったサツマイモを商品化した。法人が行う事業にその人に当てはめるのではなく、メンバーが増えるたび、それぞれがやりたいことが実現できるよう、その人に合わせて仕事をつくり、それに合わせて空き店舗を借りて改修をする。またNPO法人を介してではなく、個人が直接地

図1 まちの居場所の事例「居場所ハウス」(岩手県)

図2 同、古民家を移築している(注13を参照)

域社会とつながりをもつことを重視しており、ケーキやクッキーづくりが得意な二〇代の女性、手先が器用で裁縫が得意な六〇代の女性など、個人の作品にブランドを付けて販売し、本人の自信を後押ししている。

する／されるの関係を超えて

カフェKを中心に、福祉に直接関係ない人も協力者として数多く参加するようになり、メンバーやまちの人、職員などがいずれも頼り頼られる対等ないし流動的な関係性を築いている。二〇一八年に行ったインタビューで、理事A氏は「頼る／頼られるという関係性が固定することは、完全な依存関係を生む。自立とは、立場によってお互いの立場が外れても頼りあえる関係の中にある。また仮にある人が立場を外れるなら別の人を紹介したり仲間繋ぎをするなど、いい意味で流動性をもってお互いと付きあえる関係の中にある」と述べている。また職員の看護師は、ここでは病院勤務のような、世話する人、される人という構図がなく対等の立場に限りなく近く、とてもかけがえのないことだと述べている。それでは三人のメンバーの活動を見てみよう（インタビューは二〇二〇年実施）。

［リユースショップZの店長の男性X氏］これまで何度もA病院の入退院を繰り返し、体力的にはつらいが売り上げを伸ばすために毎日通っている。ここに通うようになってから外出や人との交流が増え、健康状態が良くなった。[15] リユースショップZでは、お客さんに

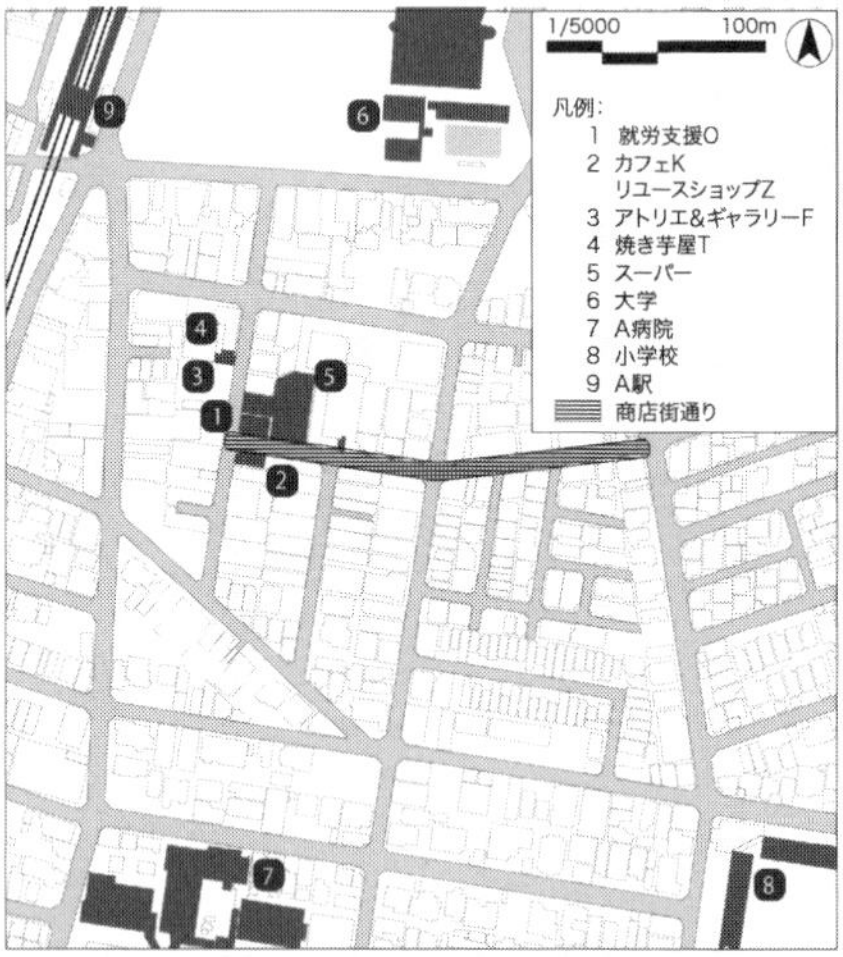

図3 地区内での関係箇所の分布

図4 商店街の様子
商店街の端にカフェKと就労支援Oが建つ
カフェKとリユースショップZ
アトリエ&ギャラリーFと焼き芋屋T
就労支援

15 西智弘『社会的処方』学芸出版社、二〇二〇によれば、社会的なつながりができることで健康になるケースである。イギリスで「医療機関を受診する約の二〜三割は社会的な問題とされ」（二六頁）、『地域とのつながり』を処方することで問題を解決する」（一〇頁）ことから社会的処方と呼んでいる

声をかけ、世間話をする。販売価格があるが、その人の様子などを見て、販売価格から割り引いて販売している。値引きは法人の売り上げに影響するが、X氏が住民と関係を築いた上で値下げすることは、代表O氏も認めている。あくまでも個人の関係が尊重される。

［女性Y氏］A病院に一五年以上入院ののち、退院後も一四年間、A病院当事者らの料理や販売の活動で働いていた。カフェKの開設を知り、医療関係者がすぐそばにいる安心感もあり、病院関係者以外の人と話せると、カフェKで働き始めた。リユースショップZでは、X氏と同様に客の様子を見て値引きもする。通い続けるうちにまちの人と積極的に会話できるようになり、楽しいという。

［リユースショップZの店員も務める男性Z氏］A病院に入退院を繰り返していたが、同居する母親の死去後、A地区に住み、A病院の医師の紹介でNPO法人に通い始めた。最初は仕事を休みがちだったが、次第に地域住民とのコミュニケーションや接客が楽しくなった。店頭では誰よりも大きな声で道行く人々にあいさつをする。活動を続ける中で人と触れ合うことの大切さを知り、人の温もりを知った。生活にも張り合いが出たと言う。

　このようにメンバーはそれぞれ販売の活動を通して地域住民に関心をもち、職員や客との相互のケアを通して自分なりのつながりを形成し、それらが集合してNPO法人のコミュニティとなっていった。最後に男性Z氏の言葉を紹介する。通りすがりの人たちに向かって常にあいさつをし、声をかけていた理由を職員に尋ねられて彼は短くこう答えた。

「自分のまちですから」。

　これがケアがあるコミュニティの答えだと筆者は考えている。

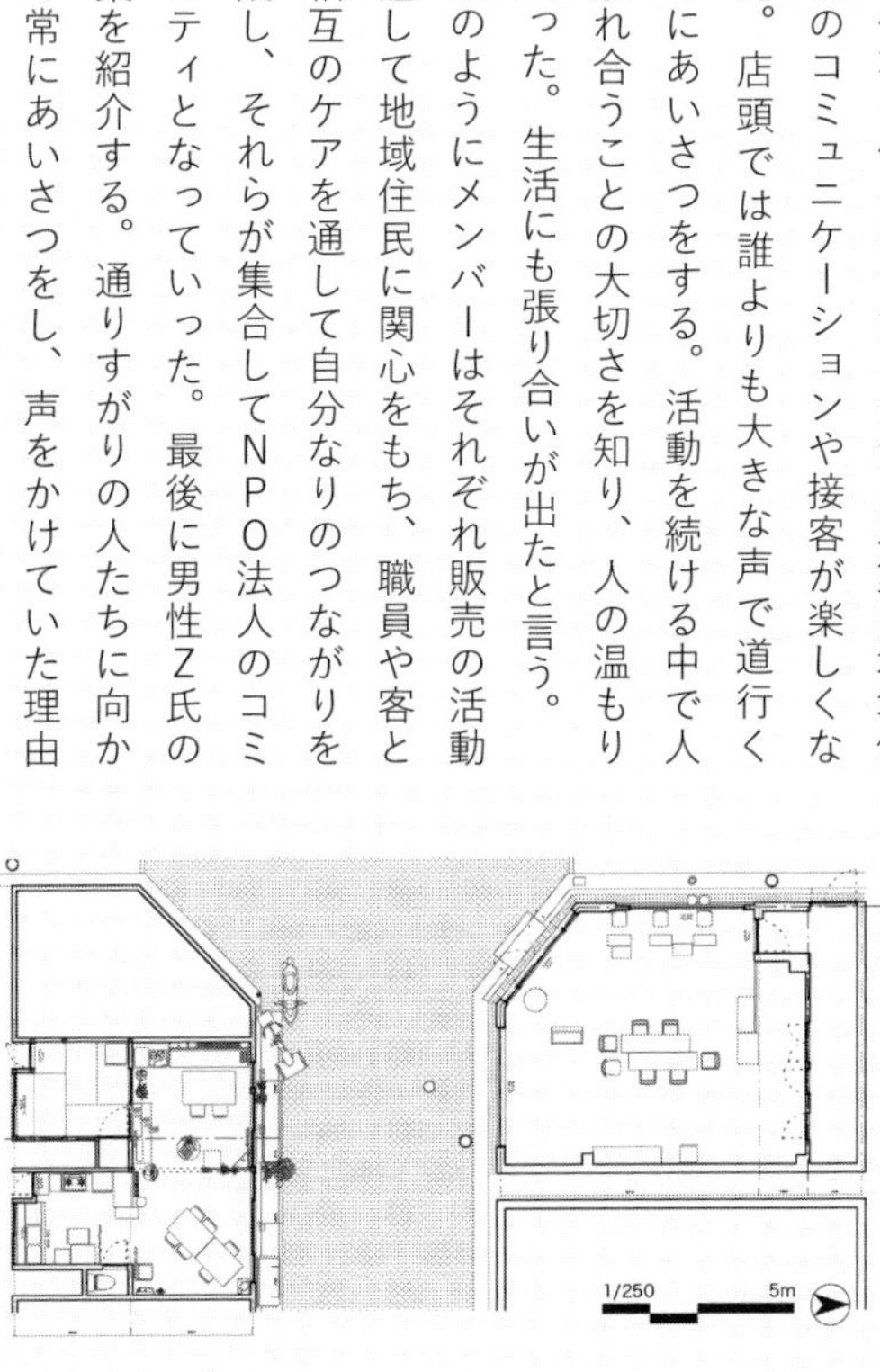

図5　カフェKと就労支援Oの建物平面図

column 3

ケア／文化／物語と世界の認知（その2）

人が世界をどう認知しているかの理解や説明では、**物語／語りを意味する**「物語《ナラティブ》」の概念が用いられることがある。例えば養老孟司氏は、「物語《ナラティブ》は、人が世界を認知するためのほとんど唯一の方法」だという。[1] 物語の「内容」や「筋書き」を意味する「ストーリー」は、聞き手や語り手という主体を必ずしも必要としない。これに対して、ナラティブにおいては、語り手（要支援者や患者、部下、顧客など）の視点による物語（個別的で、変化し、積み重ねられていく）とその語り（語り手自身が自らの体験や状況への理解を言語化し、他者に対して発露する）を重視し、課題の理解や共有、解決に結びつけようとする。

人（語り手、認識の主体）は、事実である（ように思われる）事柄やそれらの関係性を、ゆらぎ、編み続けられる物語として捉えることで理解し、納得し、記憶しようとする。また、すべてが相互に関係し、変化する世界から何かの事物や事柄を切り取り、名づけることで認知し、語り手自身の認識ネットワークに取り込み、他者と共有する。この場合、「名前／名付け」は、最も短い物語《ナラティブ》であるといえる。

生命科学・場の研究者である清水博氏は、生き物は刻々と自己を表現する自己言及活動（数多くの関係子によってその世界を物語ること）を行う存在であり、同時にそれ自体がひとつの内的世界（自己言及する世界、自己を物語る歴史的世界）すなわち自己をもつひとつの世界である、とする。[2] その自己言及する時間が蓄積され、一貫性がある状態が、「自己」である。ある主体が、世界を自らの内的世界において物語るということは、**世界の関係のなかに自己を位置づけつつその自己から見える世界を語ることだが、世界が自己の内部の関係に位置づけられている**ということでもある。それは、物語りたいその世界とは、世界そのものではなく、厳密には「自己が知っている世界」であるためだ。

物語《ナラティブ》の概念は、認識できる世界はその認識の主体によって異なるものである、という世界の見方を強化する。

1 大治朋子『人を動かすナラティブ』毎日新聞出版、2023／*2* 清水博『生命知としての場の論理』中央公論新社、1996、42頁、111頁

3章 居場所をめぐる冒険

「居場所」。居る－場所（存在）、居られる－場所（可能）、居て－いい－場所（許可）、居るための－場所（目的）、居る－べき－場所（適切）、といった多様なニュアンスを纏う言葉である。居場所がない、居場所を探す、居場所を見つける、居場所がある、居場所を奪われる（あったものを喪失する）、ここここそが私の居場所だ。それらのニュアンスを見比べれば、それが単に物理的空間としての場所を指しているのではなく、心理的な肯定感、人の存在や存在の肯定にかかわる意味を伴った言葉であることがわかる。

1 居ること、居られること

筆者自身は、人がどこかに「居る」こと自体が、その人の環境との関係のあり方を反映している、という趣旨での「居場所」の研究を自らの研究史の始点としている。[1,2]

かつて、高齢者施設では大人数を対象とした一斉・一括的な処遇がなされ、個の尊厳が損なわれている施設運営がしばしば見られると批判された。その様相が大きく変わろうとしていた時代、ユニットケアやグループホームの制度化前夜の研究課題として、小規模で家庭的な環境の中で入居者個々人が「固有の居場所」をもっていることを示した（図3－1）。固有の居場所は、積極的な居場所の選択がなされている場合も、そこにしか居られない、という状況の帰結として観察される場合もあった。高齢者施設にかぎらず、「施設」が解体され、再編されていく大きな流れの中で、人々の関係は選択的かつ流動的なものとなっていく現代。それでもなお必要とされる関係性のために、縛りではなくきっかけを与えるものとしての建築、同じ場所やサービスを使う〈利用縁〉による結果としてのコミュニティができていくためには、人はどこかに居ることなしに過ごせないという事実に立ち返る必要がある。まずは**ただそこに居られること、「居る」ことができる場が必要**である。[3]

「居場所がない／居場所をつくらなければ」という表現は、心理的不安感や疎外感、社会からの逸

1 山田あすか「痴呆性高齢者グループホームにおける居住者による固有の居場所の選択とその要因」『日本建築学会計画系論文集』六七－五五六、二〇〇二、一四五～一五二頁

2 山田『ひとは、なぜ、そこにいるのか――「固有の居場所」の環境行動学』青弓社、二〇〇七

3 山田「解体と再編の時代、「使う」がつなぐコミュニティ――人口縮減社会におけるコミュニティとパブリックの新しいかたち――2030年の地域施設の姿とは」二〇一九年度建築学会学術講演大会研究協議会（建築計画部門）、二〇一九

脱の防止といった側面でしばしば用いられていた。例えば、「家庭に居場所がない」「学校に居場所がない」などである。最近では、「生きづらさ」という言葉とともに、「居場所」についての論説をしばしば耳にする。「生きづらさ」という、人がその人らしく安寧にあることができるかの危機と、「居る／居られない（社会から疎外され、孤立状態にある）」という概念が結びついていることは特筆すべきだろう。居場所が「ある」ことは描かれにくい。しかし、居場所が「ない」ことや失われること、失わた居場所の回復や、危機的状況に置かれた人物にもかかわらず居場所があることはしばしば物語の題材になる。あるいは危機と結びついてそれが注目される。事実がどうであれ、居場所が「ある」ことが社会的存在としてのヒトの有り様としてあたりまえであり、人には居場所があるべきだ、と考えられている裏返しであろう。それは同時に、人々がともに暮らす場であるまちには居場所があるべきだ、ということでもある。

図3–1　人々が生活の場にもつ「固有の居場所」は、その環境の中でのアンカーであり、環境との関係を表すものでもある

　二〇二〇年早春からしばらくの間、COVID－19禍での外出自粛の時期、自宅外で滞在できる都市の外部空間が注目された。外出自粛が求められ、公共施設は軒並み閉まり、飲食店の夜間営業休止、酒類の提供停止や店内発話禁止などを受けて、とはいえずっと家にこもることも、孤独で居ることもできない人々は、まちに居場所を、交流できる場所を探した。都市の公園やちょっとした広場の植

図3‒2 COVID-19禍において使用停止された、大学構内の「まちに開かれたオープンスペースとベンチ」

え込みや段差などで、ここでなら飲食や談笑を楽しんだ。それは「非常識」な「迷惑行為」としてメディアに取り上げられ、こうした使われ方が生じないための予防的措置として、都市のオープンスペースは各地で閉鎖された（図3‐2）。

同時に、そこに横になるなど長時間は居られないようにするための手すりなどが施されたベンチなどもまた「排除ベンチ」と呼ばれ、再注目された。それは、都市に居られる場所がないことに人々が気づき、言及されるようになった動きであるとも見える。こうした様子を見るにつけ、都市には人々が滞在できる場所が必要なのだと思い知らされる。

また例えば、精神障害者デイケアでの勤務経験を踏まえてケアとセラピーの違いを軽妙な文体で述べる東畑開人氏の著書『居るのはつらいよ』[4]はベストセラーになった。東畑氏はこの中で、居場所について以下のように述べている。[5]罪人（「生きづらい僕ら」）の隠れ家として機能するアジールAsyl（統治権力が及ばない領域、避難所となる侵されない領域）では円環する日常における「ただ、いる、だけ」ができる。しかし、そこに（公的制度としての）予算と説明責任がつき効率性とエビデンスが求められるようになると、営みのつながりは切れて個々の現象や行動は文脈を失って無価値化される。そして、曖昧模糊として無価値に見えるが自由なアジールは、徹底的に管理された不自由なアサイラムAsylum（全制的施設）になる。[6]それは、哲学者フーコーがその典型

4 東畑開人『居るのはつらいよ――ケアとセラピーについての覚書』医学書院、二〇一九

5 前掲4、三二二～三二九頁

6 前掲4、三〇四頁。氏は次のようにも書いている。「アジールとアサイラムでは同じことが行われている。しかし、一方は「いる」を支え、他方は「いる」を強いる。アジールは罪人が逃げ込み庇護される場所で、アサイラムはその罪人を閉じ込めて管理しておく場所だ」

例としてパノプティコン（一望監視施設）を挙げた、監視のもとに構成員個々の関係性を断ち切る監獄である。

また氏は、居場所をつくることと「ケア」は類似の概念であるとのストーリーの中で、ケアは親密な依存を原理とする営みであり、それは『自立』した個人の集合体である『市場』の外側にあるはず、『ただ、いる、だけ』に市場価値を求めてはいけない、とも述べている。これに遡ること数十年、建築家・渡辺武信氏は、生活の場としての家の価値の根幹は労働力の再生産の場でも生産の場としてでもなく、「ただ居ることができる」、すなわち豊かに時間を消費できることにある、と述べた。[7]

経済的生産のための社会的再生産の場である、という副次的な意味においてではなく、「ただ居る」こと自体が豊かな価値をもつという視点は、そもそも「ただ居ることができる」ことが、市場価値の下支えや、まして市場価値に組み込まれるものではないという別軸の価値観を示している。そしてこの「居場所」「居ること」「住まい」という概念の連続性や重なり性は、ガストン・バシュラールが述べた「片隅」[8]の概念にも一致する。つまり、居場所というもの（概念）の内的・心的イメージの根幹には「片隅」があり、それは世界に対する巣[9]である「家」の内的イメージと心理的価値の合致である。**〝ただ居ることができること〟は、人と世界との関係の根幹**であり、それは生活の場の根源でもある。[10]

解体と再編、利用縁、広義の福祉／ケアと居場所。ただ居ること。

7 渡辺武信『住まい方の実践――ある建築家の仕事と暮らし』中央公論新社、一九九七、二三七～二三八頁。「つまり住宅は「時を経たせる」場所だと思います。それもできれば豊かに経たせたい。豊かにとはどういうことか、というと結局「ただ居る」ということで、住宅で一番大切なのはそれができるかどうかでしょう」

8 ガストン・バシュラール『空間の詩学』、二四〇～二四一頁。「わたくしの考察の出発点は以下のとおりである、家のすべての片隅、部屋のすべての角、われわれが身をひそめ、からだをちぢめていたいとねがう一切の奥まった片隅の空間は、想像力にとっては一つの孤独であり、すなわち部屋の胚種、家の胚種である。（中略）そしてわたくしは、たましいの隠れ場所にはみな避難所のおもかげがあると思う。（中略）片隅はまず、われわれの存在の第一の価値、すなわち不動をたしかなものとしてくれる避難所である。それは確実な場所、わたくしの不動にもっとも近い場所である。片隅は、半ば壁、半ば戸である一種の半分の箱なのだ」

9 オットー・フリードリッヒ・ボルノウ、大塚恵一、池川健司、中村浩平訳『人間の空間』せりか書房、一九七八、一三三頁

これらのキーワードはゆるやかに重なりながらケアと建築の関係を織り上げていく。

2　居られるという癒やし

「居る」という言葉、「居場所」という概念には、「人がそこに定位する、人がその人としてそこに存在する」という意味と同時に、「社会の中での関係性において位置を有すること、すなわち、他者あるいは世界を構成する要素となんらかの関わりをもつこと」の意味の二つが含まれる。「居場所」という語の多義性は、**定位する場所と関係性、そのいずれが失われることも人の存在が脅かされることにつながる**ことを体現している。それゆえその「人がどこかに定位して存在すること」と「他者との関係性をもって存在すること」の支援（居場所づくり、関係性づくりの支援）はいずれも「ケア」であるといえる。

WHOの定義[11]によれば、「健康」とは、単に病気や虚弱でないことに限らず、身体的、精神的、社会的に満たされた状態にあることを意味する。このうち社会的な側面（Social well-being、人間関係に関する幸福）が、近年特に注目されている。適切な社会的関係が構築されていることや、それが維持されていることは心身の健康やQOLの向上に大いに寄与し医療費の抑制など波及的効果もあると期待されている。[12,13]イギリスで導入された、医療の一環として社会的関係を「処方」する社会的処方（Social

10　同書、一三二頁。そしてボルノウは、「家」は壊れて自由になることも織りこまれなければいけない、それが人間の自由である、と述べている。「家」は壊れる（こともある）ことが前提であり、だからこそ「再建」ができるという概念をもてる。言い換えれば、「居場所」は失われることがある。しかし、だからこそ人は居場所をつくり直すことができる。それが人間の自由の根幹である。居場所は普遍で不動で、人の意思によらず、社会の動きによらず、人や社会のあり方をしばるものではない

11　「世界保健機関憲章」Constitution of the world health organization, "Health is a state of complete physical, mental and social well-being and not merely The absence of disease or infirmity."who.int/about（2023.11.17閲覧）

12　Emily S Rempel et.al "Preparing the prescription" *British Medical Journal* 7(10), 2017

13　イチロー・カワチ、高尾総司、S・V・スブラマニアン編『ソーシャル・キャピタルと健康政策――地域で活用するために』日本評論社、二〇一三

prescription）[14]は日本でも注目され、二〇二〇年当時内閣の「骨太の方針」に盛り込まれた。社会的処方では、患者が抱える「健康」上の問題を解決するために、社会的または精神的ケアの一環として、趣味など地域での活動や社会的サービス等による社会参加、社会的関係を結ぶ機会を処方する。その効果として例えば、趣味活動への参加を「処方」された高齢者の抑鬱状態が改善した、などの報告がなされている。また、「孤独は一日に煙草を一五本吸うのと同じ程度の健康への害を与える」という言説もある。[15]また、アメリカの社会学者、エリック・クリネンバーグ氏は、記録的な熱波に襲われた夏に被害が少なかった地区の調査を行い、こうした地区には日常的な人々の関係性が存在していた、と述べ、これを社会的インフラ（Social Infrastructure）と定義している。そして、この社会的インフラをつくり、守り、育てるにはコミュニティの形成と醸成に寄与することをプログラムに組み込んだ学校や図書館などの「集まる場所」が必要であり、こうした場所が孤立を予防し、災害時を含め人々の暮らしを守るのだと述べる。[16]

社会的に関わりをもつことは、よく知られたマズローの欲求五（十一）階層説では「社会的欲求（所属と愛の欲求）」に位置づけられる。この人間同士の関係性を基盤に、承認（自尊）、自己実現や成長が満たされていくと説明されている[17]（図3-3）。この人間同士の関係性があること、関係性をもてるように支援されることも「ケア」であると言え、さらに「ケア」は、保健福祉や精神医学、社会学、社会福祉学など多くの学問分野で双方向の作用をもつ[18]とされている。

14 NHS: National Health Service England（英国の医療保障制度）、england.nhs.uk/personalisedcare/social-prescribing/（2023.11.17閲覧）。コミュニティのグループや活動への参加斡旋などで社会的関係をつなぐ

15 「あなたはひとりじゃない」内閣官房孤独・孤立対策担当室、notalone-cas.go.jp（2023.11.17閲覧）。英国、ジョー・コックス孤独問題委員会の報告書による。元は職場、すなわち社会的帰属の先（後述するセカンド・プレイス）での孤独感についてのレポートである。このレポートをきっかけとして、二〇一八年には英国で孤独担当大臣のポストが新設された。日本では、二〇二一年四月に英国に次いで世界で二番目に同様のポスト「孤独・孤立対策担当大臣」が置かれた（閣僚級ポストとしては世界初）

16 エリック・クリネンバーグ著、藤原朝子訳『集まる場所が必要だ――孤立を防ぎ、暮らしを守る「開かれた場」の社会学』英治出版、二〇二一

17 社会的処方Social prescriptionの考えでは、この「所属の欲求」、関係性を「処方」することによって、精神的安定感や精神衛生、健康につなげることができる

18 支援者援助理論（ケアする者がケアされる）とする論説

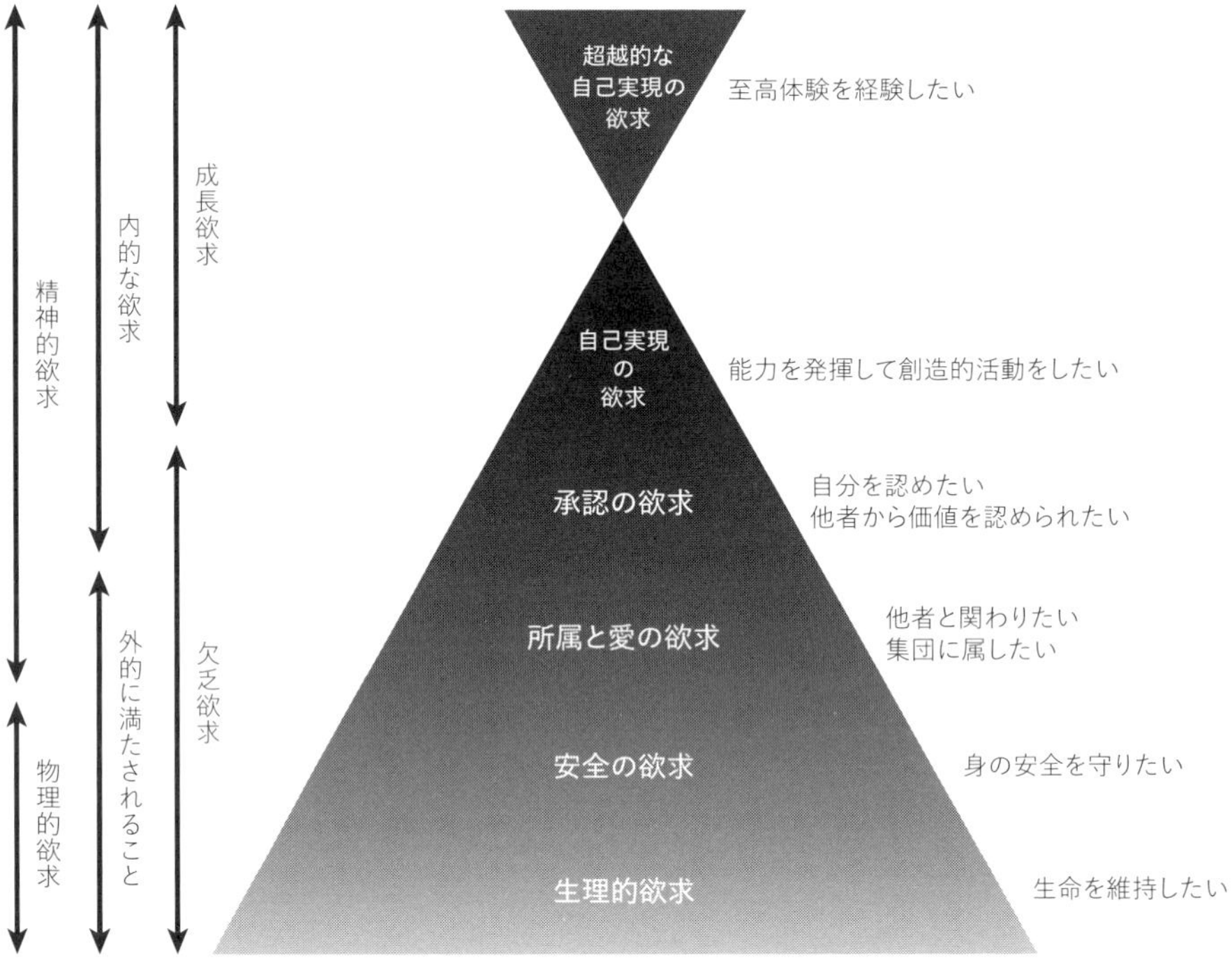

図3–3　マズローの欲求5＋1階層説

心理学者、A.マズロー（1943）の「欲求5階層説（後に＋1で、5＋1階層）」では、人間の欲求は階層化されており、ある程度の出現優先順位があるのだと説明されている。本能的、また物理的欲求である生理的欲求、安全の欲求から、精神的欲求である所属と愛の欲求、承認の欲求、自己実現の欲求の順に、各階層の欲求がある程度満たされると次の欲求が現れるとされる。ただし、他者との距離感の多様性が認識された現在の社会では、他者からの承認を自己実現の前提とするかについては必ずしも合致しない生き方もあるだろう。なお、今日知られている解説はマズロー自身のオリジナルを離れて発展した、有効性に疑問があるといった指摘も多数なされている。それでもなおこの説が人口に膾炙していることは、自らの心のあり様を理解するための物語（コラム3）を人々が求めている証左であろう。

そして、医療人類学の分野においてアーサー・クラインマン氏は、ケアの本質は「ともに在ること」であるとする。[19]

「ともに在る」と「居る」ということについて、それを生活の場＝家族の住まい＝共同体の場、として述べた言説に重ねてみる。前出の渡辺武信氏は、設計者らはしばしば「居間」を住まいの中心として捉え、その周囲に諸室を配置していくと指摘している。そして、その家に住まう人々＝共同体の関係性を担うのは、調理や睡眠などの定義し言語化できる行為を除いていったときに残る、複合体としての分節され得ぬ行為なのだと述べる。[20] つまり、関係性をもちながら、共同体をなす他者と居合わせることとそのための場所、すなわち「居間」において何をするでもなく、ただ居ることができること、[21]共同体の他者と共に在ることこそが「住まう」の中心である。

その「居場所」の要素を考えると、その概念の根幹は、どこかの場所に、またいずれかの関係性の中に「居ること／居られること」、誰かと「共に在ること」、という滞在性《イラレル》と共在性《イアワセ》の両要素である。

人が集まってくる場所をつくることができれば、ケアを提供／維持しやすい。また、「そこに行けば、居ることができる」と認識できる常設型の場所は、非常設型（イベント型）の場所に比べて自分のタイミングで行くことができ、心理的ハードルが低い。[22]「待つ」ことは期待でもあるが負担でもある。[23] イベントの日を待たなくてい

19 アーサー・クラインマン著、皆藤章他編『ケアをすることの意味——病む人とともに在ることの心理学と医療人類学』誠信書房、二〇一五

20 渡辺武信『住まい方の思想』中央公論新社、一九八三、二〇～二一頁。「居間という呼び名を文字通り解釈すれば、〝そこに居るための部屋〟であり、リビング・ルームは〝生活する部屋〟である。（中略）住宅の歴史を竪穴住居まで遡って考えると、はじめにすべての生活行為が一部屋で行われた住居があって、そこから調理、睡眠などの、それ自身としての分かれやすい行為のための部屋が次々と分離していき、その後に残った行為すべてを引き受けているのが居間なのだと言えよう。後に残ったのは、分節化され得ない行為の複合体だから、一言で名づけようがないのが当然だ。そういう行為をあえて言い表しているのが〝居る〟とか〝生活（リビング）する〟という言葉なのだろう。（中略）複数の人間が家族という共同体をなして一つの住居に暮らしている時、その家族の共同性の絆となっているのは、料理することや寝ることではなく、そんな風に分節化され得ぬ行為の複合体である、という考え方だ」

21 前掲7

22 西智弘、守本陽一、藤岡聡子『ケアとまちづくり、ときどきアート』中外医学社、二〇二〇。西智弘氏らは、屋台を引いての健康づくり呼びかけや劇場等でのイベント型の取り組みなどを経てまちなかに本のある保健室をつくり、「行く型、呼ぶ型」のケアに対して、常設的にそこに「ある」ケアの重要性について述べている

23 多木陽介氏は、「待つ」とは、その相手に行動やタイミングの主導権を握られていること、「待たせる」とは逆にその相手の主体性を損なう行為であるとして、その「待つ／待たせる」行為が矯正施設でしばしば見られること、そして「待たされる者」は社会における弱者に一致することを、サミュエル・ベケットによる戯曲『ゴドーを待ちながら』との関連で説明している

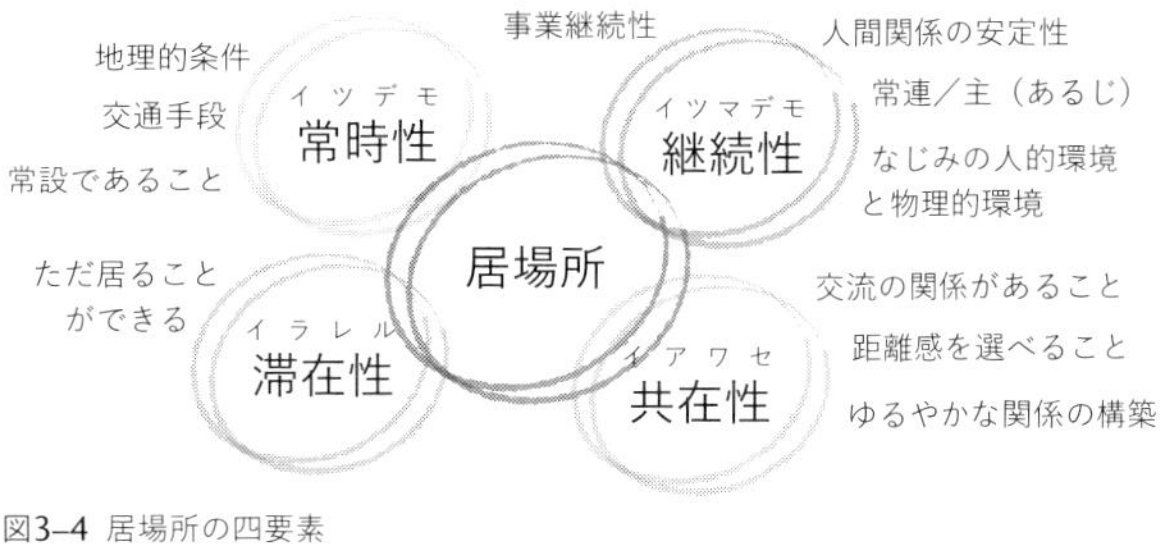

図3–4 居場所の四要素

いことや、予約が必要ないこと。これら常時性《イツデモ》も地理的条件とともに利用しやすさ・到達しやすさ——アクセシビリティのひとつである。地理的な近さや、自分で容易に選択可能な交通手段があることもまた、主体的な利用を可能にする常時性《イツデモ》の一環である。誰かに連れて行ってもらわなければ到達できない場所は、主体的な選択の結果としての「その人の居場所」にはなりにくい。ただそれは同時に、移動補助や意志の聞き取りなど適切なサポートによって、支援を必要とする人が居場所を得られる可能性も示唆する。また常設の場所があることは、その存在自体が（必要になったらいつでも行ける／必要なときにはいつでも話を聞いてもらえる）いわば安全基地として、心理的安心感につながりうる。

居場所や、居場所となる場所に求められる性質のひとつには、この常設性《イツデモ》とともに継続性《イツマデモ》がある。その場所はいつか失われるかもしれないし、別の有り様に変化するかもしれない。また、自分自身がその場所を必要としなくなるかもしれない。それはしばしば、「卒業」と呼ばれる。自分はそこを必要としなくなるが、そこはそのままに残るのだろうという場所の継続性への信頼感が根底にある表現だ。場所も人も、変化すること自体は悪いことではない。しかし、明日にでもなくなるかもしれない場所を、人は新たな居場所と認識しにくい。明日にでもなくなるかもしれない場所に安心して依存し、心を委ねることはできない。予想される喪失の苦しみはその場所からの事前の離脱を促す。この場所はこれからもずっとここにあるだろう、という期待が居場所の形成の土台となる。「また今度ね」と無意識にであれ思える場所、それが叶うと期待できる場所。「居場所」には、未来に向かう繰り返し性がある。その意味で、「(いま)一時的に滞在できる場所」と、「居場所」とは異なる。これら、居場所の四要素（図3－4）が、居場所となる場所の基本的な構成要素である。

いつでもそこにケアの場が「ある」こと、そこに行けばケアを提供する人やケアを必要とする仲間にコンタクトできること自体にケア性があるという視点は、先述のまちの居場所の特徴に通じる。また、こうした居場所には、多くの場合なんらかの「テーマ」が設けられる。それはコンセプトとも、あるいはどのような人に利用されたいか、という想定利用者の設定とも言い換えられる。居場所の四要素に加えて、これらそれぞれの場所の「テーマ」が、その居場所を形づくっていく。

暮らしの保健室あつぎ
病気とたたかっていた大切な家族が、最期まで食べられたものはアイスクリームだった。老若男女、病める人とも、一緒に食べられる、楽しい気持ちになれる「ジェラート」をメインに据えたカフェテリアを1階に、2階をフリースペース兼暮らしの保健室として地域連携で人々を支えるビジネスモデル
Projects' CATA-Log https://pjcatalog.jp/archives/4205

ほっちのロッヂ（写真提供：米ケ田里奈）
木立の中につくられた、高齢者デイサービス、訪問医療・看護ステーション、診療所、病児保育室機能の複合施設。従来の枠組みを超える「医療と福祉とエトセトラな活動の場」である。内部は立体的、平面的に空間が連続する構成で、活動の共存と混在を誘う仕掛けとなっている

図3–5「健康」をテーマとした居場所の例。上：暮らしの保健室あつぎ（神奈川県）、下：ほっちのロッヂ[27]（長野県）

例えば医療・保健というテーマ型コミュニティ（後述）とその拠点の一例である、がんに影響を受けた人へのケアを提供するマギーズ・センター[24]、そこから日本型で派生していったがんサロンや暮らしの保健室[25]、健康とコミュニティづくりをテーマとした図書館＋書店[26]、医療と居場所づくりを融合的に行う例[27]などの活動がある（図3−5）。これらの事例は常時性《イツデモ》があり、このテーマに合致する人々を広く受け入れて滞在と交流を提供している（滞在性《イラレル》と共在性《イアワセ》）。なお、医療や保健をテーマにした居場所であることから、一旦始めた事業が安定的に続いていくことは、より大切である。ようやく得られた居場所の喪失は、ケアの対象である人を深く傷つけてしまうことがあるためだ。それゆえ継続性ある事業（継続性《イツマデモ》）として始めるための体制づくりや、始めた後の効果検証、仲間の拡がりを含めた持続性に腐心している。事業委託を複数受ける、「本業」をもち、その事業所の一部を開かれた居場所として提供する（オープンオフィス）、事業性と安定性のある福祉事業を組み合わせる。

3 人々が自らつくる居場所とまち

居場所について、建築系での論考をたどると、時代によって、「居場所」や「コミュニティ」への言及には差異があることがわかる（図3−6）。特に、一気にその数が増えたのは二〇〇〇年代初頭、ニュータウンの成熟が進み、初期入居世代の高齢化とともにまちに退職者らが「戻って」きた時期で

24 Projects'CATA-Log「「第二の我が家」として気軽に立ち寄れる日本版マギーズ・センター：認定ＮＰＯ法人マギーズ東京 マギーズ東京」pjcatalog.jp/archives/1445（2023.11.17閲覧）

25 同「局的高齢化を見せる戸山ハイツの中にある、医療、介護、生活の相談室：暮らしの保健室戸山」pjcatalog.jp/archives/1461（2023.11.17閲覧）

26 同「まちの人が一箱本棚オーナーとなる小さな図書館と居場所、そして健康相談の融合：本と暮らしのあるところ——だいかい文庫」pjcatalog.jp/archives/2886（2023.11.17閲覧）

27 同「ほっちのロッヂ」pjcatalog.jp/archives/2144（2023.11.17閲覧）

あった。彼らは、「モーレツサラリーマン」として就労期間の時間の多くを会社に捧げ、定年とともに地縁をもたないままに職場から地域に放り出された。また、少子化・核家族化が急速に進展し、実家の母や姉妹など従前の血縁シスターフッド・コミュニティ[28]が失われていった時期と父親らの子育て参画が進む時期の中間にあたる。このとき、多くは専業主婦で就労の場／社会的役割の場を他にもたない「母親」が頼る人のいない中で子供を育てなければならない「孤育て」が実態として存在した。[29]今日ほどに表面化していないまでも、そうした社会的役割の場の不在と孤独がひたひたと人心をむしばんでいた時代でもある。

図からは、一九八〇年代にはほとんど見られなかった居場所とコミュニティに関する論文が、一九九〇年代に地域・住まい環境をフィールドとして散見されるようになり、二〇〇〇年代には住宅地においてまさに「急増」したことがわかる。関心が高い活動内容は「ご近所交流」「趣味活動」「居場所」で、二〇〇〇年代にはまさにこの「居場所」が着目されていたことが読み取れる。また、二〇〇〇年代から二〇一〇年代にかけて、公共空間と民間のコミュニティスペースでの活動の比重が高まっている点も特徴的で、「コモンズ」や「住み開き」への興味関心がもたれはじめた時期と一致している。

なお二〇〇〇年代は、高度経済成長期に多数つくられた「ニュータウン」の居住者や公共施設の老朽化が着目されていた時期でもある[30]。まちのありかたそのものが問い直されていたのだ。

一九八〇〜一九九〇年代、車の普及と地価の下落と共に郊外型店舗が発達して購買行動の変化がもたらされた。それによって居住地

28 シスターフッドとは、共通の目的を持つ女性同士の助け合い、連帯の関係性のこと。大家族で、親類縁者が近隣に住んでいた時代には、(義理の)母親や祖母、姉妹、おばなど血縁関係にある女性らが連帯して子育てや家事を行う協力関係があった

29 当時、そうした悩みが顕在化していたのは、孤育て、いわゆる「ワンオペ育児」などを強いられる母親、またキャリア形成と子育ての両立に悩む母親についてであった。「インターネット掲示板」文化はあったがSNSはいまほど普及はしておらず、自ら助けを求めて声を上げることもしにくかった時代である。それから二〇年が経ち、父親の産休・育休・WLBにも、遅々とした歩みではあれど、当時よりは理解が進んで来たと考えられている

30 福原正弘『ニュータウンは今——40年目の夢と現実』東京新聞出版局、一九九八

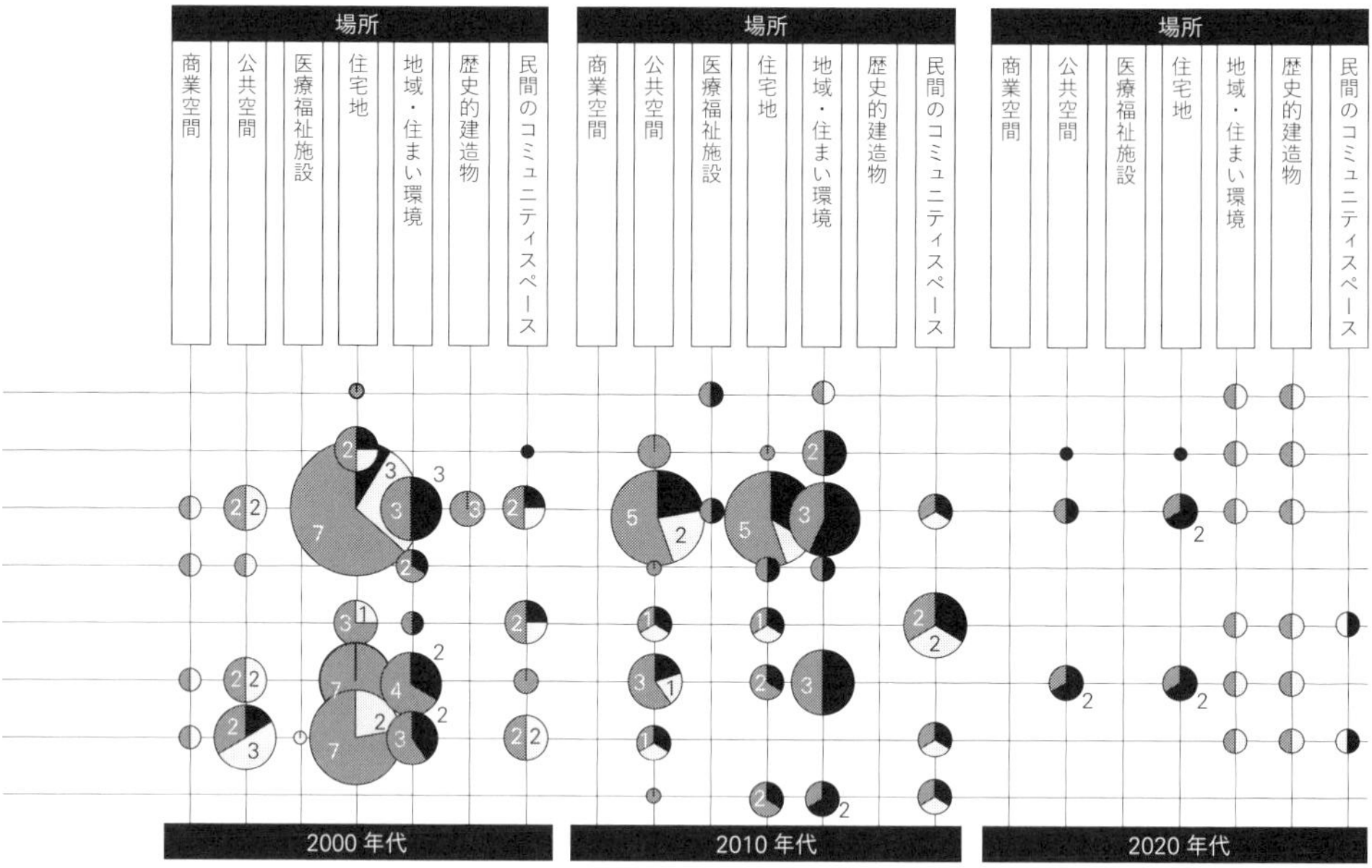

近くの商店街は衰退、気がつけば社縁から解放（あるいは追放）され「戻って」きた先の地域には地縁がない、身体の老化は進む、子らも独立してまとめ買いする必要もなくなり少量の買い物をしたいが歩いて行ける場所に日常的な買い物や食事ができる場所がない、生活上の不安も出てきたが相談できる相手がいない。ニュータウンにつくられた公民館やコミュニティセンターといった公の場所は「コミュニティ／グループがあること」や趣味の教室など「目的があること」を前提に貸し出される。だから**決まった仲間がいて目的がなければ行く場所もない**。仲間も場所も目的も計画的でなければならない。窮屈だ。気恥ずかしい。いまさら最初の一歩が踏み出せない。友達をほしがっているなんて思われたくない。ひとりぼっちだと認めたくない。

居場所がないと認めることへの抵抗感

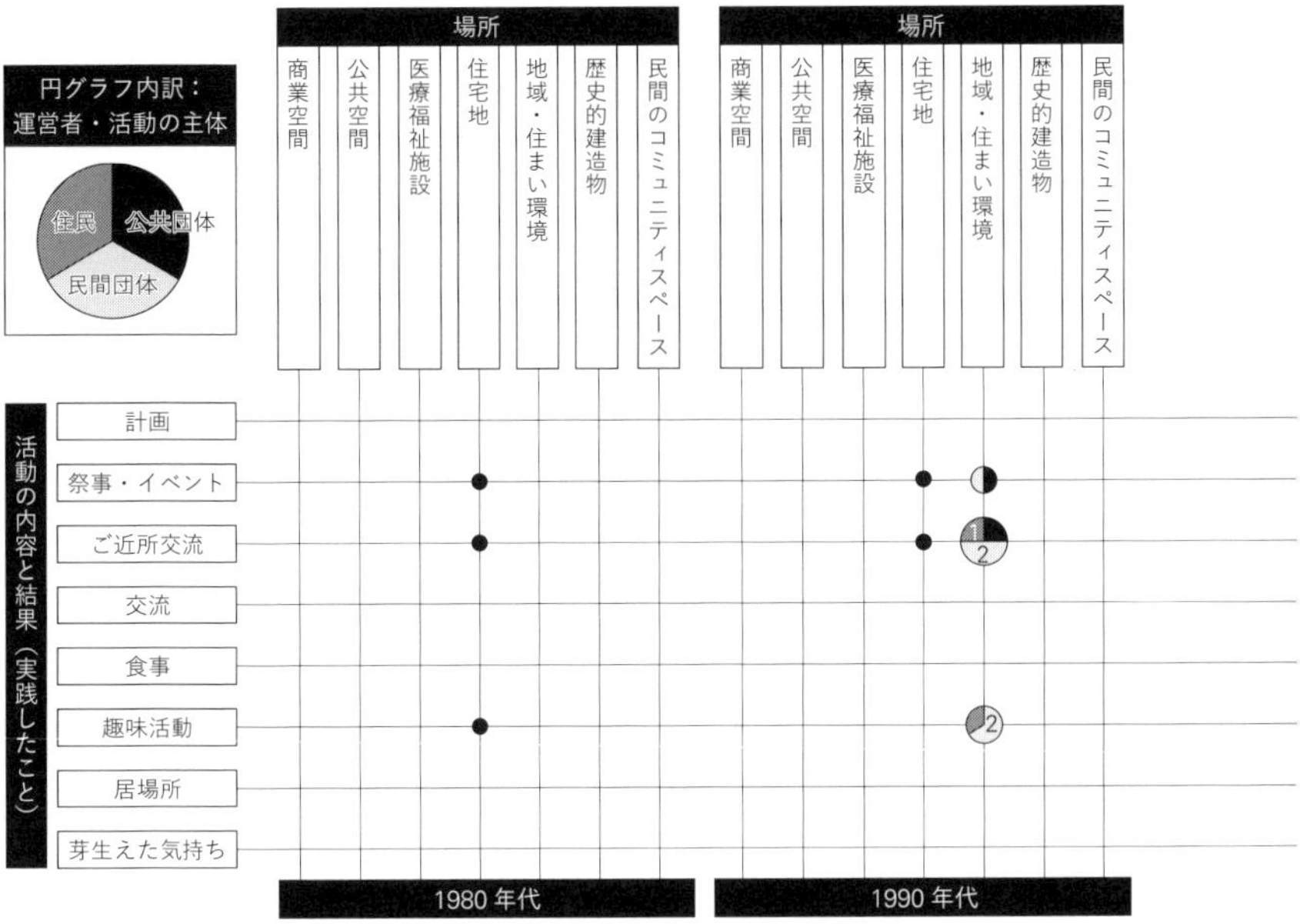

図3–6「居場所」と「コミュニティ」に関する論文テーマの変遷。傍数字なしは論文数1（織田遙捺作成、『日本建築学会 計画系論文集』『同 技術報告集』『同 大会学術講演梗概集』をもとに作成（〜2021年まで））

の背景には、先に述べた、「人には居場所があることがあたりまえだと思われている」が関係する。すなわち、「できる」ことがあたりまえで、「できない」ことが珍しい、恥ずかしい、みっともないという感覚[31]だ。大の男なのに支援を求めること（援助希求行動）は対外的な自分の価値が損なわれること。母親なのに育児に悩むなんて失格。みんなはきっとあたりまえにできているのに。

例えばそうして、居場所を求めることや仲間を求めることに気恥ずかしさや抵抗がある人々も幅広く引き込むことが求められた。自ら支援を求める声を上げることができない人こそ、真に支援を必要としている。そこには、まずは**ただ居ることができる場所**、決まった予定や決ま

31 後述6章、「近代的自我」の自立性についての記述が関連する

った相手がいなくてもふらりと行ける場所、日常の何気ない拠りどころとなる、明確な目的がなくても寄れるところが必要だった。そして、それを必要とする当事者らやその支援者らによって草の根的に各地で**居られる場所**がつくられ始めた。やがてその「居場所」は、ニュータウンという人々の関係性が希薄化した地域において[32]人々の関係性をつなぎ直し、まちづくりやケアの仕組みにもつながってきた。しばしば参照されるのは、多摩ニュータウンの福祉亭[33]や、千里ニュータウンのひがしまち街角広場[34]などである（図3－7）。

図3–7　ニュータウンに住民自らがつくった居場所の例。上：福祉亭（東京都）、下：ひがしまち街角広場（大阪府、現在閉鎖）

こうしたケースを参照すると、居場所とその価値は、それがないという状況を通して、発見されたと説明できる。それは、レイ・オルデンバーグが『*The Great Good Place*（原題）』（一九九一）において、ことに都市生活を送る現代社会の人々やそうした社会の形成のために、人々が責任・義務から解き放たれて平等にアクセスできる交流の場所が必要なのだと、「サード・プレイス」の概念を提唱したことにも通じる[35]（図3－8）。それをもたないことは、現代社会を生きる人々にとってはある種の危機なのだ。なお、現代的な意味ではこの「交流」とは直接的な交流のみを指すというよりは、顔見知り程度やあいさつを交わす程度、なんとなく居合わせるなどの**間接的交流、非直接的交流も含む概念**として捉える方が妥当だろう。

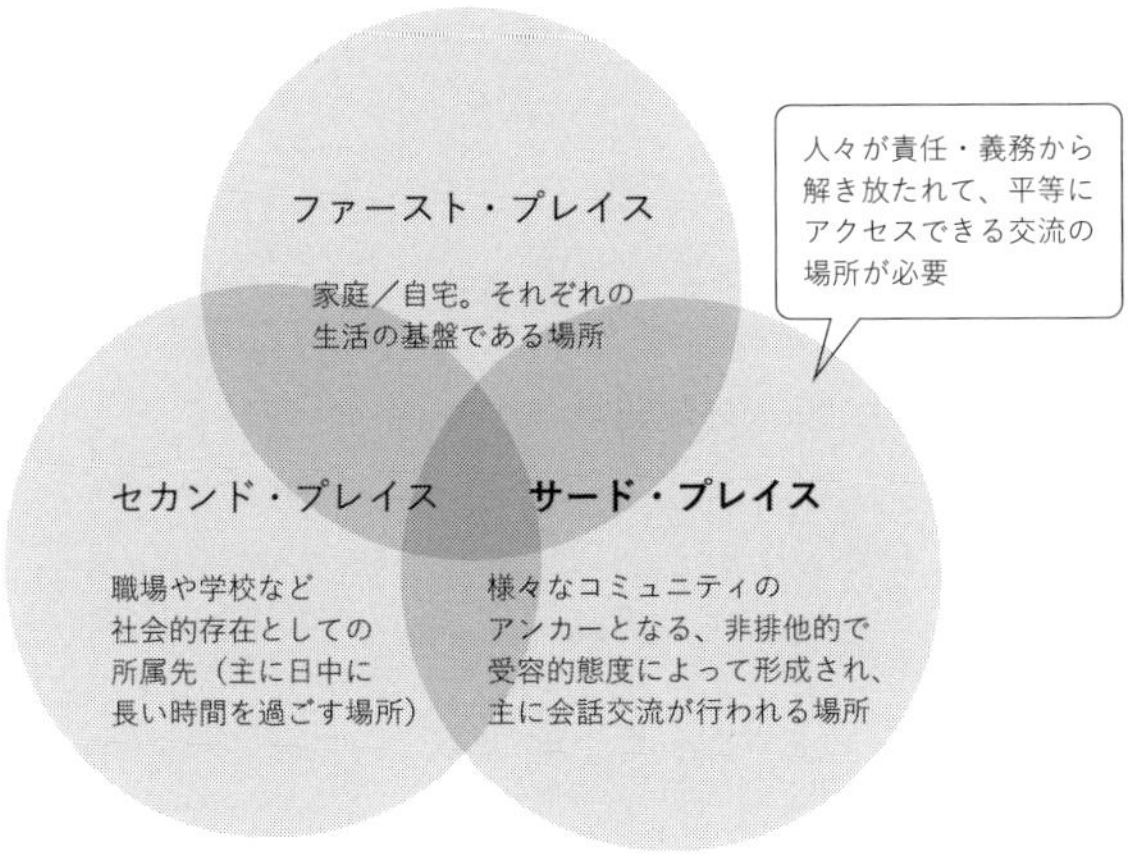
人々が責任・義務から解き放たれて、平等にアクセスできる交流の場所が必要
ファースト・プレイス
家庭／自宅。それぞれの生活の基盤である場所
セカンド・プレイス
職場や学校など社会的存在としての所属先（主に日中に長い時間を過ごす場所）
サード・プレイス
様々なコミュニティのアンカーとなる、非排他的で受容的態度によって形成され、主に会話交流が行われる場所
図3–8 サードプレイス[34]をもとに著者作成

存在と交流／共在の場としての「居場所」は、それ自体がケアだが、与えられることを待つだけのものではない。居場所の概念は、それを探しに行くこと、発見すること、自らつくろうとすることをしばしば含む。「居る」は状態であると同時に、能動的な態度でもある。居る場所を探すこと、居ようとすることが、すでに居場所の獲得という自己確立と自己肯定の過程であるためだ。

既存の文化や人間関係から自由になって、またはそれを知らずはぎ取られて集まった人々の集合としてのニュータウンにおける居場所づくりは、セルフケア＝自分で自分を大切にすること、「自分」というもの、ある種の集団性としての「自分たち（コミュニティ）」というもの、コミュニ

32 戦後の集合住宅やニュータウンでは、従前の「わずらわしい」地縁や血縁から距離をとって、核家族や社縁に関係を求めることが「楽」であるとして、関係の希薄化が選択的に生じたという指摘もある

33 Projects'CATA-Log「お年寄りの居場所と自然な互助・共助関係を持つコミュニティカフェ――NPO福祉亭」pjcatalog.jp/archives/133（2023.11.17閲覧）

34 Projects'CATA-Log「ニュータウン商店街の空き店舗に開かれた、まちの居場所、ひがしまち街角広場」（再開発等により、現在は閉鎖）pjcatalog.jp/archives/591（2023.11.17閲覧）

35 レイ・オルデンバーグ著、忠平美幸訳、マイク・モラスキー解説『サードプレイス――コミュニティの核になる「とびきり居心地よい場所」』みすず書房、二〇一三

テイの領域である「まち」というものの発見と定義のプロセスでもあっただろう。居場所を探す旅に出ること、ここに居場所をつくろうとその方法を探すこと。**居場所をめぐる冒険は、まさに動態としてのまちづくり**であった。

この、まちづくりとしての居場所づくりに関連して、近年では「（場合によってある程度の対価を支払い、なにかの付加価値を体験しながら）そこに滞在性《イラレル》／居場所性がある」という意味を込めて、その場所が「〜カフェ」と名づけられることがある。こうした例を集め、その場所が提供する価値を、対象者の設定と日常（対象者＝共通項を設定、日常的に利用）／体験・情報（支援的情報提供、体験・行為の提供）／娯楽（主体的ないし受動的な楽しみ）／交流・コミュニティ（交流や発信）の四つの軸で整理すると、**図3−9**のようになる。[36,37] これらはそれぞれ、先述の「テーマをもつ場所」であり、そのうち対象者の設定と日常／交流・コミュニティの要素をもつ「カフェ」（図中の点線で囲まれた部分）は、興味関心を同じくする人々が日々の暮らしの中で同じ場所を共有するという

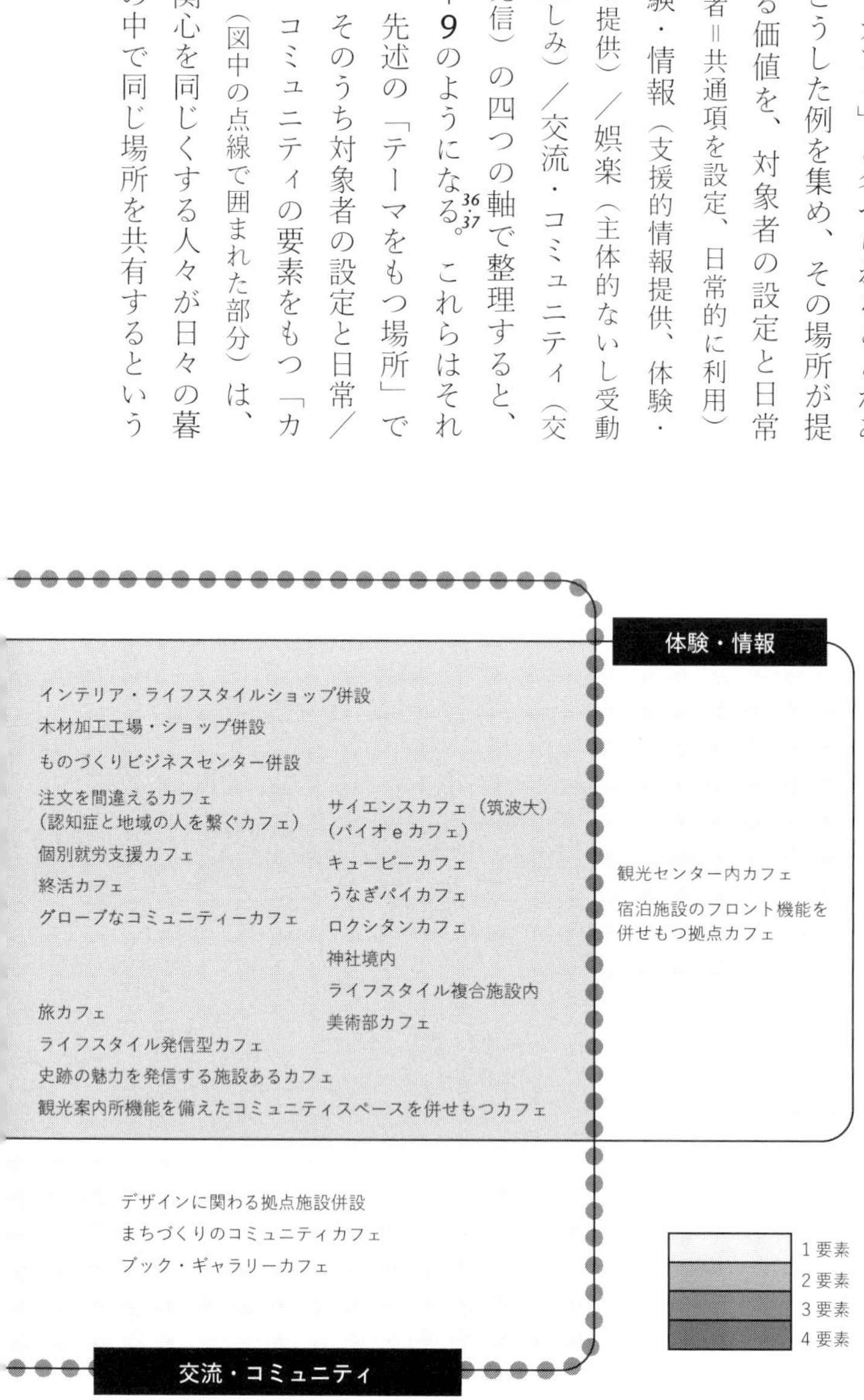

＊この全体に、滞在性（イラレル）がある

意味で共在性《イアワセ》の要素をもち、この二要素を併せもつ事例は日常性と交流の意味で居場所性が高い。またそれ以外の箇所も、そこが繰り返し利用されて日常化することや、場所の主《あるじ》や常連客との関係ができたり、その場所での自分の役割を見出すことで居場所性をもつ。

なお、「居場所（日常かつ交流）」「娯楽」の要素を同時にもつ事例はない。つまり「居場所」と「娯楽」の要素は同時に存在しにくい。「娯楽」のみの要素をもつ事例は多く、娯楽の要素をもつ事例はその要素だけで集客力があり、回転数を上げるために居場所としての機能はもたない方が経営上有利なのではないかと推測できる。逆に言えば、そこが居場所になるという視点からは、経営的合理性の側面とは相容れない。敷衍して、必ずしも経営的合理性を追求しない場所であれば、居場所

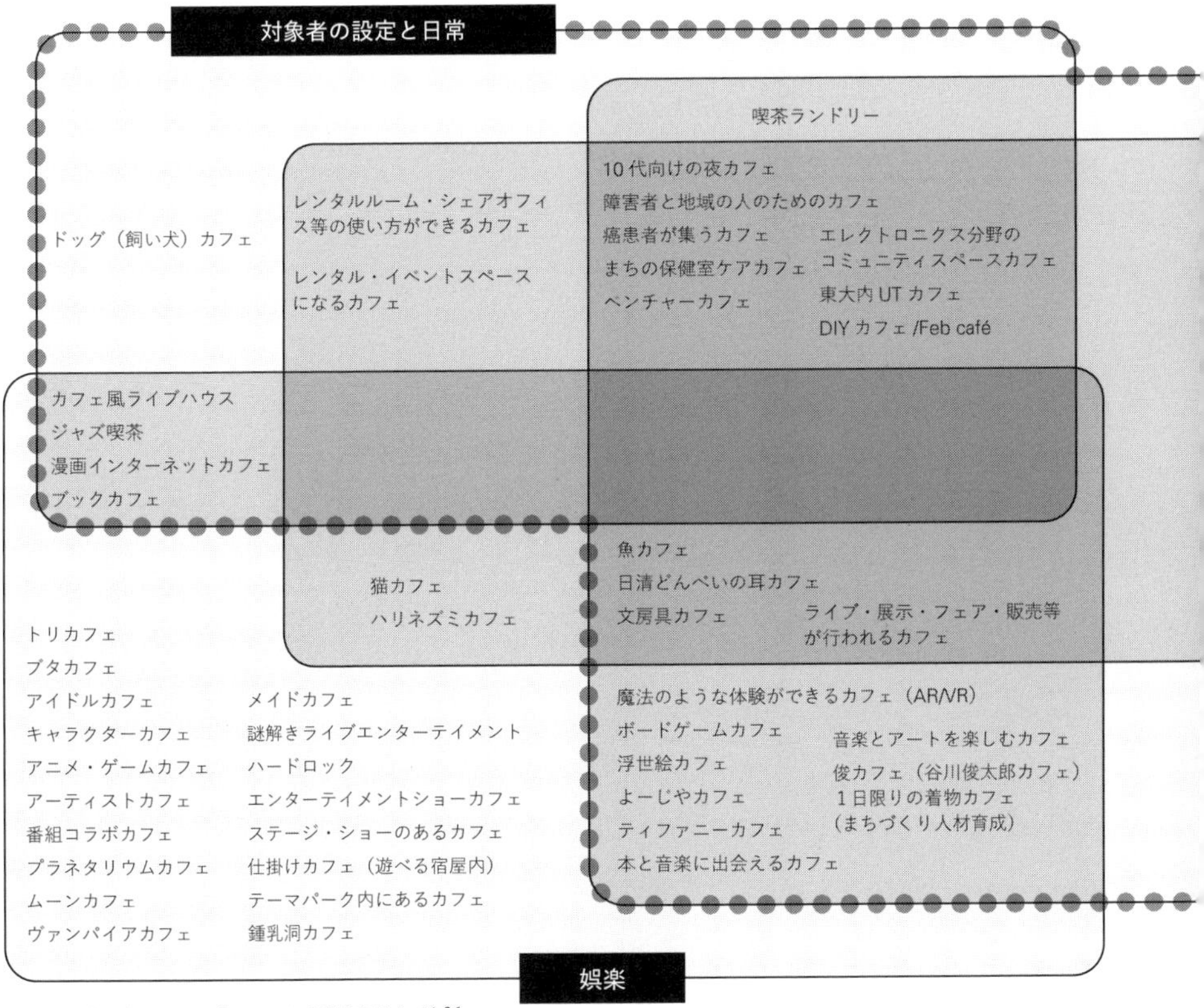

図3–9 居場所としての「カフェ」（岩波宏佳作成）[36]

としての価値をもちやすい、とも考えられる。

　これら多様なテーマのある居場所としてのカフェは、滞在性《イラレル》をベースに、テーマを共通項として利用者の交流やテーマ型コミュニティの形成拠点となる。まちづくりの一環として、「近隣住民の居場所と交流」や、「医療・保健への興味関心を高める」、就労支援など広く福祉、多様なテーマの居場所があり、その提供者が存在し、それに自ら参画しようとする人々がいるまちは、豊かなまちである。

36　岩波宏佳、山田あすか「滞在・居場所の観点から見たカフェの実態と位置づけに関する研究」『日本建築学会地域施設計画研究』三八、二〇二〇、一四一～一五〇頁

37　検索ワード「カフェ」でのインターネット検索により通常の「飲食＋個人的な滞在」のみができるカフェ以外の要素をもつテーマ型カフェを対象として抽出した。絞り込みの条件は、コミュニティ空間や本など飲食以外のコンテンツがある、飲食が主であってもキャラクターや音楽などといった特定のテーマに基づいたカフェである、として、検索にヒットした各店舗のウェブサイトより上記の二条件に該当するかの判別を行い選出した。また、キャッシュは一旦クリアし、「カフェ」での検索結果に表示される上位三四〇件を範囲とし、飲食店紹介サイトやレストラン等のウェブサイトは除外して集計

4　A定食で行こう

「居場所」をもつことがなぜ必要か。ことに、オルデンバーグの概念における、自宅（ファースト・プレイス）や、職場・学校（社会的帰属の先、セカンド・プレイス）ではない別の場所、サード・プレイスとして。このことは、これらの場所の「バランス」の視点から理解できる。

　健康長寿食として世界に知られる「和食」の特徴として、地域や季節の食材を生かした、多様な調理方法による「一汁三菜」の食事のバランスがしばしば挙げられる。一汁三菜のメニューでは主食、主菜、副菜二品と汁物の構成によって、炭水化物、タンパク質、脂質、ミネラルやビタミンの五大栄養素に加えて食物繊維を摂取しやすいと説明されている。[38] これになぞらえて、健康的なまち／まちのなかでの人と場所との関係を、理解できる。すなわち、住まい（ファースト・プレイス）が主食、職場や学校（セカンド・プレイス）が主菜、その他副菜や汁物がサード・プレイスとしての「居場所」であ

図3–10 定食としてのヘルシー・シティ

る（図3－10）。

一汁三菜のお膳では、主食を中心に、主菜が献立づくりの基本になる。副菜や汁物は、主食と主菜だけでは偏ってしまう栄養バランスを補い、箸休め＝気分転換の場となり、食欲や食の楽しみを助け、カロリー摂取＝働き過ぎのコントロールにも役立つ。健康的なまちには、その場所の役割や、ある人にとっての意味合いやそこでの役割が異なる多様な場所があり、場所の選択肢がある。健康的な暮らしは、住まう場所、社会的参画の場所、必ずしも役割によらない交流の場所、またそれらの場所との／場所で結ぶ関係（コミュニティ）のバランスによって成り立つ。

なお、何をサード・プレイスと見なすか、どの範囲に必要であるかは、見ようとする範囲の設定（フレーミング）にもよる。セカンド・プレイスとされる職場や学校においても、非排他的で受容的態度によって形成される交流の場はしばしば重要な役割を担う。例えば休憩室やラウンジ、食堂、自由に出られる庭やテラスなど。それはさながら主菜の皿に添えられたあしらいや付け合わせのように、主菜のよさを彩りや味、栄養などの面で補い、引き立てる。

このように説明すると、居場所をもつことの重要性や、その獲得・定

38 公益財団法人長寿科学振興財団「健康長寿ネット」tyojyu.or.jp/net/kenkou-tyoju/koureisha-shokuji/kenkou-tyuju-syoku.html（2023.11.17閲覧）

着を支援しバランスのよい食生活、つまり然るべき場との関係のもち方を支援することの重要性が理解できる。

十分なサポートが必要な時期には、例えば主食がおかゆやおじやなどのケア的要素をもつメニューに替えられる、すなわち住まい自体にケアが必要であるという比喩ができる。また、生活のバランスの中で職場、仕事の比重が高いときは「主菜が重いメニューである」状態に例えられる。このようなとき、主菜のあしらいが食事をおいしくいただくために重要であることがイメージしやすいだろう。付け合わせのキャベツがないトンカツはキツい。それを、カツの油を端に少しだけ吸ったキャベツでリセットするあの幸福。拘束時間が長い、心理的・身体的な負担がかかるなど「重い」業務の場所では、サード・プレイス的な場所がより重要である。

逆に、緩やかに社会と関わりたいリタイアメント後やリハビリ期、生活《ライフ》主体で（家庭外での）仕事《ワーク》はセーブしたい時期など、主たる社会的帰属の先が職場や学校でない時期もある。こうした時期の場所との関係としては、主菜らしい主菜がなくともおばんざいの組み合わせや軽い主菜でバランスを整える、といった献立で説明できる。このとき、主菜がなく、副菜もなく、主食だけの状態（住まいしか居場所がない）を長期に続けることは健康を損なうというイメージを共有できるだろう。あるいは、主食にタンパク質や野菜を混ぜたおじや（生活や仕事にメリハリも変化もない状態）を毎日ずっと食べていれば、早晩に飽きて変化がほしくなる。

重要なのは、献立すなわち**場所を介した自分／人のあり方についての「バランス」**に目が向くことである。ちなみに、コミュニティ・場・社会におけるなんらかの役割は、この文脈ではタンパク質と説明できる。例えば「年をとるとタンパク質を摂取しなくなりがちですが、フレイル[39]や運動・認知機能低下の予防にも役立ちますからしっかり摂取してください」、と言われるように、家庭や社会において役割をもつことが重要である。主菜らしい主菜を摂ることがない時期、主たる社会的帰属の先をもたない時期やそこから卒業された後にも、汁物やいくつかのおかずからタンパク質を摂取＝できるだけ社会の中で役割を担うことが推奨されている。また、そのように支援をすることが求められる。

主食・主菜・副菜・汁物をバランス良く摂る生活は、健康的な暮らし《ヘルシー・リビング》である。そして、主食・主菜・副菜・汁物が一定のエリア内に適切にそろったまち、人々が自分の場所を選択できるまちは、健康的なまち《ヘルシー・シティ》である。そこでは、人々が自分の生活の基盤である「住まい」の他に、居場所や役割を見出すことができる。人々の暮らしが社会に敷衍されるとき、つまり**社会に「住まう」**とき、人は住まい以外に、社会における居場所を必要とする。場所を介した暮らしの有り様、社会との関係をバランスよく整えるために。

39 二〇一四年に日本老年医学会が「Frailty（虚弱）」の日本語訳として提唱した概念。健康な状態と要介護状態の中間に位置する、「要介護予備軍」の状態で、適切な治療や運動、生活習慣の改善等により健康状態に戻れる段階

1——モクレンやツバキ、アジサイなど、四季折々の花をつける木々が植えられた庭と古民家の風景

2——ふすま、障子をとりはらって一続きの空間として使われている畳敷きの和室と広縁

3——秘密の庭への入り口のような、駐車場からのアプローチ。背の低いバラのアーチをくぐっていく

4——子連れの集まりでよく使われる2階には、おもちゃや子供用家具が置かれている

事例｜04

農と食と場で人をつなげたなら

―

風のえんがわ

所在地：島根県江津市
設計・施工：江津市のビジネスプランコンテスト「GO-CON」賞金によるセミセルフ改修。地元の職能者の協力も得ている
運営者：多田十誠氏、多田祐子氏
https://pjcatalog.jp/archives/2979

『不思議の国のアリス』か、『秘密の花園』か。物語のはじまりを予感させる、ハーブに彩られた低いバラのアーチを抜けると、時の流れを感じさせながらも古びては見えない民家の姿が現れる。養蚕小屋から民家に改修され、その後空き家となった建物を改めて古民家の様相に再改修して開かれたカフェである。子供たちを自然豊かな環境で育てたい、また、人が集い交流する場所、コミュニティが生まれ育つ場所をつくりたいという夫妻の思いが、開かれ、連続した建物空間、そして四季折々の姿に満ちた庭空間として立ち上がっている。モクレンの木立に向かって大きく開かれ光があふれる縁側に、敢えて「きれいすぎない」家具調度がずっと昔からそこにあったように置かれた畳敷きのつなぎ間。土間だった空間には木が敷かれ、段差を腰掛けにした小さなイベントも開かれる。子連れの親御さんや、年輩者まで来客の年齢層は幅広く、地元だけでなく県外からの利用も多い。また、移住者が地域の人と関わりをもつ契機となる場でもあり、カフェを種とした「結果としてのコミュニティスペース」となっている。常連客からは、素の自分に戻れる場所と言われたり、ここでならできそう、と誘われるように新たな活動が立ち上がったりする。隙間と可能性に満ちた、開かれた空間。ここでは失敗も怖くはない。有り体に言えば、「安心して油断できる場所」なのだ。

ザ・ハイ・ライン

所在地：ニューヨーク
設　計：James Corner
https://pjcatalog.jp/archives/1294

1——座れる段差とテーブル、椅子の組み合わせが滞在を誘う
2——天気のよい休日は、子連れの家族でにぎわう

南池袋公園

所在地：東京都豊島区
設　計：ランドスケープ・プラス
https://pjcatalog.jp/archives/1321

事例｜05

公園を介したまちづくりの取り組み

—

ブライアント・パーク

所在地：ニューヨーク
設　計：Hanna Olin、William White
https://pjcatalog.jp/archives/1302

ブライアント・パークは、都市の再活性化を担う公園再整備の成功例のひとつとしてよく知られる。ニューヨークの治安が不安定であった1970年代に荒廃した危険な場所であったこの公園において、周辺企業等からの寄付を受けた運営団体（現：Bryant Park Corporation, BPC）が割れ窓理論に基づき設備の美化と維持、警備員による治安対策を行った（1980年）。さらに、道路からの視線の通りをよくし、移動できる椅子とテーブルなどを備えた遊歩道や芝生広場、花壇などが整備された（1992年）。

南池袋公園は、豊島区が掲げる「人が主役の街づくり」の一環として、2015～2016年に都市のリビング兼災害時の避難等バックアップ施設として再整備された。カフェレストランで「稼ぎ」ながら見守りの目を常駐させる仕組みも注目されている。

ザ・ハイ・ラインは、ビルの間を縫う廃線となった高架を遊歩道として再生した事例で、都市に新たな視点場を与えながら人々に移動と滞留の楽しみを提供する。

都市の活性は、そこに人々がいること、つまるところ「留まらせる」と「歩かせる」ことによってもたらされ、「留まれる」ことが「歩く」ことを可能にする。そのためには、座れる設え、寄りかかれる、運動などのやることがある、視点場、飲み食い、会話など、そこで過ごすための手がかりが要る。「居る」からはじまるまちの活性化の核としての姿を、これらの公園に見ることができる。

自由に場所と向きを変えられるテーブルと椅子が人々の主体的な関わりを引き出し、滞在を活気づける

column 4

環世界論と社会的動物としての人間、相互浸透論（その1）

認識できる世界は、その認識の主体によって異なり、生き物はそれぞれに異なる世界を生きている。環境行動学の分野では、生き物が認知する環境は、その生き物の種と、空腹である／身の危険を感じている／満ち足りているなどの、個体のモードによって異なる、とする、意味の関係としての「環世界」論（生き物にとって世界とは意味の世界である）が知られている。また、社会的動物である人間にとって世界は、自らの身体性や身体に直接的に関連する危機感だけでなく、行動、経験や知識、興味関心、属する文化や考え方、利用可能な技術、価値観によって異なる見え方をする。同時に、これらの要素は相互作用をなす、一体不可分なものである。

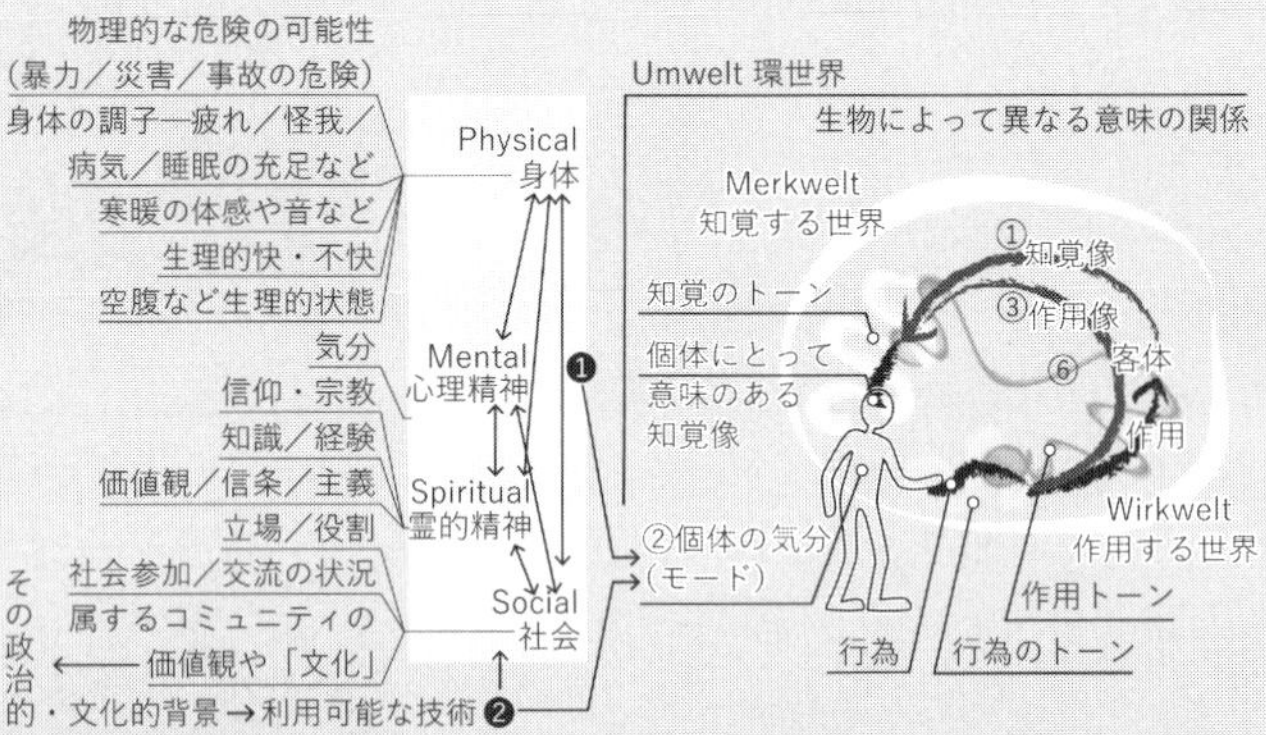

❶元々の、主に身体状況による説明に対して、今日的な意味、かつ人間存在に対する「個体の（作用）モード」の多様な影響要因を、WHOの健康の概念（身体、社会、霊的精神、心理精神の4軸で整理してみたもの。これらは相互に影響し合う

❷これらの要素やモードには、それぞれの個人や属する文化的・文明的社会において利用可能な技術が影響する

①知覚像は、②個体の気分（モード）と知覚のトーンにより、どのように知覚されるか異なる

・知覚像は③自らの行為という作用像によって補われ、個体にとっての意味をもつようになる

③作用像は「その動物の環世界に投影された働き」であり、⑥作用トーンを通してはじめて知覚像にその意味を与える

図 環世界と今日的な影響要素

4章 〈公・共・私〉が解けるとき、あるいはその境界を越えていくとき

「居ること」と、「集う／関わる」ための場を提供する、そしてそれを必要とする人、つまり自らの力でそれを能動的につくることが難しい人にも保障することは、「ケア」である。それを必要とする誰に対しても保障しようとするとき、その大きさと求められる公平性のゆえに、近代では「公共」がその役目を担ってきた。セーフティネットとしてのそれは〈公〉が、また互いに助け合う関係性としてのそれは〈共〉が。それは、いずれかの方法により、居ることや関わることをシェアするための場所である。言い換えれば、場所のシェアによって「居ること／関わること」ができるようになるということでもある。

この「公共」と呼ばれる仕組みについて、もう少し解像度を上げて見る。自らまちに居場所をつくる人々やそれを求める人々はしばしば言う。「公共空間は使いにくい。もっと自分たちらしく、気軽に、自然に使いたい」「公的サービスだけでは、必要な支援は満たされない」[1]。近年では自分たちで場所とそこで必要なサービスを行う（事業化する）ことや、また公共空間の個人や非公的集団による「使いこなし」の実践なども注目されている[2]。「一階づくりはまちづくり」のコピーで知られる田中元子氏は、「自分でつくる公共」に「マイパブリック」と名を与え、自分自身が公共であり、**公共は自分でつくれる**ものだと説く[3]。

1 公的サービスは、いつの時代も、誰にとっても十分なものだとは限らない。例えば、介護保険（二〇〇〇〜）以前の措置制度としての福祉、つまり困ったときの支援はあれど、「困ったことにならないための予防的サポート」はまだ十分にその重要性が浸透していなかった。現在は制度化された介護予防デイサービスも、自治体などの自主事業として運営されていたものである

2 例えば笹尾和宏『PUBLIC HACK――私的に自由に街を使う』学芸出版社、二〇一九では、まちを楽しむ舞台としての公共空間が身近で魅力ある存在であり続けるためには、まちに暮らし、利用する人々自身が公共空間を日常生活レベルで「私的に自由に使う」（三頁）、ことが個人ができるまちづくりなのだ、と説く（五頁）。「みんなのもの」である公共空間は独占や危険・迷惑行為に該当しなければ「勝手に使う」ことは構わないし、自分事として公共空間を使うことは、当該公共空間やまちの魅力を高め、シビックプライドを育てると指摘する（一一三、一七九、一八九頁）

3 田中元子『マイパブリックとグランドレベル――今日からはじめるまちづくり』晶文社、二〇一七、二〇、二二頁

1 多分、そもそも分けられない

「公共」とは何か。しばしば〈公〉や〈共〉の対義語に挙げられる、〈私〉との違いは何か。その定義を試みると、例えば視点によって、あるいは主体によって、境界の引き方は何通りもある。分けることによってそれぞれをしっかりと見ようとする。が、分けるために引く境界の妥当性はどう定義できるのか、検証できるのか、と、必要な検討はさらに細分化していく。適切な理解のために、どこま

で、どのように分けていくことが妥当なのだろうか。

さて、植物学者の稲垣栄洋氏は「もともと分けられないものを分けようとするからダメなのだ」というダーウィンの言葉を引き、自然界では種や個体の違いにこそ意味があるが、人間の脳は複雑で多様な様相をそのままでは理解ができないゆえに、比べて、分類して、境界を引きたがるという特性をもっている、と説明する[4]。それはおそらく知的能力でもってサバイブする戦略をとってきた種である私たちの、あらがえぬ特性なのだろう。一方で、理解するための分解によって生命や世界の機序を無残に殺してしまうことがあってはならないとも危惧される[5]。心理学者の河合隼雄は、仏教的思考と関連づけて井筒俊彦の存在と意識の切り替わりについての論説[6]を引きつつ、「西洋的価値観と東洋的価値観を対比し、西洋では世界を切り刻んで見るが、東洋では世界をつなげて見る」と表現している[7]。

拡大の時代には、増殖し細分化するニーズを分類して仕組みを当てはめ、運用することには利があった。拡大する社会は、ニーズを発見し、ニーズをもつ「属性」を発見し、それぞれのニーズと属性、すなわち想定利用者を設定して専門分化しながら各種施設をつくってきた。拡大／発展しすぎた社会（政府、あるいは意思決定の単位）はしかし、諸問題を再びコントロールできるサイズとするための分割を必要とする[8]。また、人口縮小の時代に入った今日、特に地方部

4 稲垣栄洋『はずれ者が進化をつくる――生き物をめぐる個性の秘密』筑摩書房、二〇二〇、五〇、六六、七三、八〇、八三頁

5 福岡伸一『動的平衡3――チャンスは準備された心にのみ降り立つ』木楽舎、二〇一七、一六五～一六九頁。生物学者の福岡伸一氏は、狂気の天才医師ハンニバル・レクター博士の腑分け行為は世界の成り立ちをわかりたいという人類の欲求と同じだと述べる。そして、世界を開き、顕微鏡の発明など分ける解像度を上げることで膨大な知識を獲得した一方で「この腑分けによって私たちが見失い続けてきたものがある。見失うかわりに造り上げたある種の幻想があるといってもよい」と続ける。さらに、アンリ・ファーブルの『昆虫記』からの一節を示す。「あなた方は研究室で虫を拷問に掛け、細切れにしておられるが、私は青空の下で、セミの声を聞きながら観察しています。あなた方は薬品を使って細胞や原形質を調べておられるが、私は本能の、もっとも高度な現れ方を研究しています。あなた方は死を詮索しておられるが、私は生を探っているのです」

6 井筒俊彦『意識と本質――精神的東洋を索めて』岩波書店、一九九一

7 河合隼雄『開かれたアイデンティティー――仏教の役割を求めて（禅研究所開所三五周年記念行事における講演の記録）』愛知学院大学禅研究所、二〇〇〇。西洋流に「ここに花が存在する」と表現される事象は、東洋的意識のなかで「存在」そのものの世界にまで降りていくことで、「これは存在（Being）が花している（Flower-ing）」と表現できる（河合隼雄による解説を筆者が要約）。zenken.agu.ac.jp/research/29/06.pdf（2023.11.17閲覧）

では「共生型ケア」のキーワードとともに、一定地域内のケアを必要とする人々に対してケアを提供する場を再統合する（ニーズ…横の統合）ことで、地域にケアの場を存続させる取り組みが行われている。就学年齢人口が縮小する中で、学年ごとの学級を複式学級として（年齢…縦の統合）、地域に学校を残そうとするなどである。[9,10] 事業の規模に対して利用のニーズ密度が低くなると、利用者の属性を細分化したままでサービス提供の場所を維持するには、場所や人員配置のコストがかかりすぎる。例えば、一学年五人の小学校で各学年に担任を置いて教育を行う体制を維持し続けることは難しい。

このように、①本来は分かれていない混沌とした世界を分けることで理解しやすく、扱いやすくできるが、②大きくなりすぎた社会は分割しないとコストがかかりすぎる、また③分割されたものはその量的・密度的バックグラウンドを失うと必然的にその分割を保てない。これらが、日本の・現代の諸問題を語るときに同時に存在し、地域や問題のカテゴリによっても、いまどの段階において分割／（再）統合の議論をしているのかが混ざり合う。一種の混沌状態であり、①の「問題を理解し取り扱うための分類整理」を必要とする段階にあるといえる。

その上で、③のようにいまは分割されていて、またはそのように刷り込まれているために一見、分かれているように見えるもの、分割されたそれらは根本的にルールが違うと思うもの、その境界を疑うことをこそ、私たちは必要としている。背景には、これまでの社会において、①見出し、理解するために分割され、②運用コストの最適化の中で分割されてきた仕組みが、自分たち自身を縛り始めた

8 レオポルド・コール著、藤原新一郎訳『居酒屋社会の経済学――スモール・イズ・ビューティフル』ダイヤモンド社、一九八〇に次のような記述がある。「拡大／成長しすぎた社会は諸問題への対応の力を失う、拡大した諸問題に対応するための多くのコストが必要になる」（一四六～一四七頁）

9 山田あすか「人口縮減社会における「こども施設」の機能と圏域の再編――人口縮減社会における地域公共施設の課題「地域公共施設の圏域をどう変えるか」」日本建築学会第三四回地域施設計画研究シンポジウムパネルディスカッション、二〇一六

10 もともと、地域に草の根的につくられた寺子屋や藩校のような学びの場では、異年齢の子供たちがそれぞれの進度・理解度のもとに同じ場で学ぶ異年齢教育による学びの場のあり方は決して珍しいものではなかった。人口規模や居住地の拡大のなかで、また学制発布、戦後の学校制度の中で同学年の子供たちを集めて大人数に効率的に教育を施すシステムとして学年制が敷かれた

自覚がある。「動的平衡」で知られる生物学者の福岡伸一氏は言う、「世界は分けないことにはわからない。しかし、世界は分けてもわからないのである」[11]。ひとたび「分ける」ことで見出されたニーズを、再びそれらの連関の中で理解し、統合するフェーズにいま、我々の社会は立っている。

2 グラデーションで捉える〈公・共・私〉

生命のように、あるいは人間の一生と同じように、〈私 private〉と〈公共 public〉、〈共 common〉は本来、厳密に分けられるものでも、あらかじめ自明に分けられているわけでもない。齋藤純一氏はそれを、「社会は何をもって私的とするか、ということによって逆接的に公共性を定義してきた」のだと述べている[12]。氏は、公共性と共同体、私的であることを、表4－1のように説明している[13]。それらは時代や分野によって異なる扱いを受け、為政者に都合よく切り分けられ、時に政治的な利用をされながら、それぞれの立場からの定義がなされてきた。

今日では、個人的問題とされること、「個人の能力や意欲の問題」とされてきたことの少なからぬ部分が、例えば性差別、人種差別、

11 福岡伸一『世界は分けてもわからない』講談社、二〇〇九。「私たちは、本当は無関係な事柄に、因果関係を付与しがちなのだ。なぜだろう。連続を分節し、ことさら境界を強調し、不足を補って見ることが、生き残る上で有利に働くと感じられたから。もともとランダムに推移する自然現象を無理にでも関連づけることが安心につながったから。世界を図式化し単純化することが、分かることだと思えたから」（一六三頁）。「ヒトの眼が切り取った「部分」は人工的なものであり、ヒトの認識が見出した「関係」の多くは妄想でしかない。私たちは見ようと思うものしか見ることができない。そして見たと思っていることも、ある意味ですべてが空目（ソラメ）なのである」（一六三頁）。「世界は分けないことにはわからない、しかし分けてもほんとうにわかったことにはならない。（略）私たちは世界の全体を一挙に見ることはできない。しかし大切なのはそのことに自省的であるということである。なぜなら、おそらくあてどなき解像と鳥瞰のその繰り返しが、世界に対するということだから」（一六三～一六四頁）

12 齋藤純一『公共性』岩波書店、二〇〇〇。「「公共的なもの」は、何を「個人的なもの」「私的なもの」として定義するかによって反照的に定義されるからである。公共的領域と私的領域の境界は固定したものではなく、何をもって「私的」とするかという言説によって書き換えられる。（中略）近代の「公共性」は、［引用者補足…宗教や侵攻、身体、静的な事柄など］多くのテーマを「私的なもの」とすることによって自らを定義してきたのである。このことは、逆にいえば、公私を分ける境界線は言説に依存する流動的なものであり、言説以前のもの、政治以前のものではないということを意味している」（一二頁。一〇一頁～終章）

13 前掲12、viii-ix、四～六頁

表4–1 公共性と共同体、私的であることの整理（齋藤純一[12]より著者作成）

	公共性	共同体	私的であること
他者	・p.vii 自らの「行為」と「意見」に対して応答が返される空間		・p.iv 他者の存在が失われている
主体	・p.viii① 国家に関係する公的な活動（official）	・p.ix② すべての人々に関係する共通のもの（common）	・p.ix ①民間における私人の活動
場所と領域	・p.iv あらゆる人びとの場所が設けられている ・p.ix③ 誰に対しても開かれている	・p.5 閉じた領域をつくる	・p.ix③ 秘密、プライヴァシー
価値の共有	・p.5② 人びとの抱く価値が互いに異質、複数の価値や意見の〈間〉に生成する空間 ・p.6④ 一元的・排他的な帰属を求めない、人々は複数の集団や組織に多元的にかかわれる	・p.4 諸々の共同体をユニットとする多文化主義との親和性 ・p.5② 等質な価値に充たされた空間、共同体の統合にとって本質的とされる価値を成員が共有することを求める	・p.ix②私権
統合の媒体	・p.5③ 人びとの間に生起する出来事への関心	・p.5③ 成員が内面に抱く情念	

出身家庭の収入などの社会構造に起因する。教育や就労、家庭内労働分担の偏りなど人生と生活のあらゆる場面に、個人の努力や意欲を無価値化する「公共的な『不正義』」（齋藤）が存在する。純粋な競争だとされていたものは、スタート地点やレーンごとの難易度、採点方法、ゴールすらも異なる「ゲーム」だった。

〈私〉と〈公・共〉の境界は不変ではない。近代以前は互助的コミュニティ〈共〉の領分に含まれていた保育・教育・看護・介護などのケアワークは、公共の領域から排除されて〈私〉の領域に押し込められていった。それは家族の問題／私事（わたくしごと）とされ、長い間、各家庭の事柄、個人的な事情として透明化され、そしてほとんどの場合では社会的常識のもとに女性が担わされてきた。

ケアは、心配りの提供であると同時に、「共に在ること」というその本質的意義において、多分に「時間の提供」という側面をもつ。ある人が直接的なケアを担うことは、その人の時間を（それは人生であり、生命の一部でもある）差し出すことである。誰かのケアを受けることで、その人の時間を、つまり生命をいただいている。それゆえ、ケア労働の搾取は、他者の人生そのものの搾取である。一九六〇年代以降のフェミニズム第二期においては、The personal is political（個人的なことは政治的なこと）と訴えられた。個人的な事情でしょう、公共は関係ありませんという線引きこそが搾取の構造の背景にあると看破されたためである。

それらケアワークは核家族化の定着や高齢者の増加、共働き世帯の増加などとともに、戦後、またこの数十年の間に大きく社会化されてきた。まだ不十分な部分もあるとはいえ、保育所の整備や特別支援の拡充、介護保険などがそれにあたる。ケアのフォーマライズ、社会的事業化はケアギバーとして縛り付けられていた多くの人々、とりわけ女性を解放してきた。〈私〉の公共化・社会化によって、個はより自由に職業や生き方を選択できるようになった。今日ではさらに、半ば〈公≒フォーマル〉の領域に隔離されたような状態であった福祉、特に高齢者や障害者の暮らしや活動の場を再び〈共≒インフォーマル〉の場に統合しなおそうという方向にある。〈公／私〉の境界はつねに変化し、ゆらぎ、社会はそれとともに移り変わっている。

〈私〉とされてきた領域の変化に対して、〈公〉の領域のあり方もまた改めて問われている。イタリアの図書館コンサルタント、アントネッラ・アンニョリ氏は、「公的空間は、利用者を制限してはいけない。ただし、その場が設けられている理由に鑑み、行為（居方）は制限されうる」という[14]。例えば、ホームレスの人が図書館に滞在する。そのとき、図書館に居るために相応しい振る舞いをしてくれれば――例えば本の一冊でももっていてくれれば、寝ていても構わない。事実、図書館で漫画を手に昼寝をしているティーンエイジャーだってたくさんいるではないか。図書館である以上、図書館という場に相応しい振る舞い／居方は求められる。ただし、利用者を制限することは公共図書館としてあってはならない態度である、と。

14 Projects'CATA-Log「イタリアの図書館コンサルタントが語る――図書館の未来と日本の図書館、図書館コンサルタント、アントネッラ・アンニョリ氏インタビュー（イタリア）」pjcatalog.jp/archives/1121（2023.11.17閲覧）

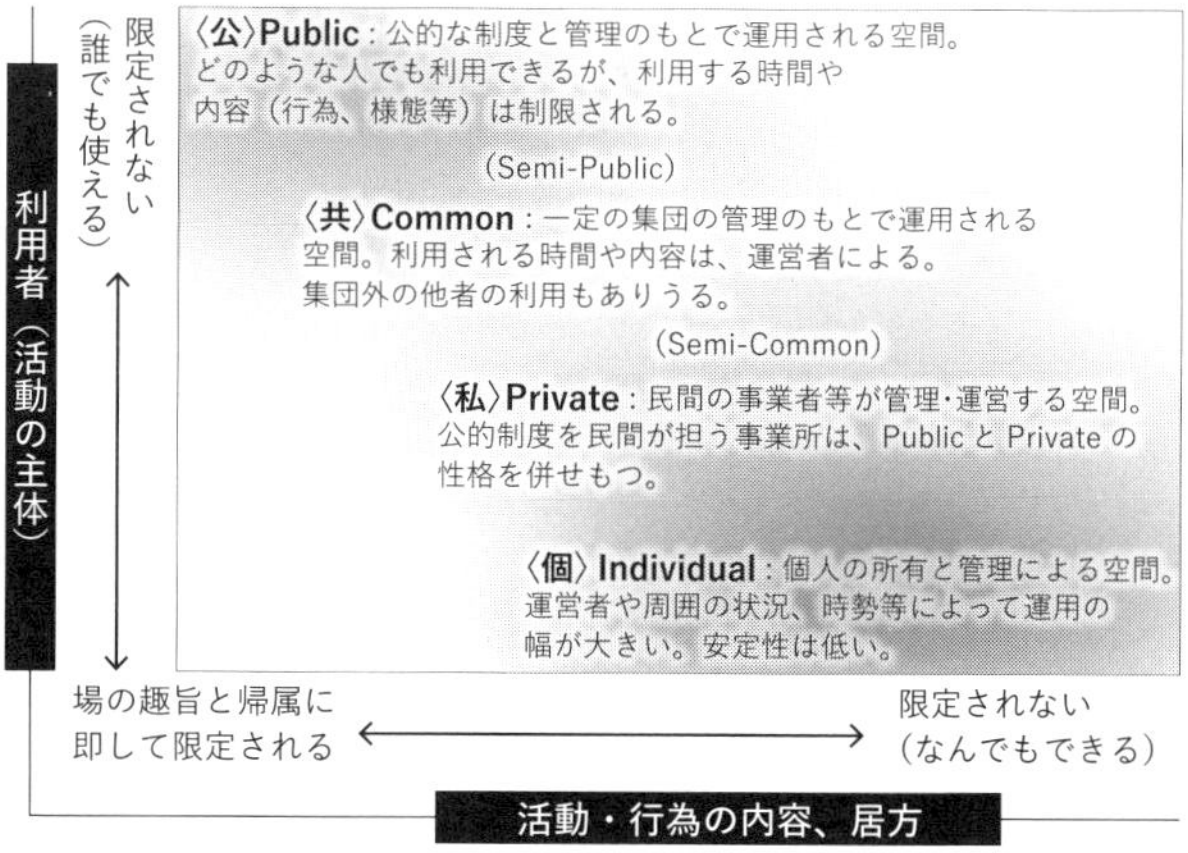
〈公〉Public：公的な制度と管理のもとで運用される空間。どのような人でも利用できるが、利用する時間や内容（行為、様態等）は制限される。
(Semi-Public)
〈共〉Common：一定の集団の管理のもとで運用される空間。利用される時間や内容は、運営者による。集団外の他者の利用もありうる。
(Semi-Common)
〈私〉Private：民間の事業者等が管理・運営する空間。公的制度を民間が担う事業所は、Public と Private の性格を併せもつ。
〈個〉Individual：個人の所有と管理による空間。運営者や周囲の状況、時勢等によって運用の幅が大きい。安定性は低い。
利用者（活動の主体）
限定されない（誰でも使える）
場の趣旨と帰属に即して限定される
限定されない（なんでもできる）
活動・行為の内容、居方

図4–1〈公・共・私〉そして〈個〉のグラデーション

こうした言説を参照し、「誰が」「何をできるか」の軸で〈公・共・私（・個）〉を位置づけると、図4－1のようなグラデーションの関係が浮かび上がる。

誰でも（利用者／主体）と、何でも（行為）のバーターの軸線状に、〈公・共・私〉が置かれている。〈公〉では、誰でも利用できる代わりに行為の制限を受ける。一方、例えば民間事業者等による〈私〉の空間では、利用者が限定される代わりに行為の制限は相対的に低く、その場所に権限をもつ者が自らルールを定めることができる。さらに〈個〉の空間では、利用者（その場の権利者）が最も限定される代わりに、最も自由が保障される。それが外部の他者への影響を無視できるとき、あらゆる居方、あらゆる行為が制限されない。どんな格好でいてもいいし、何をしてもいい——公序良俗に反しない限りは。そして〈公〉と〈私〉の中間に、利用者がある程度限定的で、行為の自由度もある程度高い〈共〉が位置づけられる。例えば、〈公〉である図書館では「本を読む等の、提供されるサービスに関連した行為」で「他の利用者の利用目的を阻害しない」限りは、誰でもそこを利用できる。なお、〈私〉の空間にもSemi-PrivateからIndividualにつながるグラデーションがある。例えばオフィスでは共用空間から各部署・各構成員の専用スペースのグラデーションがあり、個室をもつ人であればその個室、あるいはトイレの個別ブースなどは（一時的な）Individualな空間である。家ならば、家族の共用空間では年齢や関係性、住文化相応の服装や居方（の制限）が求められる。複数の人間が利用する共用の場では、すべての個人が思うがままには振る舞えない。コミュニティの参加者相互への敬意と配慮を基盤とする、場の合意形成が必要となる。

3　それらは越えていく、それらは変化する。ときに危うさとともに

ここまで述べてきた、まちにつくられる居場所や、民間の私人が公共をつくっていく取り組みに見られるように、これら〈公・共・私〉は相対的な関係で位置づけられるが、今日ではそれらがどのように境界を相互に越えるかが注目されている（図4－2）。それは例えば「開かれる〈私《わたくし》〉」、住まいやオフィスの「住み開き[15]」やPOPS（Privately Owned Public Space）、地域貢献や社会的活動の事業化、社会福祉事業所の地域化、などである。住み開きとは、個人の住宅や事業所、事務所などの〈私〉空間の本来の用途や機能を保ちながら、その一部を開放する活動やそのように運用されている場所・拠点を指す語で、こうした活動が各地で草の根的に行われていることに注目したアサダワタル氏によって二〇〇九年ごろに提唱された。住み開きの例としては、住宅で子の独立に伴い空いた部屋やリビングをギャラリーや地域住民の趣味・交流活動などに提供する、事務所の一部を地域交流や子育て支援スペースとして開放するなどの多様な取り組み例がある[16]。事業のための場所を「開く」、あるいはその事業所本来の事業の場所と他

15　アサダワタル『住み開き――家から始めるコミュニティ』筑摩書房、二〇一二

16　森千紘、村川真紀、山田あすか「私的空間の開放によるコミュニティ形成の拠点「住み開き」の活動と運営の実態――戸建て住宅と店舗型住宅の比較」『日本建築学会技術報告集』二〇二二、一三五五～一三六〇頁

17　Projects' CATA-Log「廃寺を改修し、福祉機能、入浴施設、食堂などを備えた地域の居場所へ――社会福祉法人佛子園三草二木西圓寺」pjcatalog.jp/archives/251（2023.11.17閲覧）

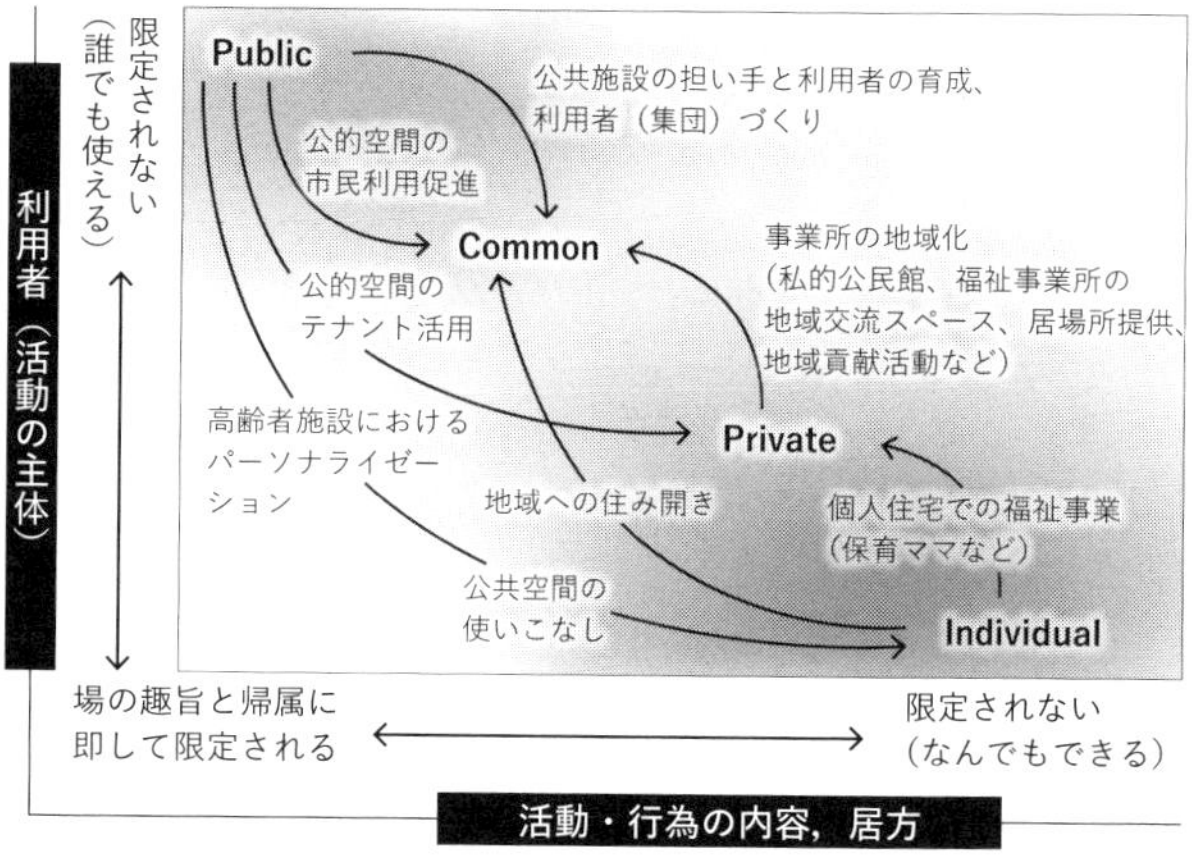

図4–2〈公・共・私〉の遷移例に見出される意味と変化

の機能を融合する例としては、三草二木西圓寺（188頁、事例11）[17]や輪島KABULET[18]での、地域資源と見なせる空き家を、開かれた社会的活動の場として活用し複合型社会福祉事業を実施するなどの、多様な例[19,20]がある。また、事業所＝オフィスを地域住民に対して開かれたセルフサービスのカフェと表現できる地域の居場所にしているJOCA大阪（216頁、事例12）、空き家を改修したコミュニティスペース[21]、私設公民館と表現できる、開かれた社会福祉事業所／オフィスと社会貢献活動の事業化を行う複合施設であるイタリアの「地区の家」[22]やドイツの「多世代の家」[23]なども関連事例として挙げられる（図4－3）。それらは、しばしば「新しい公共」[24]と表される。また、

18 同「まちに点在する空き家を改修した入浴・スポーツ・飲食などの複合施設群、輪島KABULET」pjcatalog.jp/archives/767（2023.11.17閲覧）

19 竹本鉄雄編著、雄谷良成監修『ソーシャルイノベーション　社会福祉法人佛子園が「ごちゃまぜ」で挑む地方創生！』ダイヤモンド社、二〇一八

20 Projects' CATA-Log「「生涯活躍のまち」の核となる――まちに開かれた多機能型福祉施設JOCA東北」pjcatalog.jp/archives/2240（2023.11.17閲覧）

21 同「空き家の転用で赤ちゃんからお年寄り、学生も含めて地域の居場所を――NPO法人居場所コム　駒込地区町会連合会こまじいのうち」pjcatalog.jp/archives/1145（2023.11.17閲覧）

22 同「印刷工場の改修による、文化的活動や交流、カフェなど多様な活動の場――トリノの地区の家ヴィア・バルテア（イタリア）」pjcatalog.jp/archives/1113（2023.11.17閲覧）

23 ドイツの連邦プログラムとして全国で実施されている。設置主体は自治体や登録団体、社会福祉団体、宗教法人など様々で、高齢者から子供までの多世代、また移民など支援を必要とする人々への多彩な事業が地域ごとのニーズや運営主体の問題意識に応じて実施されている

24 内閣府「新しい公共」5.cao.go.jp/npc/（2023.11.17閲覧）。二〇一〇年に新成長戦略として閣議決定された、「すべての国民に意欲と能力に応じた社会活動などの居場所と出番がある社会」を実現するという文脈の中で言及された。「官だけでなく、市民、NPO、企業などが積極的に公共的な財・サービスの提供主体となり、教育や子育て、まちづくり、介護や福祉などの身近な分野において、共助の精神で活動する「新しい公共」を支援する」と記載されている（第三章「七つの戦略分野の基本方針と目標とする成果、国民参加と「新しい公共」の支援」）

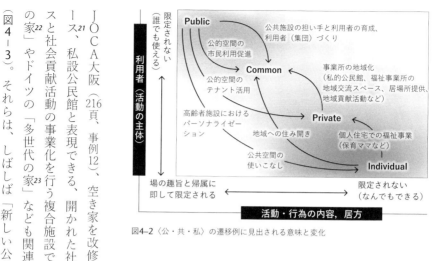

都市の屋外空間であるPOPSは、民間開発に対する容積ボーナスとのバーターとなる都市のオープンスペース（公開空地）であり、[25]**〈私〉の一部を開く**ことで公共の福祉に資する点で共通している。着座装置や植栽などが整った、多様で質の高い空間がつくられてきた。ワーカーや旅行者、住民などまちに暮らす人々が思い思いに利用できる、都市ににぎわいや憩い、潤いをもたらす場所である（図4－4）。

　これらの事例を見ると、**〈公・共〉と〈私〉という境界の揺らぎ**が実感される。それらをどのように

こまじいのうち（東京都文京区）
空き家になっていた民家を利用した私設のコミュニティスペース。高齢者、子育て、子供、などそれぞれの集まりに利用されており、日替わりで提供されるプログラムが町内の掲示板に貼られている。個々の家ではもち得なくなった余剰空間／コミュニティに供されるスペースという役割を、空き家が再度担っている

地区の家 ヴィア・バルテア（イタリア・トリノ市）
社会的協同組合の運営による、カフェや移民就業支援パン工房、スタジオ、ホールなどの複合施設。民間事業者による公共性のある［公開］≒コモン化。たとえるならNPO法人による私設公民館である

多世代の家ドルフリンデ・ランゲンフエルト（ドイツ、ランゲンフェルト村）
「菩提樹の村」の名を冠し、かつて大きな木の下で人々が集い、楽しく過ごした情景をコンセプトとする多世代の家。中心となるコミュニティ・レストランと集会スペース棟の周囲に高齢者の住宅、デイサービス、診療所、青少年ハウス、単身者住宅、スーパーを整備し、集落の暮らしを包括的に支えている。

図4–3「新しい公共」の多様な事例。こまじいのうち（東京都）[21]と、イタリア・トリノ市の「地区の家」ヴィア・バルテア[22]

図4–4 NYのPOPS

整備・運営するかという側面には現実的に補助金や社会制度としての境界（制約）があるが、利用者にとっては必ずしも明確に区別できない。これら、いわば「逸脱する事例」は、利用者の視点や地域の実情といった現実に立ち、人々の生活や地域の存続のために、事業のあり方や社会制度、その具現としての施設が変わっていくいくつもの可能性を突きつける。[26]

そもそも住まいを住まいとして使いながら地域の公共の福祉のためにその一部を提供する活動は、それが「住み開き」という語で再定義され、注目されるずっと以前からある。身近なもので、「先生」の自宅で開かれる文化的な趣味活動や習い事、より福祉の意味合いが強いものには、京都市の昼間里親[27][28]や大阪、東京など大都市での家庭福祉員[29]などが挙げられる。[30] 戦後に保育所が整備されるにあたって、その初期には地域の篤志家や寺院・教会などの宗教団体が自らの住まいや事業の場所を提供していた場合も多く[31]、こうした〈私〉の場所と公共の福祉の場所は、福祉施設ないし福祉制度の萌芽期にはそもそもはっきりと分かつことができるものではなかった。現在の小規模多機能居宅介護のもとになった宅老所事業として、お寺の境内を借りての「寄り合い」の場に心配な高齢者をお誘いするという体で始まった例もある。[32] 誰かの住

25 堀聖弘、土田寛「ニューヨーク市のPrivately Owned Public Space の更新に関する基礎的研究——空地創出に関する制度の考察を通して」『日本建築学会計画系論文集』八一—七二八、二〇一六、二二四一〜二二五一頁。POPSは一九六一年の制度化後、景観の阻害や犯罪の増加などの危機的状況を経ながら制度改革により地域特性に応じた規程がつくられ、まちのにぎわいや快適さに貢献している。なお、半屋外や屋内を通過させるPOPSもある

26 植物学者の稲垣栄洋氏は、雑草の強さは、植物の強さの戦略①競争に強いこと、②環境に耐えること、③変化に対応すること、のうち特に③にあると説明する。前掲**4**。『身近な雑草の愉快な生き方』筑摩書房、二〇一一では、〝雑草〟の工夫や逆境への対応力——変化する力——がユーモラスに説明されている。しばしば「草の根的」と表現される、地道で私的で挑戦的な活動は、変化の兆しそのものといえる

まいが地域住民の集まりの場になっていた、実質的に小さなコミュニティのハブとなっていた、というケースもままあるだろう。次第に利用の規模が拡大し、制度が整うにつれて、〈公・共〉と〈私〉が分けられていき、専門分化が生じ、専用の施設がつくられ、またその揺り戻しの行き来を見ていることに気づく。社会情勢や地域ニーズは常に変わり続け、変化する地域ニーズへの対応は場の変化によって成り立つ。

こうした変化への対応は、しばしば〈私〉によって始まる。そのような試行や挑戦の積み重ねによって効果が十分に共有されれば新たな制度として〈公・共〉に取りこまれていく。例えば、グループホームや小規模多機能居宅介護もそうした草の根的活動から制度化されていった。それゆえにこそ〈私〉を公共事業の担い手として、いかに「公共性をもって」支援できるか／すべきかや、選択と検証（事業評価）のプロセスをいかに公共的に・民主的に行えるかもまた、現代的な課題と言える。時代や地域の特性、事情に応じたその場その時ならではの活動が〈私〉によって始まり、発信され、共有されることが他の活動の派生や次のスタンダードにつながる。

〈公・共・私〉の、そのときどきのスタンダードからの逸脱や変化は大いに価値があるが、それらは制度的基盤を必ずしももたず、それゆえ存続可能性に危うさも含んでいる。〈私〉の開かれによっ

27 太平洋戦争終結後、保育所整備と並行して定められた家庭養育運営要綱（一九四八）により、児童福祉法に規定する里親制度の一部門として制定された。その後、京都市では一九五〇年に制度化され、今日まで市独自の制度として運営されている

28 上村康子「京都市における昼間里親制度」『日本保育学会大会研究論文集』四七―二〇五、一九九四

29 通称では保育ママとも。高度経済成長期、保育所整備が追いつかず乳児保育の場所が不足していたことを受けて、家庭でボランティアとして保育を委託する制度として大阪で一九五八年に発足し、その後大都市を中心にそれぞれの自治体独自の制度として普及した

30 山田あすか「拠点外空間での保育に着目した小規模保育拠点運営の実態と保育者による都市環境評価――京都・昼間里親と大阪・保育所分園制度を対象として」『日本建築学会計画系論文集』七五―六五八、二〇一〇、二七八九～二七九八頁

31 歴史的建造物の動態保存と、古民家を活かした保育所づくり（座談会）Projects CATA-Log「既存建物から転用した福祉施設における地域資源の利活用の効果――小俣幼児生活團・陽だまり保育園を事例として」pjcatalog.jp/archives/2628（2023.11.17閲覧）

32 下村恵美子『九八歳の妊娠――宅老所よりあい物語』雲母書房、二〇〇一。福岡の「よりあい」は宅老所の草分けで、当時の高齢者施設でのケアになじめず、そこに通うことやそこで関係をつくることを拒否していたあるお年寄りの支援を始めたことに端を発する

て提供される〈共〉における利用者と提供者との合意形成――ルールの共有も課題となる。先に挙げた（74頁、図3－2）、大学が地域に開いていた公開空地がコロナ禍の最中に「外飲み」の場となってしまうことで閉鎖されてしまった光景は、この合意形成の不調によって、地域コミュニティ〈共〉が〈私〉から公共に供された場を逸失してしまった具体例である。このとき、〈私〉のコミュニティ構成員もまた、その場を失った。大学関係者以外が利用できなくなっただけではなく、大学関係者もこの場所を使えなくなった。学外者だけを選択的に拒むことができる仕様ではなかったためである。「開かれる私」の場が、〈公・共〉との合意形成のあり方をめぐって、その空間の物理的なあり方――「開く」と「閉じる」を調整する手段がなければそもそもの構成員も損失を被りうる。この構造は、「開かれる私」の存在そのものを脅かす可能性がある。その意味で、〈私〉を開く際にどのようなフィルタをもつかは、〈私〉による試行的、他利的活動をいかに維持・発展できるかにとって重要な要素である。

フィルタを設定することは、〈私〉を定義する境界面や、〈私〉の中に存在するSemi-privateとIndividualの間の境界面をつくることでもある。既存の施設や仕組みは、ほどいていくことで元を生かしながら違うかたちに結び直し、つくり変えることができる。ひとかたまりに見えるものを解体し、境界線を引き直すことで、それまでにはなかった使い方や利他的活動への提供ができるようになる。それゆえにこそ、フィルタの再定義が必要になることもある。1章で例えた裂き織りのように、どこまでも解体するのではなく、むしろ**どこまでを解体してはいけない「ひとかたまり」とするか**、どこまでも開くのではなく、どこは開かないかを設定することは、私が私であること、個が個であることを守ることでもある。それは時代、地域、文化、それぞれの組織の理念、あるいは人であればその立場や信条などによって異なり、また変化する。〈私〉の領域をほどき、〈個〉を再定義することでそれ以外の場所を他者に提供することができる。いま、それ以上解体することができないと思われている部分、例えば私《わたくし》という一個人もまた、年／月／日／時間単位に分解して捉えることもできる。だから時間の切り売りができ、それは自己の一体感や連続性を危うくもする（コラム8）。例えば社会の構成単位、つまり社会をどこまで分けられるかの価値観を家族に置くか、個人に置くかも、その社会の政治的、文化的、あるいは宗教的思想などによっても異なる。それらを踏まえても、**〈公・共・私・個〉がグラデーションであること**を認識しながら、その時代、その人、その場所において、「どこまではほどいてよいのか」は、このシェアの時代に重要な視点であろう。既存の価値観やパッケージを解体できる、ほどくことにある意味で抵抗がなくなっている時代であるがゆえに。構成する要素の統合のあり方、フィルタの設け方、**ここはほどかないという思考と意志こそ、わたくし、というひとかたまりの存在のかたち**なのだろう。地域の個性を成す要素やその組み合わせ、関係性をほどききってしまったとき、そこには何が残るのだろうか。

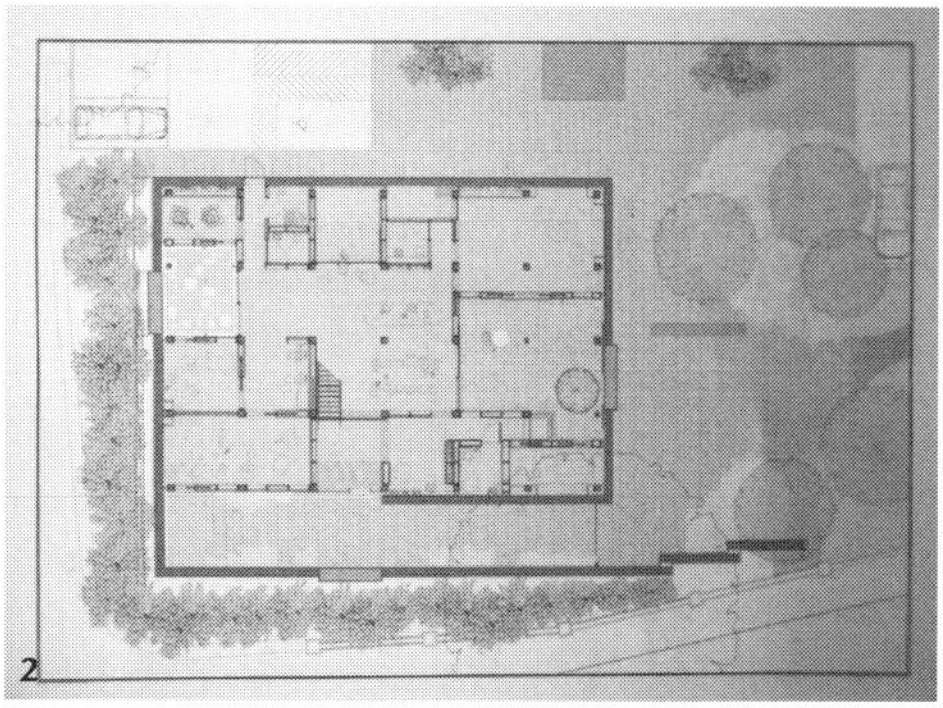

1——上部に庇がかかった中庭
2——引き戸でつながる、続き間のような構成の1階フロアに、吹き抜けが多数設けられて2階フロアが重なる
3——来訪者が自分でお茶を淹れられるキッチン。来訪者が主体性をもてる仕掛け

中庭を挟んで2棟が渡り廊下でつながる構成。半屋外の縁側

マギーズ東京

所在地：東京都江東区
設　計：阿部勤（設計総合監修）、佐藤由巳子（設計総合プロデュース）、
　コスモスモア（本館設計）、
　日建設計 勝矢武之・平井雄基（アネックス館設計）
運営者：NPO法人 maggie's tokyo
https://pjcatalog.jp/archives/1445

事例｜06

建築と庭の力が癒やし勇気づける場所

マギーズウェストロンドン

所在地：ロンドン
設　計：Richard George Rogers
運営者：NPO法人 maggie's tokyo
https://pjcatalog.jp/archives/4061

がんを宣告され、その療養のなかで環境による支援が必要と訴えたランドスケープデザイナーであり、ライターでもあったマギー・ジェンクスと、その夫で建築評論家のチャールズ・ジェンクス夫妻の発案によって設立された、不安を抱えるがん経験者や周囲の人々のための支援センター。“Everyone’s home of cancer care”をコンセプトに掲げ、がん経験者自身や家族、友人などがんに影響を受けたすべての人々の不安に寄り添い、来訪者自身がこの場所で力を得て歩み出すための環境による支援が随所になされている。マギーズ・センターは、ジェンクスの思いと、それに賛同する多くの建築家らによって広まり、各地に特徴のあるセンターがつくられていっている。

マギーズの主たる建築要件は、①温かみのあるエントランス、②自然光が入って明るい、③安全な（中）庭がある、④空間はオープンである、⑤オープンキッチンである、⑥カウンセリング用の個室がある、⑦12人が横になれるスペースがある、⑧暖炉や水槽がある、⑨ひとりで泣けるためのトイレがある、⑩建築面積は280m²程度、⑪積極的に節約をする（訳：佐藤由巳子氏）で、いずれの事例も建築の創造性が存分に発揮された特徴的な外観と魅力的なランドスケープをもち、内部は明るくも落ち着いた雰囲気で満たされている。

注…佐藤氏は、日本独自の要件として「建築は自由である」を付加している

1——鎌倉街道の旧宿場町として栄えた町田市小野路町の中心地、小野路宿通りに面した敷地である。近くには、町田市の公民権運動を記録する私設博物館や、今も町内会で活用する公会堂、観光交流の拠点として廃旅館を改修して整備された小野路宿里山交流館がある。これらのスポットが点在し、エリアの魅力と活気をつくっている
2〜4——地域住民向けの説明会やワークショップを経て改修された3棟の建物。敷地奥の竹林までが活動範囲。本棚が設置してある場所でなら、どこで借りて、どこで返してもいい「きんじょの本棚」に参加している

事例 | 07

古民家の改修で、生活文化と健康をつなぐ

メディカルヴィレッジ ヨリドコ小野路宿

所在地：東京都町田市
設　計：秋山立花
運営者：一般財団法人ひふみ会（まちだ丘の上病院）
https://pjcatalog.jp/archives/2155

　高齢者向けの療養型病院と在宅医療を提供する病院と重症心身障害児者の入所施設を運営する法人が運営するアウトリーチ活動。3棟並んだ古民家と蔵を改修し、訪問看護ステーション、健康をテーマにした食事を提供するカフェ、レクリエーションや研修などのイベントを開催できる地域に開かれた集会所、地域活動に使われる蔵、菜園、里山活動の場である竹林を複合的に運営している。

　この地域は市境にあり街路が狭隘などの地理的な条件により、医療・福祉サービスが行き届かず、高齢化や買い物難民などの問題も抱えているが、自然豊かな里山の魅力を求めて里山散策の来訪者もある。カフェ事業は地域住民の利用だけでは採算がとれないものの、土日の地域外来訪者の利用によって支えられており、カフェ事業のスタッフが管理者を兼ねてコミュニティ事業（集会所の運営）を行う。訪問看護事業は、このメディカルヴィレッジ事業全体の採算部門で、事業の屋台骨である。また、カフェやコミュニティスペースがあることで、この訪問看護ステーションで働きたいと思う人を呼び込んでいる。そしてこのメディカルヴィレッジ事業は、病院（法人）の宣伝や採用支援の効果につながっている。機能が複合し、母体となる事業への＋α事業の位置づけで運営されていることで、事業の継続性や常設性、相互補完性を担保できている運営デザインに特徴がある。

福祉でコミュニティをつくる
——「福祉型アソシエーション」とわっぱの会

加藤悠介

コミュニティが機能するには

コミュニティとは、一定の境界をもつ地域で営まれる共同生活のことである。[1] 同じ生活圏に暮らす人々の間には帰属意識や相互扶助の意識が形成されるのが一般的である。[2] しかし、自然に任せるだけでは、このコミュニティの機能は持続しない。深刻化する社会的孤立や分断の問題は、そのことを端的に示しているように思われる。自治会・町内会への加入率も低下している。誰かが手を入れ、耕さなければならない状況にある。具体的には、地域に暮らす人々が共有できる場所や機会を提供し、混じり合う環境を整える必要がある。

「アソシエーション」[1]はその役割を担う組織形態のひとつであろう。アソシエーションはしばしばコミュニティと対比される。両者は、人々のつながりにより形成される部分は同じくするものの、アソシエーションは共通の関心や明確な目的を追求するために設立された組織体であって、そのための実践が多く行われることに大きな特徴がある。それゆえ、コミュニティを基盤に派生すると同時に、それを変革する機能もあり、地域における循環的関係を構築すると言える。

それらの中でも、障害者や社会的弱者の「生きにくさ」を起点に、社会参加やオルタナティブな社会の実現を目指す組織として福祉型アソシエーションがある。現在、世界中で様々な福祉型アソシエーションが立ち上がっている。例えば、イタリアでは一九七〇年代の貧困問題の出現を背景にいくつもの福祉型アソシエーションがつくられ、一九九一年に

1 R.M. MacIver: *Community: A Sociological Study*, Macmillan & Co., 1917（中久郎、松本通晴監訳『コミュニティ』ミネルヴァ書房、一九七五）

2 広井良典『コミュニティを問いなおす——つながり・都市・日本社会の未来』筑摩書房、二〇〇九

3 田中夏子『イタリア社会的経済の地域展開』日本経済評論社、二〇〇四

は新しいサービスの提供や就労を通じた社会参加を主要な目的とした社会的協同組合の法制化に結実した。[3] スペインではリーマンショックに端を発する経済危機に対する市民の抗議運動が発展し、各地で社会的連携経済の取り組みが拡がっている。その担い手には、障害者と働く労働者協同組合などの福祉型アソシエーションも多い。[4]

日本においても、ヨーロッパほどの拡がりはないがアソシエーションは地域に着実に根ざしつつある。そのひとつの事例として名古屋市で活動する「わっぱの会」を取り上げる。福祉型アソシエーションが地域拠点という建築的道具を使い、コミュニティを耕している様子を紹介する。そして、限定された地域の試験的な実践ではあるが、そもそもおそらくコミュニティに関するすべての実践は試験的であるという視点からも、この事例を通じて福祉でコミュニティをつくる意味を考えたい。

わっぱの会の組織と事業史

福祉型アソシエーションは当事者の置かれた厳しい状況を改善するため、しばしば自然発生的な過程をたどり、組織の形は実践の中で徐々に固められていく。わっぱの会も少人数での試みから始まる。

「障害のある人もない人も共に地域で生活すること」を目指し、一九七一年に障害者一人と障害のない二人が名古屋市にある木造二階建ての住宅で共同生活を始めた。制度支援もない時代の挑戦的な試みであった。ここでは、障害のない人は同居人と呼ばれ、ケアの提供ではなく共に暮らすことを重要な役割とする。この同居人が暮らす仕組みは現在も継続されている。翌年の一九七二年には共同生活をする障害者が働くための小さな共同作業所を住居の近くに開所している。六人が働き、そのうち障害者は三人であった。以降、障害者の住居を「共同生活体」、働く場所を「共働事業所」と呼び、ふたつの柱で事業が進められた。

共働事業所としては、一九八〇年代に無添加で国産小麦を使用したパンの製造販売を始め、一九九〇年代にはリサイクル事業や農業にも参画し、事業の種類を拡大していった。

図1　社会的協同組合が連携・運営するイタリア・トリノの地区の家「サンサルヴァリオ」（小篠隆生撮影）

4　工藤律子『ルポ 雇用なしで生きる スペイン発「もうひとつの生き方」への挑戦』岩波書店、二〇一六

まず、それまでは下請け作業が中心であった障害者の就労に市場での選択肢を増やすことが目指された。また、共同生活体も地域で暮らしたい障害者の求めに応じて増やすとともに、一九九〇年代には介助者派遣の生活援助や職業訓練校などの就労援助も開始し、生活を包括的に支える仕組みづくりを始めた。二〇〇〇年以降は、障害者だけではなく社会的に排除された幅広い人々への支援事業にも取り組んでいる。

　二〇一八年には地域拠点であるソーネおおぞねが開設され、名古屋市大曽根地区における事業が本格的に展開される。二〇二一年時点において、わっぱの会全体で共同生活体を一四か所、共働事業所を一六か所運営し、そのうち大曽根駅から一キロ以内の大曽根地区にはそれぞれ六か所と九か所ある。

　当事者の要求や地域の実情に合わせて柔軟に事業展開を進めているが、それを支える二つの重要な基盤がある。ひとつは、個人の経済的自立を支えるための分配金制度である。共働事業所で得た収入を会員で均等に分配する方法である。これにより、障害のあるなしに関わらず生活を共にする対等なメンバーとしての認識が共有されている。もうひとつは、障害者と障害のない人との構成割合である。日本の福祉事業における就労は、多くの障害者を少人数の職員で支援するのが一般的である。しかし、この体制は上下関係を鮮明にしてしまう。そこで、わっぱの会では障害者や社会的弱者などハンディをもつ人の割合を全体の三、四割に留めている。二〇二一年の会員数は三一〇人で、そのうち障害者は一二〇人程度である。この構成割合は組織としての経済的活力を損なわない仕組みとしても機能している。

地域拠点と分散された複数の場所

　地域拠点のソーネおおぞねは一九七五年に建設された総住戸数四八〇の集合住宅団地の一階にある。スーパーが撤退した一〇〇〇㎡の空き店舗の改修による。もともとスーパーだった場所のため、地域の人々が立ち寄りやすい立地である。

図2　一九七〇年代に共同生活をした建物（名古屋市昭和区。わっぱの会提供）

図3　ソーネおおぞねが入る11階建ての4棟から構成される集合住宅団地（1階には店舗が併設）

ここに、カフェ（一六〇㎡）、ショップ（一四〇㎡）、貸しホール（一六三㎡）、資源買い取りセンター（一二八㎡）の四つの機能が設けられた。三六人が働き、そのうち一四人が障害者である。それぞれの空間は既存建物の広さを活かして、間仕切りが少なく連続的につながっている。そのため、地域活動でホールを使用した人が、その前後にカフェを利用するなど「ついで利用」が頻繁にみられる。[5] カフェは夜も営業しており、飲食もできる。ここでは、大曽根住宅の自治会の祭りや子供向けのイベントなども開催し、周辺地域からも大勢の参加があり、地域における認知度は飛躍的に高まっている。

一方で、資源買い取りセンターは他の三つの機能と異なる性格をもつ。外部から直接アクセスできる独立した出入り口があり、住宅団地の入居者や地域住民が資源ゴミや不要品を定期的に持ち込んでいる。その際、スタッフと一言交わす人も多い。住宅団地の別の場所で運営されているリサイクルショップでは、資源買取りセンターで十分に使用可能と選別された品物を中心に販売されている。家電や日用品、衣料品を多く揃え、新しく入居した人が必要なものを購入することも想定している。

このソーネおおぞねの開設をきっかけに、わっぱの会は大曽根地区での事業を拡大している。具体的には、駅前から延びる大曽根商店街に二つの共働事業所が二〇二一年につくられた。いずれも商店街組合の関係者が所有する空き店舗を転用しており、パンを販売する店舗とクラフトビールを製造し提供する飲食店である。飲食店では、夕方になると楽しそうな雰囲気がガラスファサードを通して商店街にも伝わってくる。一方で、集合住宅の住戸を活用して共同生活体やセーフティネット住宅を地区内に分散させ、職住が近接する環境の整備も進めている。大曽根地区には店舗や住宅など多く用途が混在しており、活用できる既存ストックも豊富にあることから様々な事業の可能性が検討されている。

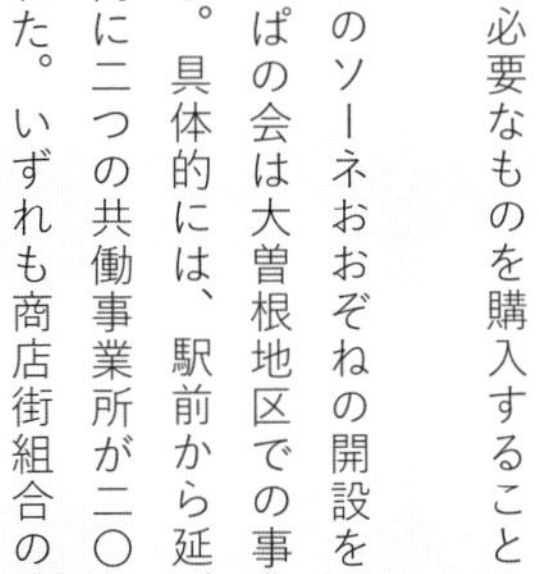

図4 ソーネおおぞねの中心にあるキッズスペースも設けられたソーネカフェ

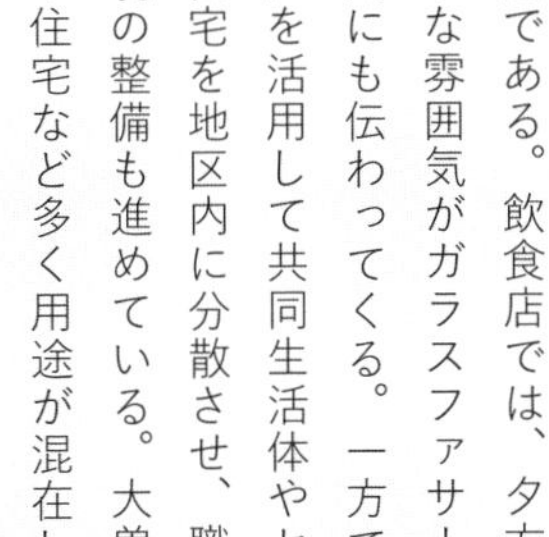

図5 ソーネしげんでは資源を持ち込むときにスタッフと自然に挨拶が交わされる

5 木下亮、小松尚「地域活動拠点「ソーネおおぞね」における活動の実態および場所選定理由に関する研究」『都市住宅学会』一一一、一一一—一一六頁、二〇二〇

地域での生活と「弱い紐帯」の形成

この事例は福祉でコミュニティをつくる条件を示唆する。まず担い手は、オープンでフレキシブルな組織体制であることが基本となる。それは将来にわたって様々な事業に挑戦できるための基盤となる。また、目指す社会の姿が頻繁に共有されるとともに、継続できる事業性も確保された組織運営が重要である。

地域拠点には、同時に様々な出来事が起こり、異なる時間帯に様々な人が訪れられるような空間が必要である。具体的には、カフェ・レストラン、貸し室、売店などが連続し、どこにいても一望できる一体的な空間構成であろう。また、生活をしていれば定期的に利用する資源回収のような窓口は、循環型社会を象徴するものでもあるが、何気ない会話を生む装置としてより注目されてもよいのかもしれない。地域拠点にとって不可欠な条件は、地域の機能的な中心に位置することである。散歩や買い物、仕事からの帰路の途中で寄り道できることは、地域拠点の価値を高めるだろう。そのような立地を考えるならば、既存の建物の転用は取るべき選択肢の一つとなる。さらに、福祉型アソシエーションに参加する障害者や社会的弱者を含めたメンバーの住居や働く場が地域内に提供されることも、組織とメンバーの地域との接点の増加に寄与する。

柔軟で発展的な組織、誰もが使いやすい地域拠点、地域内にある当事者の住居と働く場、これらの相互作用がケアのあり方に及ぼす影響を最後に考えてみたい。ケアは一対一の対面で行われ、身体接触が伴うことも多い行為であり、信頼、なじみといった強い紐帯が基本となる。施設では担当職員との間の関係性が重視されるが、弱い紐帯への意識はほとんどみられない。それは、弱い紐帯は予測可能性をはばむノイズであるからだろう。しかし、弱い紐帯こそ、現実の生活世界に多彩な刺激を与え、より豊かにする機会をもたらす。[6] 当事者が施設ではなく、地域で生活することの本質的な意味はおそらくここにある。偶然に出会う、挨拶を交わす、顔見知りになる土壌があってはじめて、相互扶助やケアのような強い関係性が生きるのである。

図6　大曽根商店街の中にあるブリューパブおおぞね

6　M.S. Granovetter: The Strength of Weak Tie, *American Journal of Sociology*, 78, 1360-1380, 1973（大岡栄美訳「弱い紐帯の強さ」、野沢慎司編・監訳『リーディングスネットワーク論』所収、勁草書房、二〇〇六、一二三―一五四頁）

5章

個にして共、共にして個

ある組織、場所、人の存在は、それを構成する要素や組み合わせ、その関係性がアイデンティティを形づくる。その境界となるフィルタを通して関係の取捨選択をしながら、つながり、ゆらぎながら存在する。あるいは、存在が自らのあり方を探して変化すること、よりよいあり方を模索してゆらぐことそのものに、場づくり、関係づくり、社会づくりの本質を見出すことができる。

〈公・共・私・個〉は時代や文化圏、会社など組織や家、人によってもそれぞれその区別は異なるが、そのグラデーションの中心には他者と共に在ることやその有り様、支え合いのあり方など「共性」がある。〈公〉と〈個〉は、その間の〈共〉によってつながり、あるいは分かたれる。〈共〉のあり方を考えることは、〈公〉と〈個〉、そしてその両者の関係を考えることでもある。

1 複数の個人のための、「共性」を有する場、そしてその器

〈公・共・私・個〉の概念を、場所の性質や他者との関係と関連づけてみる（図5－1）。図左上の〈公Public〉の場所は最も開かれているが活動内容にそれぞれの場所ごとの制限を受ける。匿名性が高く、ここでは個が個のままに集合し、相互の関係はもたない。専門性の高い図書館や基幹病院の外来では利用者相互の関係が期待できないように。逆に右下、〈個Individual〉と対応する場所が、**一人ひとりが自由に居られる場所、純粋に「滞在」の意味での居場所**である。両者の中間に位置する、Semi-publicからPrivateまでの領域が、他者と共に在ることやその関係、**「共性」を有する複数の個人が居合わせる場所**である。2章で述べた、場所や機能／サービスを媒介とし、それらの**利用という共通項**によって生み出される関係性である**〈利用縁〉の本質**は、ここで**居合わせと表現した、場所の共有にある。**〈共Common〉は、物理的な場所の意味でも、またそこにある関係性でもある「場」を指しても用いられる。

〈個〉と〈共〉、そして場の関係について、生命と場の哲学を論じた清水博氏は自己の二領域の卵モデルを提唱している。このモデルでは、自己は決して互いに混ざらない卵の黄身（局在的自己）と白身（遍在的自己…流動性のある「場」）で構成される包摂構造にある。卵の殻を割って器に入れたとき、器の形（場所）が白身（場）に反映されるが、黄身（局在的自己）には器の形は直接は関係しない[1]（図5－2）。器（場所）が形状を規定するために、白身（場）がある形をもって存在でき、白身（場）が

[1] 清水博編『場と共創』NTT出版、二〇〇〇、一四七～一五二頁（引用は清水氏著述箇所）

あるゆえに黄身（局在的な魂、場に参加する個人）も存在できる。建築的観点から補足を加えると、物理的な存在である建築的「空間Space」に、人々の関係性や活動、そこへの意味付けを含む「場Setting」が展開することで、「場所Place」を観ることができる。空間は場のあり方を規定し、場が展開することで、人が認知できる意味の空間のかたちが場所として顕在化する。場所によって場が存在でき、場によって空間が場所になる、双方向の関係がある（コラム4、5）。

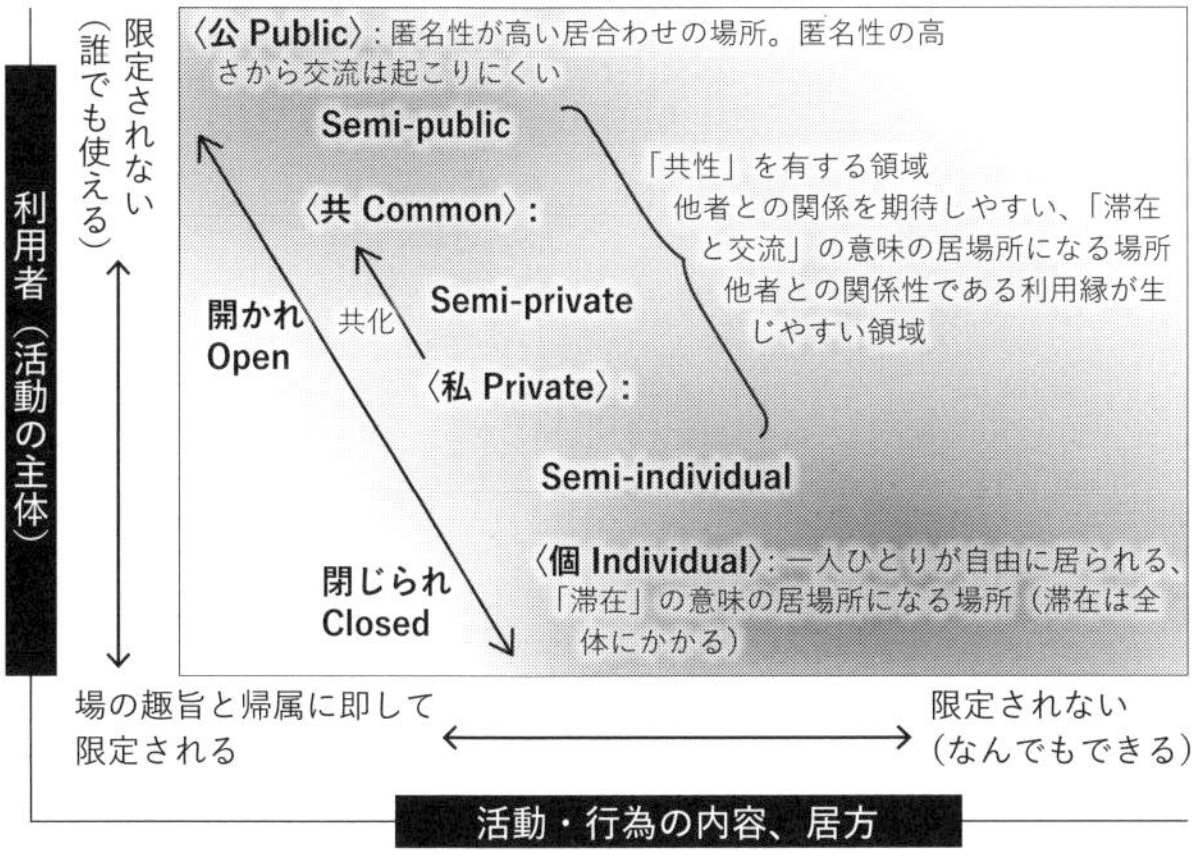

図5–1〈公・共・私・個〉と場所の関係

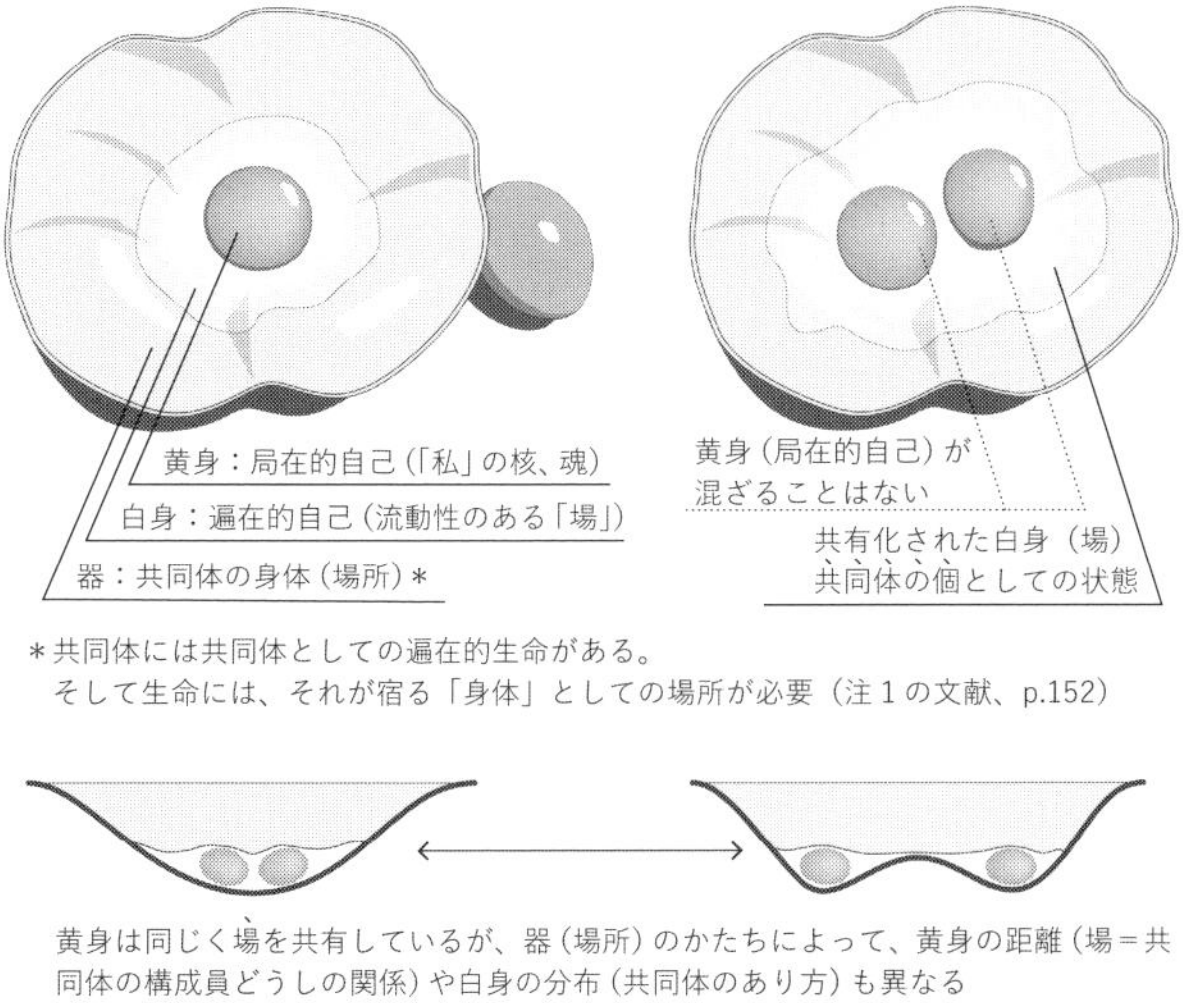

＊共同体には共同体としての遍在的生命がある。
そして生命には、それが宿る「身体」としての場所が必要（注1の文献、p.152）
黄身は同じく場を共有しているが、器（場所）のかたちによって、黄身の距離（場＝共同体の構成員どうしの関係）や白身の分布（共同体のあり方）も異なる

図5–2 自己の二領域：卵モデルのイメージ

遍在的自己の概念に関連する概念として、心理学における「拡張自我」がある。これは、自分自身が選んで（あるいは、関係のある人に選んでもらって）身につけたり身近に置く衣服やアクセサリ、筆記用具、車などに至る物品や外見など自分を表出するものを指す。家柄や学歴、職業などの社会的関係や帰属、履歴などまでをその構成要素とする場合もある。自己の内面を局在的自己として、その周囲との関係や過去の来歴、いま表出されているものまでが自己の一部であるとする拡張自我の概念を併せると、自己の二領域モデルは親和性高く理解できる。また、自己の本質そのものではなく、その周囲にまとうもの、つまりどのようなものを身につけるかまで含む拡張された自我同士が、互いの関係をつくっているという人間同士のつきあい方についても理解がしやすい。[2] 裸の自己（局在的自己／黄身）同士ではなく、わたしたちは身にまとう物品や価値観というバッファ（遍在的自己／白身）を介して関係をつくり、共同体をつくる。また、構成員の本質的部分（局在的自己）が同一であっても、その表れや、複数人であればそれらの関係性、すなわち器によって共同体はかたちを変える。

共同体は、場所を必要とする。または、「場所」は共同体を存在せしめ、そこにつくられる「場（遍在する自己であり、場を占めて遍在する個どうしの関係）」こそが共同体といえる。そして、場所は共同体を強化する。ここでの**共同体**とは、**共有される場所という共通項によって顕現するコミュニティ**――**場所を起点とする利用縁コミュニティ**であると、相互の論を関連づけることができる。

2 このことを、河合隼雄は（前掲『開かれたアイデンティティー』で、英語では一人称主語はすべて〝I（アイ）〟であるのに対して、日本語ではその場や、相手との関係性に応じて、「私／僕／俺／お父さん／先生……」と自分の一人称を選ぶことを指摘して、「日本では場の中から私が出てくる」と表現する。つまり、他者との関係性とともにつくられるその場の状況において、「私」が自ら発見され、定義される

2 適度な「閉じられ」によって守られる——フィルタード・スペース

利用縁コミュニティは、個の選択と利用の集積によって生まれるゆるやかな関係性、**結果としてのコミュニティ**である。前出の清水氏の卵モデルになぞらえれば、器（場所）[3]に複数の黄身（個人／局在的自己）を内包する白身（遍在的自己）が存在し、**その器における黄身と白身相互の作用**によってその場所と構成員に応じた関係性＝白身部分がなんらかの平衡的状態として生じる、または見出されると説明される。

ここで、関係性という部分に着目すると、ある卵が割り入れられた器にもともと別の誰かという黄身と白身が存在しているとき、既存の白身（場所と人との関係性）は器（場所）との間のクッションとなり、他者（新たに割り入れられた卵）の受け入れと、器のなかにその人が居ることの安定に寄与する。

この考え方は、コミュニティの場における主《あるじ》理論[4]において「主がその場所を訪れた人々の間を媒介している」[5]と表現された現象／関わり方と対応している。こうした、場所の主の存在、主がその場所（器）に展開している場（白身）は、その場所の設えと同様に、その場所に参加する人々を受け入れる**クッション**である。216頁でも紹介するJOCA大阪では、小学生の児童が「算数の宿題、わからない」と誰にともなくつぶやいたとき、場の主であるオフィスのスタ

3 「利用縁」の起点となる共通項は、必ずしもこの「器」の語のイメージが喚起する、閉じた場所とは限られないことを念のため書き添える。利用縁が想定する「共通項／共有される要素」は、例えば道路やオープンスペースを含む場所、施設、サービス（利用者―提供者の一対一関係に留まらない、利用者相互の関係が期待されるオンラインスペース、オンラインプラットフォームなどを含む）、等である。が、それが「持ち運び可能なモノ」ではなく、ある種の場をもつ

4 田中康裕、鈴木毅、松原茂樹、奥俊信、木多道宏「コミュニティ・カフェにおける「開かれ」に関する考察——主《あるじ》の発言の分析を通して」『日本建築学会計画系論文集』、二〇〇七、一一三～一二〇頁

5 白根良子、滋野淳治、赤井直、小松尚、鈴木毅、田中康裕「公共の場の構築（座談会）」『建築雑誌』日本建築学会、一五三三、二〇〇五、二二～二七頁より小松氏の発言

ッフが、居合わせた高齢者（現役を引退した大工さんで、「その人はそのサポートができるだろう」と見出すことも、大切な関わり）に「あの子が算数わからないって言ってるよ」と、話しかけや関わり合いのきっかけとなる声掛けをする場面がある。主が当事者と直接の関わりをつくるよりも、当事者同士に対し、主が第三者として、または利用者らがつながるきっかけやその選択肢を提供する「場のファシリテーター」としての役割を果たしている。同時にそうした場の存在は、ある種の取捨選択をなす**フィルタ**として働いてもいる。

遍在的自己（白身）は、局在的自己（魂、黄身）を内包しつつ、周囲から黄身を守り、周囲の他者やコミュニティに対して局在的自己をなじませるためのバッファの役割を果たしている。すると、その自他調整能力が弱まっている状態であるとき、自己（黄身）に対する攻撃性がない既存の場（共同体）の存在は、場所——世界との調整代として、居ることを支える居場所そのものとなりえる。例えば病気や障害、子育てや生きづらさなど同じような課題／困りごとをもつ人たちがお互いに支え合うピアサポートの場は、そうした一例である。一方、それがなじまないときもある。ひたすら個でありたいとき、必要なのは他者との関係としての場ではなく、**選択的に個のままでいられる**隠れ家としての場所だろう。

THERE(あそこ)!
HERE(ここ)
「ここ(HERE)」感が希薄で、相対的に「あそこ(THERE)」感が強い状態
=居られない、居心地が悪い
HERE!
THERE
「ここ(HERE)」感が強く、相対的に「あそこ(THERE)」が希薄な状態
=居られる、居心地がよい

図5–3 Here感が強い場所に居ることは幸福 注6の文献をもとに作成

6 前掲、渡辺武信『住まい方の実践』二四一〜二四三頁。どこにも区分がない、見渡す限り砂しか見えない茫とした砂漠は、たとえ食料と水が十分にあっても落ち着いて居られない。しかしそこに木が数本立っているオアシス、あるいはたった一つの岩があるだけでも、その傍にいると砂しか見えない場所にいるよりも落ち着く。このことから氏は、周囲の「あそこ」性there-nessに対して「ここ」性here-nessが強い場所にいることは幸福なことであり、これが住まい、あるいは建築一般の原点である、と論じている

なんであれそれが「強制」されるのであれば、どのような場所も「個が個としてまずはただ居る」ことができる場所ではない。選べることは居場所の原理原則である。選ぶという行為は、そこが他とは異なる場所だという認識があってはじめて可能になる。つまり選択された場所は、選択の主体にとって、他とは異なる場所として見出されている。それは、「ただ居る」ことができる場所として、茫漠とした「あそこ」ではない「ここ」感（here-there感）[6]が重要だとも表現される感覚である（図5―3）。個が個として居られるためには、そうした**適度な閉じられ**、守られ感が必要ないし有効である。

同様に、住宅の住み開きを行う主に、住み開きをするための空間の条件を尋ねると[7]、個人住宅という空間ならではの閉じられていることが、利用する人々にとって守られ感がある場の成立に寄与しているという。

つまり、人々にあることがら／場所の「共有」が促進されるためには、そこがある程度開かれていることが必要であり、同時にその場を利用する人が安心感をもてるためには、そこがある種の価値観によってフィルタリングされ、結果としてある程度閉じられているとよい。つまり閉じられた〈私〉や〈個〉ではなく、誰に対しても開かれる〈公〉でもない。それは、場所そのものというよりも、そこに参加する（居合わせる）人々と世界観や価値観、意味の世界を共有できることによる安心感や、共有された価値観によって強化された安定的な共同の場である[8,9]。その場所は**開かれながら、価値観をフィルタとして閉じられた場でも**

7 森千紘、村川真紀、山田あすか「多様なコミュニティ形成の拠点となる住宅利用――「住み開き」の運営実態の整理」『日本建築学会地域施設計画研究』三九、二〇二〇、九～一六頁

8 日高敏隆『動物と人間の世界認識――イリュージョンなしに世界は見えない』筑摩書房、二〇〇七、一三～一六頁。動物行動学者の日高敏隆氏は、ユクスキュルの環世界Umweltを引いて、人間を含む動物が見ている世界は、客観的なものではなく意味（主体がもつ関心）をもって認識（抽出、抽象）される極めて主観的なものである、と説明し、その「現実という幻想」をイリュージョンillusionと呼ぶ。「環境というものは、そのような非常にたくさんの世界が重なり合ったものだということになる。それぞれの動物主体は、自分たちの世界を構築しないでは生きていけないのである」（同書一三七頁）。それは哲学の分野においてフッサールら現象学派のいう間主観性（共同主観性、相互主観性とも）Intersubjektivitätの語のもとに「認識される現実」と呼応する世界の認識論であると理解できる

9 ヤーコプ・フォン・ユクスキュル、ゲオルグ・クリサート、日高敏隆、羽田節子訳『生物から見た世界』岩波書店、二〇〇五

ある、フィルタード・スペースである。4章で述べたように、フィルタによって〈私〉が定義され、またフィルタを設定することで〈私〉を開くことができ、〈公・共〉や従前の常識とは異なる使い方や利他的活動への提供ができるようになる。その意味でまさに、利用縁コミュニティの起点となる場所はそれ単体ではフィルタされた〈共Common〉空間である。

そこでは、私たちという共同体の概念はあれど「あなた」と「わたし」の境界が曖昧になることはない。「あなた」と「わたし」というそれぞれの局在的自己がおびやかされないからこそ、「私たち」の関係は境界だけが融合する遍在的自己（自身）として存在できる。開かれた場所としての〈共〉の場には、この局在的自己には踏み込まない関係性でとどまれる場所づくりが必要である。それは、「ただ居ることができる」から始まる。関係をつくるために、個が個のままで尊重され、存在できる必要がある。

3　十分に開かれた空間は、閉じられと見分けがつかないか
――選択と主体性に開かれたフードコート型サービス

個（局在的自己）を尊重しながら、フィルタリングによってつくられる〈共〉に対して、すべての人に対して開かれる〈公〉では、誰の利用も制限しない代わりに、行為の限定性によってその場の規律が保たれる。例えば4章でアンニョリ氏の語る図書館のように、一定のルール、場所のコンセプトのもとで多様な主体の利用が可能となる。

そうした多様な主体が居合わせる開かれた場所は、フィルタも閉じられもなく、人々にとって安心

できない場所なのだろうか。

何によって安心できるかも、人や状況により、地域や社会、文化によっても多様であることが、それぞれの場所の特徴や、それらに選択的に滞在する人々の行動の根幹にある。それはここまでに述べた個として居られる隠れ家の安心感と、共同体という場に迎え入れられる安心感、それに加えて、匿名の個として居ることができる安心感、あるいはそれらの組み合わせのような選択肢として存在している。

「居場所」と、そこで誰が・誰と・どのように居るかという「居方」とは、しばしば両輪で語られてきた。ハード（建物）とソフト（ケア、サービス）のパッケージとしての「施設」の解体が進み、ケアを必要とする人にとって居場所と居方の組み合わせの自由度が高まって来た様子は、さながらフードコート型の滞在／ケア提供の仕組みへの変化といえる（図5－4）[10]。

十分に多様な人々、価値観、ニーズによって構築される環境では、同じ場所に居ても、人々の目的や様態はそれぞれ異なることが自然である。これまでの変化を、寄宿舎食堂で同じ料理を一斉に食べていた状態からレストランで各自好きなものを注文できるようになったことに例える。これからのさらなる変化は、フードコートで各自が好みや気分、予算や腹具合に応じて食べたいものを選んで調

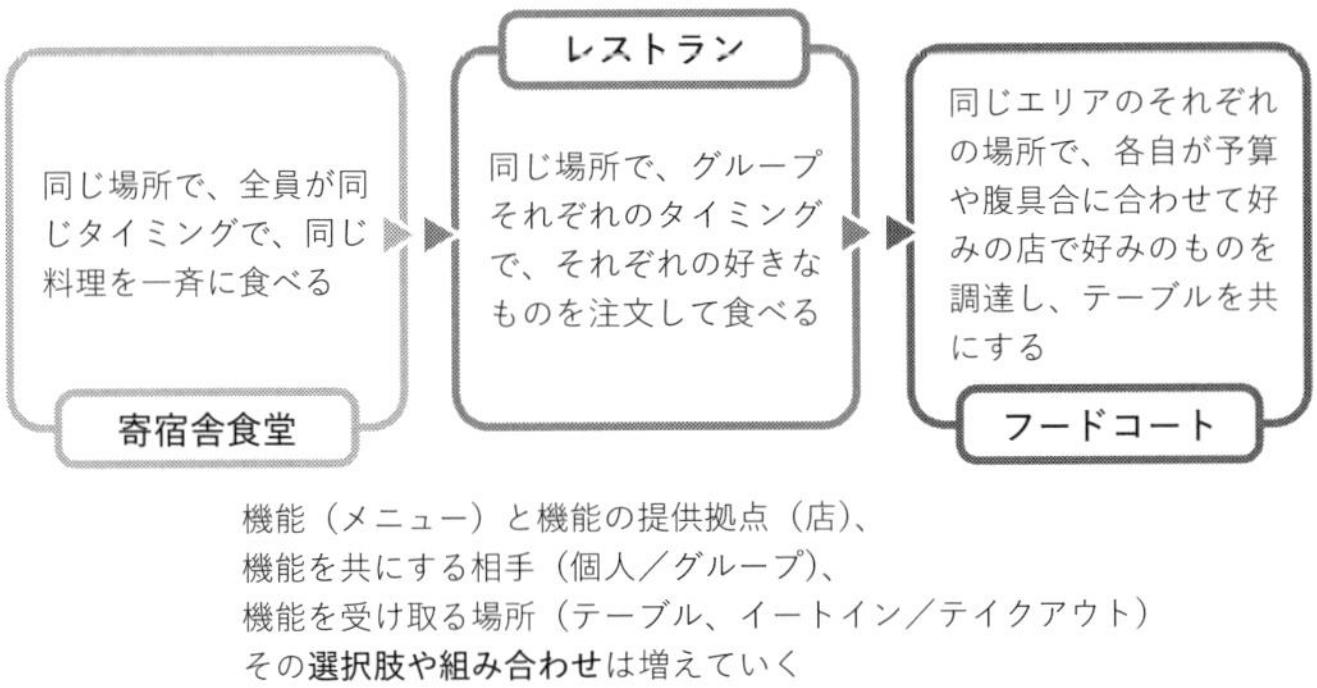
寄宿舎食堂
同じ場所で、全員が同じタイミングで、同じ料理を一斉に食べる
レストラン
同じ場所で、グループそれぞれのタイミングで、それぞれの好きなものを注文して食べる
フードコート
同じエリアのそれぞれの場所で、各自が予算や腹具合に合わせて好みの店で好みのものを調達し、テーブルを共にする
機能（メニュー）と機能の提供拠点（店）、
機能を共にする相手（個人／グループ）、
機能を受け取る場所（テーブル、イートイン／テイクアウト）
その**選択肢や組み合わせ**は増えていく

図5–4　寄宿舎食堂からフードコート型の滞在／ケア提供の仕組みへ

10　前掲、山田あすか「解体と再編の時代、「使う」がつなぐコミュニティ」

達し（あるいは、運んでもらって）、テーブルを共にする状況に例えられる。
フードコート的サービス提供は、各テーブルに属性の異なる集団や個人を迎える仕組みであるとともに、「テーブルを共にする人」には例えば子連れ家族のように食事介助を行う人や受ける人、食事を運べる人や待っている人、などの多様性を受容する。そこでは場所を選ぶ、水を汲む、食事を注文してテーブルに運ぶ、テーブルを整える、といった一連のプロセスを「利用者の主体性」に委ねることで、自由と多様性が実現される。レストランは店員が取り仕切り、客にサービスと快適性を与える空間（店の設えや運営は、客を選ぶ）、そしてフードコートは**利用者自らが快適さをつくる、利用者の空間である**（利用者はそこで自分が望む食事をできるかを判断し、その場所を選ぶ）。

その場所が主体の多様性に対して十分に開かれているとき、それらの主体は他から不要な干渉を受けない匿名の存在として、個は個、グループはグループとして、それぞれ居ることができる。そこでは滞在者にはそれぞれある部分を占めながら共有される体験としての緩やかな利用縁があるが、全体がひとつの共同体であることは求められない。その場の全体に参加しなくても一角に居ることができる、それがフードコート型の滞在の特徴である。その場所を共有しながらも、個々人が直接関わる必要はなくそれぞれが楽しむコンテンツは異なる。それでありながら、人々は同じ場所に居合わせている感覚ももち合わせる。

十分に配慮されたフードコートでは、年齢も様々なひとり客から家族連れ、グループなど多様な利用者のニーズに対応するよう、ひとり席やグループ席、つくり付けのソファから必要に応じて動かしカスタマイズできるテーブル席までが用意される。また植栽や衝立などの囲われ感をつくる什器の組み合わせなどにより、利用者はそ

11 SF作家アーサー・C・クラークによるクラークの三法則の第三法則「十分に発達した科学技術は、魔法と見分けがつかない」はよく知られている。魔法のように見えても、それは科学である、という意図で引用される

れぞれのニーズに応じてそのときどきに必要な場所を選べる。

十分に開かれた場所とはつまり、一見それを構成する個々の場所が閉じられていても、そのバリエーションと集積がそこを利用する人すべてに**それぞれの居場所を見出す選択肢を提供する**ことによって成立する。[11]

4 複合化と包括性の獲得

近年、公共施設では複数の機能が共存、あるいは混ざり合う、**複合化**が進んでいる。例えば、人口と可住地の縮退の中での子供のための地域施設（こども施設）の再編と圏域を例とすると、（従来の）異種機能はまず利用者の属性の類似性によって融合していく（図5–5[12]）。さらに、利用者の属性を超えて統合再編されていくことで、こども施設の枠組みを超えて、例えば高齢者や子供、障害者など支援が必要である（サポート資源を共有できる）ことによる機能

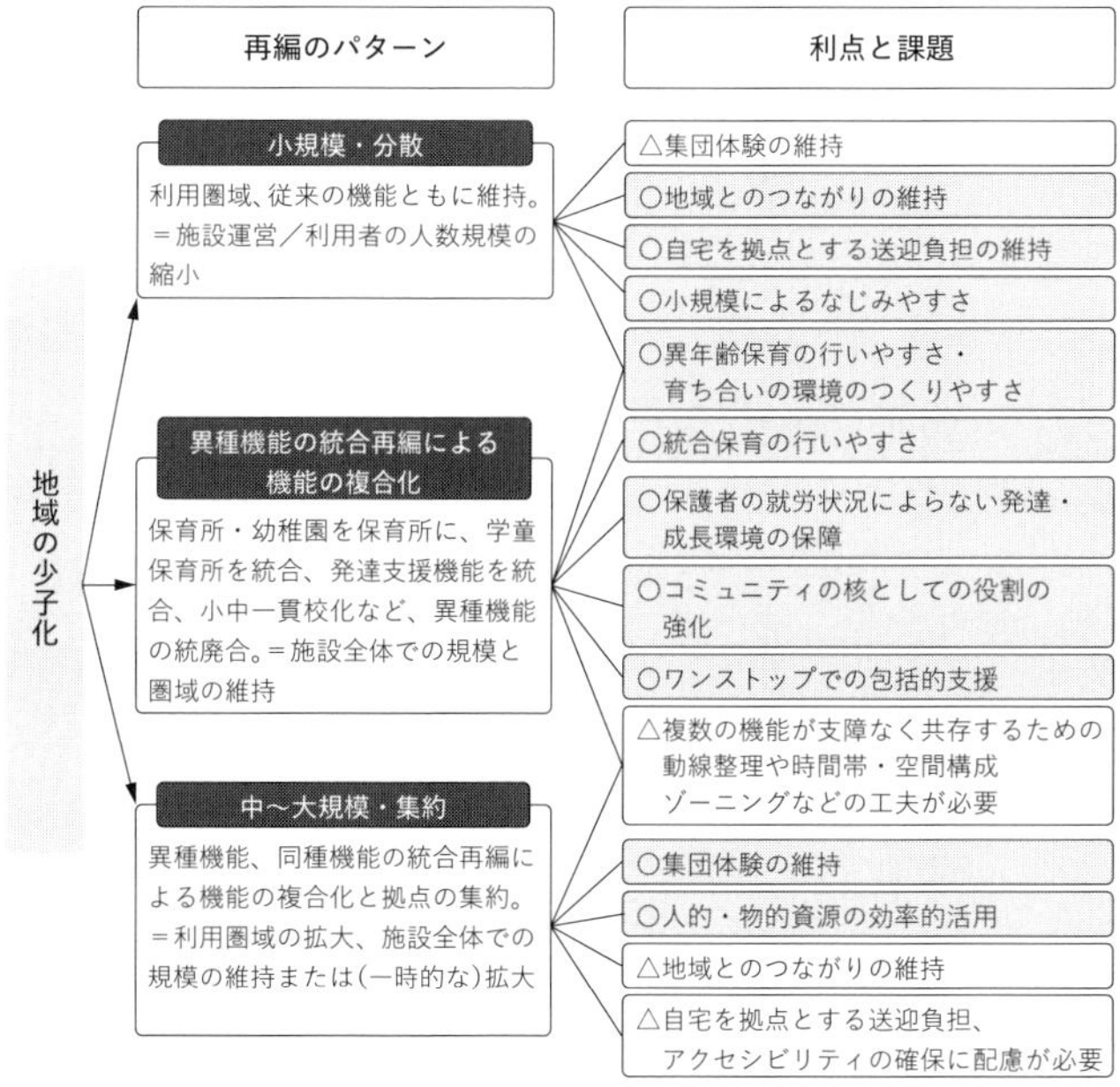

再編のパターン
利点と課題
地域の少子化
小規模・分散
利用圏域、従来の機能ともに維持。＝施設運営／利用者の人数規模の縮小
異種機能の統合再編による機能の複合化
保育所・幼稚園を保育所に、学童保育所を統合、発達支援機能を統合、小中一貫校化など、異種機能の統廃合。＝施設全体での規模と圏域の維持
中〜大規模・集約
異種機能、同種機能の統合再編による機能の複合化と拠点の集約。＝利用圏域の拡大、施設全体での規模の維持または(一時的な)拡大
△集団体験の維持
○地域とのつながりの維持
○自宅を拠点とする送迎負担の維持
○小規模によるなじみやすさ
○異年齢保育の行いやすさ・育ち合いの環境のつくりやすさ
○統合保育の行いやすさ
○保護者の就労状況によらない発達・成長環境の保障
○コミュニティの核としての役割の強化
○ワンストップでの包括的支援
△複数の機能が支障なく共存するための動線整理や時間帯・空間構成ゾーニングなどの工夫が必要
○集団体験の維持
○人的・物的資源の効率的活用
△地域とのつながりの維持
△自宅を拠点とする送迎負担、アクセシビリティの確保に配慮が必要

図5–5 縮退の中での「こども施設」の再編と圏域[12]

12 山田あすか「人口縮減社会における「こども施設」の機能と圏域の再編」『人口縮減社会のおける地域公共施設の課題「地域公共施設の圏域をどう変えるか」』日本建築学会第三四回地域施設計画研究シンポジウムパネルディスカッション、二〇一六、一七〜二〇頁

統合が起こる。いわゆる共生型ケアの拠点がこれにあたる。それに加えて、個別機能におけるニーズ密度が低い地域の場合、人口減少（ニーズ減少、利用密度の低下）に伴い、サービスの拠点を地域に残すことが困難になる。ある程度の規模がなければ、複数のケアワーカーがシフトを組む働き方で、その拠点を維持することは難しい。このため、ケアを必要とする人々がひとところに集まることでケア資源を共有することには、ケアを労働市場に載せながら維持するという意味では経済的合理性もある。さらに、そこが地域の拠点性＝人が集まるというポテンシャルをもった、利用者が福祉の必要性をも

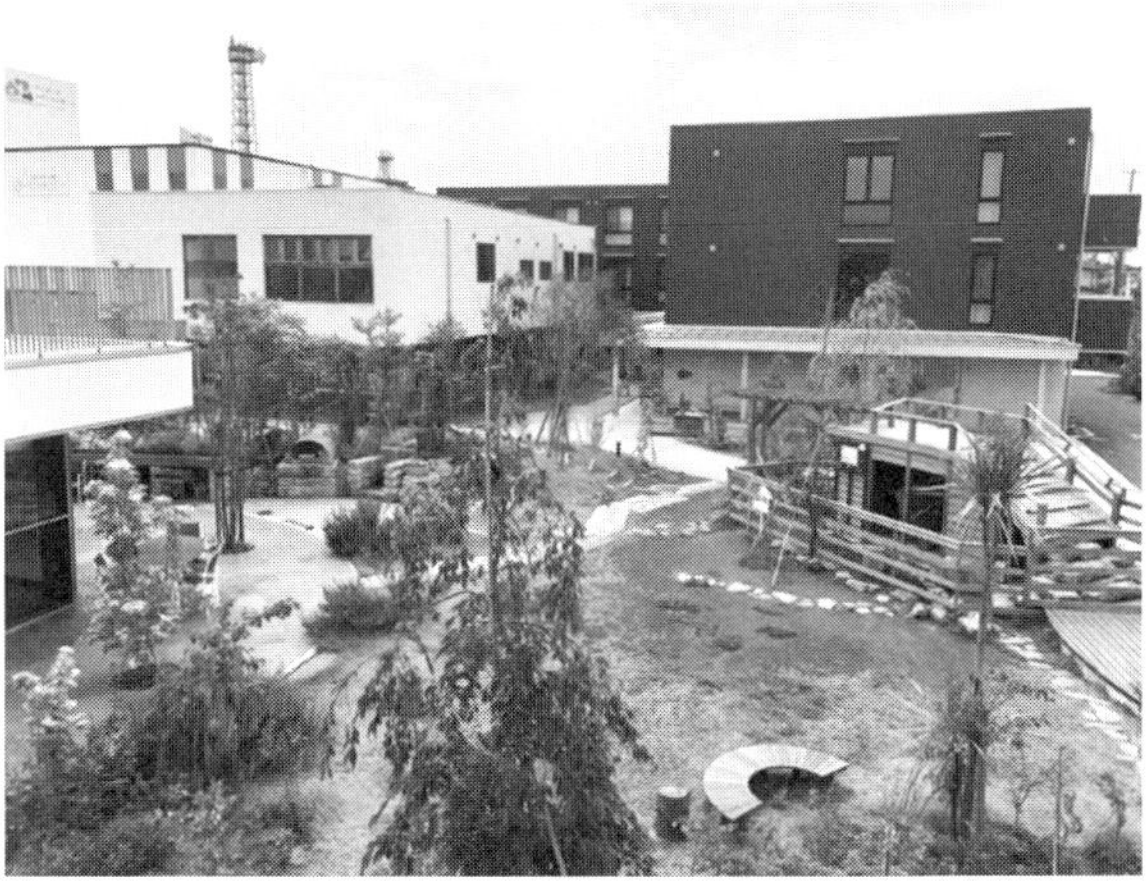

図5–6 サービス付き高齢者向け住宅を核とする複合施設「アンダンチ」。看護小規模多機能、コミュニティレストラン、保育所、就労支援事業所、コミュニティスペース、駄菓子屋が併設されている

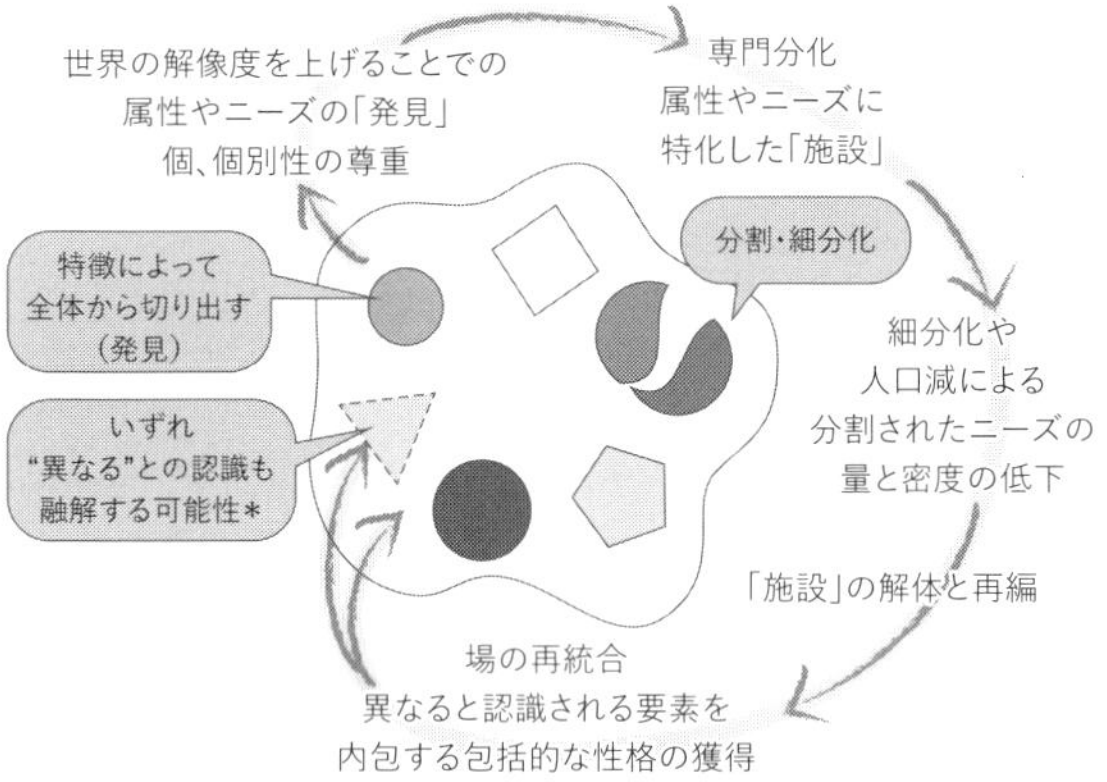

*例えば、保育園児と幼稚園児は "異なる" とされてきたが、保育所と幼稚園の統合による認定こども園化が進み定着していくことで、そもそもそのような差異を認識する根拠がなくなっていく

図5–7 場の再統合と包括的な性格の獲得

つかどうか、（狭義の）福祉の機能であるかどうかも問わない、地域の互助・共助の拠点としての「地域施設」に再統合されていく。

再統合された地域施設では、多くの事例で、複数の機能が単に同一建物に入っているというだけではなく、機能が分かちがたく融合したあり方も模索／実践されている。例えば図書館における居場所機能やコミュニティスペース機能、文化・情報交流機能、美術館機能、子育て支援機能など多くの機能との複合・融合、高齢者・子供・障害者のケア機能を複合・融合した共生型ケアの事業所など、多数の例がある（図5－6）。興味深いことに、それら複合機能を有する施設において、機能の融合が積極的に行われるのはそれでも秩序を保てる程度の規模の事例である。規模は、効率性や人口低密度地域でも施設の維持が可能になるなど、機能が融合されることの合理性にも関係する。

そもそも人口／利用者数の規模が縮小していく社会において、今まで分けていた機能や利用者群（属性）ごとにつくられてきた地域の**場の再統合**はしごく当然であり、それは一旦拡大し〈公 public〉となった施設が地域コミュニティの規模に適した場、〈共 common〉に戻っていく（図4－1の左上から右下の方向への遷移）。このとき、すでに異なるということが認識された複数の要素が内包されることになるため、これは場の「包括的な性格（包括性）の獲得」と表現できる（図5－7）。

5 共化《キョウカ》・キョウイク・キョウヨウ——ケアの場における混在とフィルタ

複合・融合の場ではしばしば、基軸となる機能が広義の福祉機能に置かれる。その一例である、福祉が国内外の観光客の呼び込みに貢献する実績も含め、政府の地方創生事業の先進モデル事例として注目される社会福祉法人佛子園理事長、雄谷良成氏は、福祉には国内の大きな資金の流れ／富の再分配の仕組みを取り込む効果もあるという。そして、ケアする人とされる人という一方通行の関係から脱却し、属性別に行われてきたケアの場を統合する「ごちゃまぜ」の環境は、それぞれの人々が自ら役割を担うことができる環境であると述べている。[13] 双方性がある自然な相互ケアの関係がある場では、計画ができない**偶発的な出会いや場面**が展開する。このような**思いがけない可能性に満ちた場**には、変化や進化の種が満ちている。

　また、利用者として関わり始めた人の役割を発展・定着させるために始めた「岩沼生涯協力隊（ＪＯＣＡ東北、[13] 142頁）」という活動は別のＪＯＣＡ施設にも広がっている。[14・15・16] この活動では、挨拶運動や情報収集、環境美化、施設整備、見守りや福祉サービスへのボランティア参加など、それぞれができることを活かしていく。年齢も関わり方も多様で、現在のメンバーは六歳から八九歳までの七〇人。家でじっとしているよりもという高齢者の参加が多く、障害者生活介護の活動の手伝いなどで施設内の様々な場所に、職員とも利用者とも見分けがつかないような自然な居方や関わり方をしている。引退した高齢者が仕事の経験を活かして貢献する場合もあり、例えば毎日のように保育所の園庭整備をしてくれ、園児らにおじいちゃんと慕われる元植木職人の高齢者がいる。これは、この施設の「利用者」が、「お客さん」としてだけではなく、経験を活かし、役割を得て自己有用感や生きがいにつながる

13 ＪＩＣＡ海外協力隊「金沢から全国へ広がるごちゃまぜ共生コミュニティ――地方創生に生かされる協力隊経験」jica.go.jp/volunteer/outline/story/23/index.html (2023.11.17閲覧)

14 「生涯協力隊」は、ＪＯＣＡ会長の雄谷良成氏の提言による。ＪＯＣＡは、ＪＩＣＡ青年海外協力隊の「世界を元気にした人は、日本も元気にできる」のスローガンに呼応し、途上国支援活動での経験やノウハウを、帰国後は日本社会に還元していこうという考えで地方創生の活動を行ってきた。この発展系として、ＪＩＣＡ青年海外協力隊での活動経験の有無を問わず、地域の人々が自らまちづくりに取り組み、役割や生きがいを得て参加者もまちも元気になるための仕組みづくりとして、「岩沼生涯協力隊」がつくられた。この生涯協力隊の活動を月に四回以上行うと、温泉に無料で入れるというインセンティブを設定している。こうした人々が保育所への、動植物の提供など子供たちが「本物」に触れるきっかけを提供してくれるなど、地域で地域の大人が子供たちの成長に貢献する文化も育っている

15 (一社)生涯活躍のまち推進協議会「青年海外協力隊から生涯協力隊へ」shougaikatsuyaku.town/blog/青年海外協力隊から生涯協力隊へ/(2023.11.17閲覧)

16 同生涯活躍のまち推進協議会「岩沼生涯協力隊って何ですか?」shougaikatsuyaku.town/blog/岩沼生涯協力隊って何ですか?/(2023.11.17閲覧)

ことに加えて、施設のホスト側に回っていく仕組みでもあり、主体的な拠点づくりやまちづくり、まちの担い手づくりの仕組みとして貢献している。

そこに「やること」があるとそこに居る理由ができ安心感、自己肯定感、滞在の安定につながることは、例えば認知症をもつ人や高齢者、障害者などの滞在と活動の場所づくりにおいて繰り返しその重要性が指摘されてきた。これは、この活動への参加を誘うキャッチコピーにも使われている「キョウヨウ・キョウイク」[17]にも通じる。自宅以外の居場所（行くところ）と役割（すること）があることで社会的存在としての自己の根源のひとつであることは多くの人々に共感されるであろう。先述のセカンド・プレイスである。

また、佛子園の各施設は、建築やグラフィックにコンセプトを反映するデザインがなされている点が特徴的である。おしゃれであることは地域の人々がそこを「福祉施設」として警戒・敬遠する気持ちを和らげ、利用者の自尊心の醸成や満足感にもつながる。こうした、福祉や社会的活動に「おしゃれさ」やデザイン性を積極的に導入する例は他にも増えている。[18]それらのデザインは場の趣旨に賛同する利用者によってその場が積極的に選ばれるための契機となるとともに、それをフィルタとしてその場所を、価値観を共有する人々にとっての〈共Common〉とする。あまりにも「なんでもあり」では場の秩序やコンセプトを守り、場のコントロールを保つことが難しくなる。これに対して、場のコンセプトに共感できる人をある意味で選別するフィルタを設けることは、ケアの場の共化《キョウカ》のためのひとつの方法である。

17 多湖輝『100歳になっても脳を元気に動かす習慣術』、日本文芸社、一一～一三頁。「今日も行くところがある」「今日も用事がある」を「キョウヨウ・キョウイク」と表現するキャッチコピーは、高齢期の生きがいづくりや積極的介護予防に関する概念である。今日では、しばしばまちづくりなどでのリタイアメント世代、アクティブシニアが自ら主体的な地域の担い手となるためのキャッチコピーとしても使われている。初出の著者である心理学者・多湖輝はこれを人生の先達に教えられたエピソードを紹介しており、これに並べて、「ボケないための生活習慣」として最も重要なのは日常性からの脱却、生活に変化があることだと述べている

18 Projects'CATA-Log「誰もが気軽に集まり、自分の役割を持って丁寧に暮らす地域の縁側――アンダンチ」pjcatalog.jp/archives/719(2023.11.17閲覧)など多数

6　個の発見と統合、そして混沌

上記、佛子園の各施設では、複数の機能の動線や使用領域、関わるスタッフを「敢えて混ぜる」空間構成や運用が意図的に選択されている。それは、ハードとソフト両面のアプローチで、利用の混在（ごちゃまぜ）を達成する、という考え方に拠る。構成員がそれぞれできることやペースが違うからこそ、そこに居る人々それぞれに役割が生まれ、居場所や居方の選択ができる。そこでは、「混沌の中では、どのような人も、どのような居方も、否定されない」という逆接的な現象が観察される。[19] 分けるから、隙間が生まれる。分けるから、居られない人や、居られない状況が生じる。主《あるじ》のフィルタによって守られた上で十分に開かれ、閉じられたと見分けがつかないがゆえに居場所を見つけられる。そこにはある種の取捨選択ともコンセプトともいえるフィルタが介在するものの、混じりあう構成要素は多様な評価軸を生み、予期せぬ価値の発見や、価値評価自体からの解放をもたらす。「みんな違ってみんないい」からさらに、「本当にみんな違えば、違いはどうでもよくなる」（図5－8）。

ジャン＝ジャック・ルソー『エミール』における「子供の発見」のように、「差異」の認識は個（他とは違うそれ）の発見と、異なる他者としての尊重の基盤である。[20] その意味で、子供のための施設、障害者のための施設、高齢者のための施設、とそれぞれの属性ごとに必要なサービスとその提供のための場所がつくられてきたことは、

19　例えばＪＯＣＡ東北（142頁）では、障害者と高齢者の共生型通所サービスがあるが、その利用者は施設内のジムなども利用できる。多様な他者との多様な居合わせや居場所とその選択肢が、利用者の精神的安定をもたらしている。職員のオフィスはフリーアドレスで、オフィススペースはあるが施設内のどこで仕事をしてもよく、施設内のフリースペースで仕事をする職員もいる。複数事業が併設されているが、事業配属先を越えて職員には連携・手助けの体制がある。例えば障害者通所事業のトイレ介助で同性介護をしたいがたまたま担当の人手がないとき、別事業のスタッフがサポートに入る。こうした事業間の関係や、動線の交錯などはいわゆる教科書的な動線設定やゾーニング、事業運営とは異なる。しかし、それら〈混沌（ごちゃまぜ）〉とそのなかでの〈選択肢と役割〉は、佛子園関連の各施設で繰り返しその意義が実感されている

時代と社会とそこにいる人々の求めに対する反応として必要なステップであった。例えば「高齢者」と一言では表せない多様なライフスタイルやライフステージ、必要なケアの種類と量、支払える居住／介護費用、地域性による可能な選択肢やニーズといった差異の発見と認識は、デイサービス、デイケア、ショートステイ、グループホーム、老人保健施設、特別養護老人ホーム、有料老人ホーム、サービス付き高齢者向け住宅の多様な高齢者施設をつくってきた。そしてそれらは、人の一生の連続性や人々の関わり合いこそがケアの本質的基盤であるというネットワーク的理解の解像度が上がるなかで、小規模多機能型居宅介護や、介護医療院といった複合的機能を

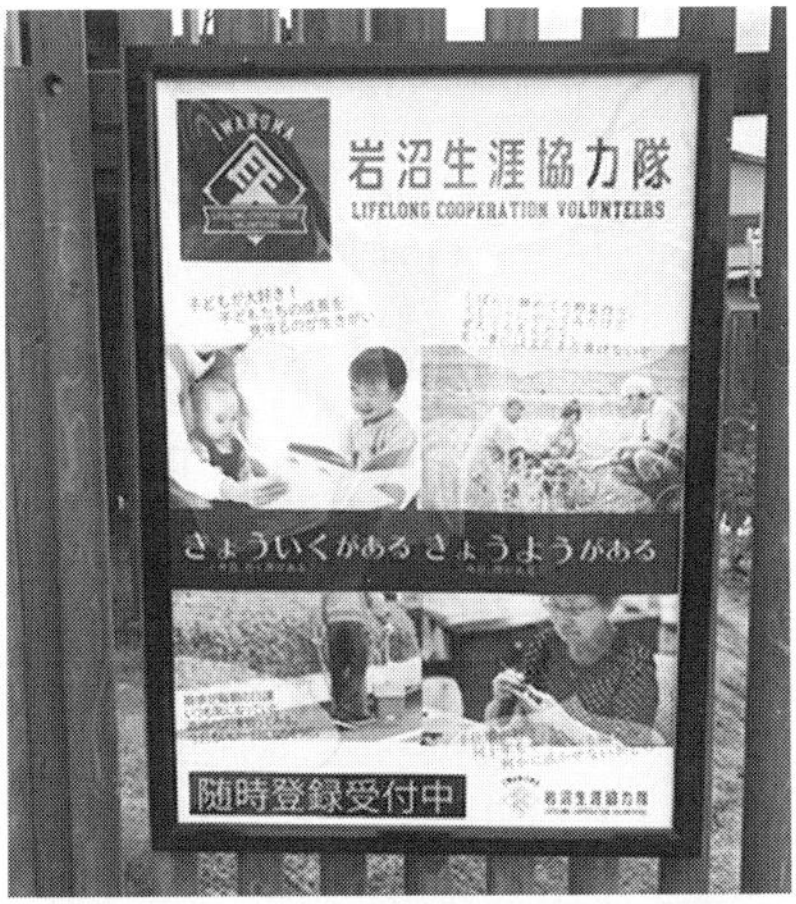

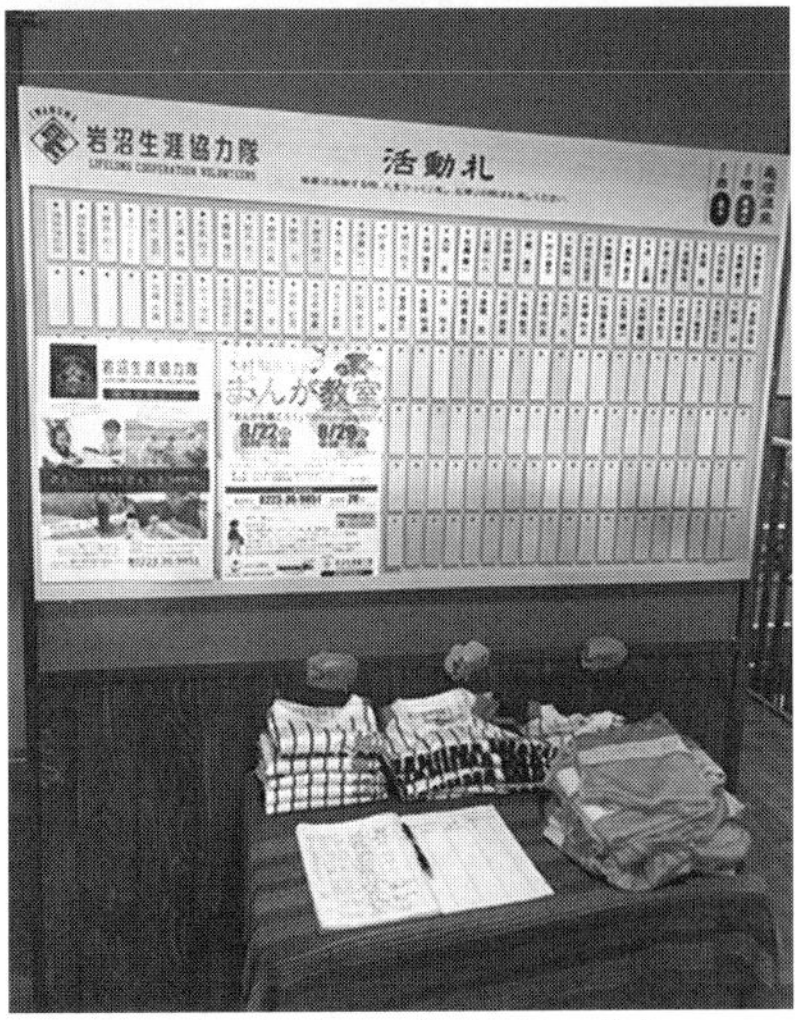

図5–8 西圓寺の地域住民の「入湯札」に代えて、ここでは拠点での活動参加者（担い手）の「活動札」が掲示されユニフォームや記録帳とともに設置されている。これは、場のコンセプトや活動の視覚化でもある。施設入り口に掲げられたポスター（上）、2階ホールに設けられた活動札板[17]とユニフォーム（下）

20 なお、『エミール』に著された理想の人間としての成長、資質の鍛錬は主人公の男児エミールに対して向けられたものである。彼の将来の妻となる女性ソフィーには、男性に魅力的と思われることが重要であり、男性に喜びをもたらし男性の役に立つ存在となることが規範として示された。ルソーは当時の「科学的思考」に基づき、女性と男性は生来、差をもって生まれついたものであると考え、女性に対しては理想の人間である男性がつくる市民社会におけるケアラーとなることを教育するべきだと主張した（前掲、小川公代『ケアの倫理とエンパワメント』六四～六五頁）。現代に述べられる多様な他者／ケアの必要性の発見や包摂も、時代が下り思想がより発展すれば、その社会においては差別的だと捉えられるかもしれない。時にバックラッシュにも遭いながら、よりよい状態を模索して、正しさは変化する

21 前掲、外山義『自宅でない在宅』

図5–9 地方創生の拠点としても期待される、福祉と健康増進機能をもつ地域分散型複合施設、輪島KABULET（石川県）

図5–10 地区の家ヴィア・バルテア（イタリア）のテーブルと椅子。すべてリサイクル品を専属アーティストが修理したりデコアレンジしたもの。地域住民からの寄付も多数。バラバラなのはお金がなかったからだと運営者らは笑って言うが、ちょっとしたデザインを施し組み合わせを整えることでそれぞれの違いがそのまま全体としての魅力になるよう心地よく調和させている

持つ新たな枠組みに再編されてきた。それらは既存サービスの統合的組み合わせでもあり、他の既存サービスとの差別化でもある。変化する社会の中で、必要なケアが異なるという社会の構成員とその状況の**「差異の発見」によるサービスの創出と、つくられた複数のサービスの統合再編という変化**は連綿と続いている。

　高齢者施設の計画史では、個室がつくられることでむしろ共有空間に人々が滞在するようになり入居者相互の関係性が生まれた[21]という、外山義の報告がターニングポイントとなった。すべてをシェアすることが前提の生活環境では、その息苦しさが意識されて関係は生まれない。個として居られることが保障されて初めて、他者との関係を選べるようになる。また、戦後の個人や最小社会集団としての家族を重視した住宅と住宅地の計画ではたびたび、揺り戻しとして〈共Common〉の重要性が再認識される。今日注目される、オープンオフィスや住み開き、シェアハウス、シェアリングエコノミー等々、〈私Private／個Individual〉の発見、その保障と充実は、再び〈共〉と「統合」に向かっている。〈個〉が認識されてこそ、個の集合と、〈共〉という関係性が必要だと理解される。統合先としての自宅Homeの再発見を踏まえた、在宅ケアや地域包括ケアへの移行もまた、同じ軸線に位置づけられる。

上述のように、複雑系としての世界はその一部を切り出したり分解することでは、本当には理解できないのであろう。しかし、人が世界を認識し理解するためには部分を取り出すことや、抽象化して解像度をコントロールする操作——分けること——が必要である。そして、部分を取り出し、分けて、理解したあとには再びの統合、複雑系への回帰が必要となる。要素の差異や、個が見出されるからこそ、包括という概念は意義深く認識される。**人々のQOLと社会の持続性**を高めるため、できることならそれに終わりがないように、社会では分解／解体と再編、**個の発見と包括**が繰り返されている。

1——園庭には築山や立体遊具、関わりを誘発する遊具がある。障害児も積極的に受け入れ、インクルーシブな保育を行う

2——左から、玄関への廊下(そこに面して共生型デイ)、児童発達支援、右奥に子育て支援、右にオフィス、手前に1階ホールが連続する

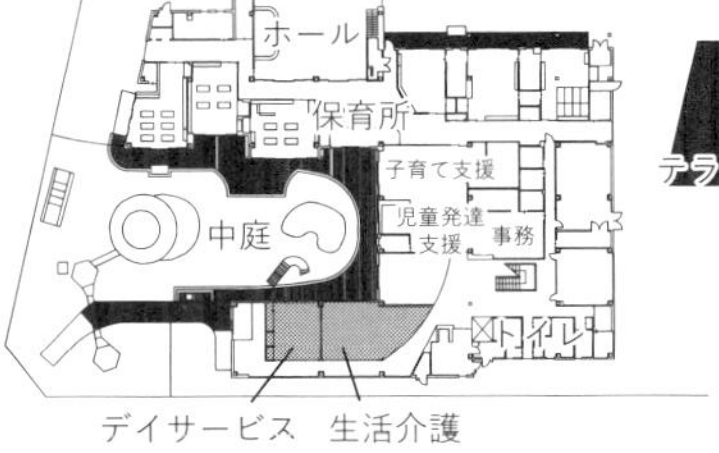

1階

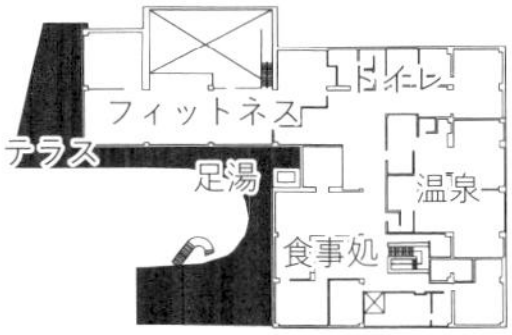

2階

事例｜08

まちに開かれた多機能型福祉施設

JOCA《ジョカ》東北

所在地：宮城県岩沼市
設　計：株式会社 五井建築研究所、株式会社kyma
運営者：JOCA 公益社団法人 青年海外協力協会*1
https://pjcatalog.jp/archives/2240

岩沼市は、仙台空港の一部を擁し、仙台へのアクセスもよいため仙台市内で働く人も多く住む地域だ。東日本大震災で被害を受け、JOCAは発災直後から集団移転先での各種相談や支援、コミュニティの再形成の支援に携わっていた。こうした震災復興の取り組みを地域振興に発展させるために計画された岩沼版「生涯活躍のまち」拠点施設が、JOCA東北である。スタッフは、「ここは福祉の事業所だが、地域住民の憩いの場所にも仕立てていく」というコンセプトを共有し、各事業を連携させている。

敷地はJR岩沼駅から徒歩5分の、市営住宅跡地である。敷地面積3,980㎡、延床面積2,730㎡、鉄骨造2階と、JOCA施設の中では最も規模が大きい。保育所の園庭を囲むコの字型の建物に、保育所、障害者の就労継続支援と生活介護・高齢者デイサービス（共生型）、児童発達支援、子育て支援の福祉事業、地域に開かれた入浴施設、フィットネス、飲食店を併設して、年齢や障害の有無や国籍によらない“ごちゃまぜ*2”の場をつくっている。

計画コンセプトは「わけへだて」がないこと。各機能の活動拠点となる場所を確保しつつ、玄関、動線やホールなどの複数の機能が空間を共有し、視線がいき交う。保育所園庭は建物全体で見ると線路側に開けた中庭にあ

*1：JOCA（ジョカ）…JICA青年海外協力隊のOBOGを中心に構成される組織。開発途上国でのボランティア活動で培った精神や経験を活かし、地方公共団体等と協働し、地方創生を目的とする様々な分野を巻き込む総合的な新しいまちづくり事業などの社会還元活動を国内外で行っている

1

1——障害者就労支援事業所でもあるウェルネス(健康増進)フィットネス。幅広い年代に利用されている。写真右側の吹き抜け下部が保育所のホールで、子供たちが階段で行き来している
2——連携する事業の製品や野菜等が並べられた2階ホール。賑やかさが出るとともに、観光で立ち寄る来訪者の呼びこみや買い物支援の役割もある

たり、この庭に共生型デイサービスの部屋が面し、日常的な視線のやりとりや自然な交流を生んでいる。玄関から2階へのアプローチにあたる廊下は共生型デイサービスに面しており、室の建具も普段から開放されているため、2階の入浴施設やレストランを使う人々は共生型デイの活動を目にする。また、保育所の2層吹き抜けのホールはその上部にあるフィットネスのスペースにつながり、フィットネスの利用者と子供たちの関係が日常的に発生する。各事業の利用者の間で、年齢や障害の有無によらないごく自然な挨拶や会話、ゆるやかな居合わせや相互の関係が生まれている。

諸室配置や、福祉事業の利用者らの活動場所が不特定多数の利用者の動線や視線に対して開かれた空間構成は従来型の複合施設にはなく特徴的で、JOCA東北の建築と場づくりの思想がよく現れた光景だ。日常と有事、そして各機能の利用者らがつながるこの建築空間は、これから目指す共生型社会の理想像として象徴的である。

また、地域住民のボランティアを募り、専門的な職能や経歴、個人の興味関心を活かした生きがいにつなげる「生涯協力隊」の仕組みは、「立場」のごちゃまぜも生み出している。場所、参加者、役割、それらの［混沌（ごちゃまぜ）］とそのなかでの［選択肢と役割］は、「混沌のなかでは、どのような人も、どのような居方も、否定されない」という場の価値に結びついている。誰もが分け隔てなく滞在でき、それぞれの居場所や役割を見つけることができる屋内型の小さな「まち」としての施設、JOCA東北は、生涯活躍のまちの拠点施設であり、そこに関わる人々が日々を共有する共生の空間である。

＊2：社会福祉法人佛子園（本部：石川県白山市）とその理事長である雄谷良成氏が提唱する、「老若男女、障害の有無や国籍・出身の国や地域によらず、すべての人が分け隔てなくお互いに助け合い、役割を見出しながら暮らす」ことを表すことば。インクルーシブ（包摂）とノーマライゼーションをあわせた共生の場のあり方をコンセプチュアルに表現するキャッチフレーズとして、佛子園とJOCAで共通して使われている。障害者、高齢者、子供、外国人など多様な支援事業を組み合わせて地域の活性につなげる点も特徴。

1

2

column 5

環世界論と社会的動物としての人間，相互浸透理論（その2）

環世界論を受けて、動物行動学者である日高敏隆は「客観的」な全体としての世界から抽出、抽象された主観的な「見えている世界」を「イリュージョン」と呼ぶ。[1] また、リチャード・ドーキンスの「ミーム[2]（他の個体（の脳）に伝搬・複製可能である、社会的・文化的な情報）」の概念について、それは内的世界を持つ人間が「生きる」意味ともなると説明する。そして、人間の特性であるミーム＝文化的自己複製子を残したいという望みが人間の文化を育んできたのだと述べ、ミームというイリュージョンは人間の願望である死後の生命や輪廻といった価値観の現代的表現であり、そのイリュージョンを持つがゆえに人間は自分の生きる意味を認識し、どう生きるべきかの指針を得られるのだ、という。それはまさにある種の宗教であり、内的世界の自己言及行動に他ならない。人類学者であるティム・インゴルド氏は、そも人間は社会的存在かつ生物学的な個体であり、身体をもち生命活動をする生き物として自らや社会をつくる生物社会的な存在《バイオ・ソーシャル・ビーイングス》であると説明する。[3] 人間は遺伝子と社会がつくるのではなく、その一体不可分な関係が人間存在である。

世界との相関に関連する理論に、環境行動学の分野では相互浸透理論《トランザクショナリズム》（高橋鷹志訳）と呼ばれる理論概念がある。相互浸透理論は、主唱者のひとりであるシーモア・ワップナーによればperson-in-environmentと表現され（一九八七）、人間と環境を対立的・独立的なものとみるのではなく、**両者の関係性を一体的な分析単位とする**。また、スーザン・セーゲルトはトランザクショナリズムからのアプローチの特性を以下の五点にまとめている。[4] ①person-in-environmentが分析の単位であること、②統一体の様相のひとつとして人間と環境とは相互を定義し、変容させること、③常に安定と変化が共存していること、④変化の方向はあらかじめ決定されているものではなく創発的であること、⑤変化が次の変化に影響し新しい人間ー環境構成を創り出すこと。

1 日高敏隆『動物と人間の世界認識』筑摩書房、2003／*2* リチャード・ドーキンス著、日高敏隆訳『利己的な遺伝子』紀伊國屋書店、1991／*3* ティム・インゴルド著、奥野克巳他訳『人類学とはなにか』亜紀書房、2020、115-116頁／*4* 日本建築学会編『人間-環境系のデザイン』彰国社、1997、16-17頁、高橋鷹志執筆箇所

6章

「弱さ」と「ケア」からはじまる

二四時間戦えますかと声高に歌われた時代、強くあることが絶対的な価値観であり、自身や子、親のケアをパートナーに任せてモーレツに働く心身壮健な壮年男性が社会の基準になっていた時代。逆に、そうでない人間がお荷物とされた時代、正しいケアのあり方として特殊学級[1]が置かれた時代。それから数十年のうちに社会の価値観は変化しつつある。前線で「戦う」者たちを支えていた人々や、今もそこにある搾取的社会構造に目が向けられるようになった。心身壮健な壮年男性も、運が良ければ年をとり、介護を必要とするようになる。働くこと、稼ぐこと（経済的生産）に関する強さは、ひととき、ある一面での価値観に過ぎない。それは永続もしなければ、唯一絶対の正義でもない。人はそれぞれに、その時々に応じたサポート／ケアが必要であり、それらをシェアしながら社会がつくられていると、改めて認識されるように「なった」――と、過去形で言える日が近づいていることを信じる。

1 そこに居る人が変わる、けれど

ここまで述べた、福祉（ケア）が複合的な機能をもたない地域の居場所やCommonの核となる事例が増えたこと、それに注目が集まる背景には、そこに居る人から見た「地域」そのものの変化、とりわけ地域密着人口の内訳の変化がある。地域密着人口とは、自分が住まう地域で過ごす時間が長いとされる、一五歳未満の年少人口と、六五歳以上の老年人口を指す。かつて拡大の時代、年少人口が多く老年人口が少ないニュータウンでは小学校を「地域コミュニティの核」と位置づけて整備された[2]。このとき地域密着人口の大半を占めたのは年少人口であったが、二〇〇〇年を境に老年人口が年少人口を上回り[3]、共働き世帯率の増加も相まって、「地域」に居る人々の姿が実質的に変わっている。

一方、二〇二〇年早春からのCOVID−19の影響を受けたリモートワークやオンライン授業の普及は、地域・年代・職種等によって異なるものの、長距離長時間の移動を伴う出勤・通学の必要性が低減する将来を垣間見せた。そして同時に、保育所や学校、デイサービス等の休校・休業によるステイホームの時期には、どれだけオ

1 文部科学省初等中等教育局特別支援教育課「今後の特別支援教育の在り方について（最終報告）第一章特殊教育から特別支援教育へ」二〇〇八、mext.go.jp/b_menu/shingi/chousa/shotou/054/shiryo/attach/1361225.htm（2023.11.17閲覧）。二〇〇六年六月の学校教育法改止を受けて、二〇〇七年四月から特殊学級は「特別支援学級」に、盲・聾・養護学校は「特別支援学校」と変更された。従前の特殊教育は「障害の種類や程度に対応して教育の場を整備」し、特に教育を受ける機会に大きな困難をもつ「障害の重い、あるいは障害の重複している児童生徒の教育に軸足を置いて条件整備」をしてきた。障害の重度化、重複化、また発達障害への認知が進んだことなどを受け、必ずしも障害の種別によらず、児童一人ひとりの教育的ニーズに応じて教育を受ける機会が保障されるよう、「特殊教育」を継承・発展させるものとして「特別支援教育」へ制度改正が行われた

2 佐々木宏『コミュニティ計画の系譜』鹿島出版会、一九七九。ラドバーンのマスタープラン（一九二八）では「近隣住区」が小学校単位で構成され、これは古典的な田園都市計画との最も大きな差異（計画技法における発展的なポイント）かつ現代（当時）のコミュニティ計画理論で唯一実現可能で有効な理論だと説明されている（一〇四〜一一一頁、一〇七〜一〇九頁）。なお、近隣住区の最初の提唱者とされるC・A・ペリーのモデルでは中心部にはコミュニティ・センターと三つの教会が置かれ、規模が小学校単位で半径四分の一マイル。C・S・スタインの近隣住区モデ

ンラインの技術が進んでも、**「生体ケア」の場と手が必要である現実**が突きつけられた。オンライン保育やオンライン講義が提供されたとはいえ、子らをタブレットやPCの前に座らせて保護者が家を離れられるわけがない。エアロバイクとタブレットを要介護高齢者のいる家に置いて画面の向こうから声をかけたところで、通所リハビリテーションの代わりにはならない。むしろひとりでそのような運動をさせることは危険だろう。排泄や食事など身の回りの細々した世話、活動に必要な環境を整えること、見守ること、必要なタイミングでのフォローや声かけ、その場を共有し居合わせて必要に応じてケアを提供できる状況をつくることが「ケア」の根幹なのだと、その時期に保護責任の立場にあった者はみな実感しただろう。「受講」や「リハビリ」といった「主たる機能」として設定される活動の基盤として、**ケアできる誰かと共に居ること**、そして**生体がケアされる環境／状況が必要**なのである。オンライン技術で時間と場所の制約から自由になったようでいて、改めて我々には「身体」があり、身体のケアを行う物理的な場所と人的な手当てが必要不可欠なのだと思い知らされた。

　このことは、かつてそうであったように「**住まい**」、**すなわち生体ケアの基盤となる場所**を中心に人の暮らしのあり方を考えることに立ち帰る蓋然性も示唆する。学校や仕事で平日の日中には地域に居なかった人々が緊急事態宣言の時期だけは「地域密着人口」として地域に戻ってきたのだ。

　住まい選びでは一般的に、就労／就学の場が起点となる。だから平日日中には「地域」を不在にする。人々はまず所属組織を決め、そこに通うことができる範囲に住まいを構える。主たる家計支持者の住まい選びや、実家を離れて就学する学生の寮・下宿先選びなどがその例である。一方で、ケアを提供される者、例えば子供や障害のある人、高齢者などは、ケアを提供する者の居るところに自らの

ルは半径二分の一マイルで、中心部に学校と商店が置かれた。また、T・アダムスのモデルでは、公館と商業施設が中心に置かれた

3 広井良典『コミュニティを問いなおす――つながり・都市・日本社会の未来』筑摩書房、二〇〇九、一九頁

居住場所を重ねる必要がある。生活集団の中にケアを必要とする者が居る場合、あるいは必要なケアの総量が多くその分担が難しい場合、生活集団の中で主にケアを提供する者[4]にとっての居住場所や社会的所属先はしばしば、主たる家計支持者とケアを必要とする者の都合で決まる。[5] リモートワークの普及は、このような住まい選びのあり方を変えうるのだという投げかけとなった。まちづくりにおいても、商業など仕事の場を中心とする構造から住まいを中心とするものへの変化やその価値を改めて考える契機でもある。**人間が人間の身体をもつ限りは、生体ケアの場と手の必要性から自由になることはできない。**セルフケア[6]を含めて、ケアの場と手があることこそが善く在る《ウェルビーイング》ことであり、自由であるから。

つまり住まいを中心とする地域とは、ケアを必要とする人々と、その人々をケアする人々が居るところである。そして、住まいを中心にまちや生活を考えることは、社会的再生産やケアを中心とした社会構造へといまの社会を編み直していくことでもある。

4 歴史的にはその多くが女性であったが、生活集団の中で、特に主たる家計支持者に対して立場が弱い者であるといえる。ヤングケアラーの問題も同様に理解される。弱い者がより弱い者をケアする役目を担わされる構造である

5 旧来のジェンダーバイアスそのままの記号的な表現とするならば、主たる家計支持者である「夫」の仕事の都合と、「子供」の教育の都合で居住場所を決めた家庭の「妻」の居住場所や、家庭内ケアを優先しながらの就労先についての選択肢を想像されたい

6 「セルフケア」には、時間や精神の余裕や、生活に関する技術が必要である。「ケア」が技術や精神の力を伴う、ある場合には困難で価値ある者であるという認識が必ずしも共有されていないことがあり、それゆえにこそセルフケアが軽んじられたり、その技術の獲得や価値の内面化の機会に恵まれない場合がある

2 ケアをキーワードとする社会

仕事の場や住まい、まちに至るまで、これからの社会におけるキーワードのひとつに、「ケア」を据えることができる。一見、ケアとは関係が薄いと思われがちな、仕事を中心としたまちや建物であ

っても、今後ますます心身や社会的関係の健康《ウエルネス》をサポートするケア要素や、要素間のバランスの支援が必要となる。実際にメンタルヘルスや人間関係のケア、ワークライフバランスに寄与する場所や環境づくり、サービスが注目されている。仕事満足度や職場への愛着を高めたり、ストレスや離職率の低減などを期待してカフェスペースやリラクゼーションスペース、ジムなどを設ける職場も珍しくない（図6－1）。それ以前に、学校であれ職場であれ、それなりの数の人が集まって過ごす場所には「保健室＝ケアのしくみと場所」はそもそも欠かせない。

住まいや住まいを中心とした地域はもとより社会的再生産やケアと親和性が高く、ケアがあることはそこに居ることの理由にもなる。地域に医療や介護、教育、保育があるからと住まいを選ぶことはその一例であるし、それらがないことは地域を離れる理由にもなる。たとえ離れたくなくとも、ケアを必要とする人は、ケアがないところに居ることができないのだ。ケアサービスは、利用縁もつくる。地域に暮らすことを、そしてコミュニティを支える核として、医療福祉や教育、文化、交流を含む広義の福祉の場を据える必要がある。それらは人々を滞留させる仕掛けとなり、地域に常設の場所がつくられていく原動力となる。そして**常設の場所**があることは、居場所の要素である常時性《イツデモ》の大きな支えとなる。

広井良典氏は、人間はケアする対象と、自身がケアされることを求める「ケアする動物」であるとし、「ケア」が超高齢化社会（プラス経済の構造的な低成長）の時代のキーワードであり、重要な導きの糸であると述べている。[7] また哲学的観点での「ケア」論として、ハイデガーの『存在と時間』を引き、「気遣い（独 sorge。英語ではケア）によってこそ世界は価値を与えられ、意味をもつ」と説明している（コラム1）。そして、人間と他者

7　広井良典『ケアを問いなおす――深層の時間と高齢化社会』筑摩書房、一九九七、一三、三二、三六～三七頁。ここでは、「ケア」は、①狭くは介護や看護、②中間的な意味では世話、③広くは配慮や関心、気遣い、という広範な意味をもつと整理されている（八頁）

保育のサービスとスペースがある子連れコワーキングフロアと、コワーキングフロアの休憩スペース（RYOZANPARK大塚・こそだてビレッジ、東京都）

病院のスタッフスペースも、リラックスできることや気軽な相談のしやすさを重視してつくられるようになっている（左：おうちに帰ろう。病院、東京都。右：伊勢赤十字病院、三重県）

左：特別養護老人ホームと高齢者専用住宅に隣接する民家を改修して設けられたスタッフ用のジムスペース。立派な庭を見ながら運動ができる（社会福祉法人 山陵会、鹿児島県）。右：フリーアドレスを採り入れたオフィスでの屋外執務スペース（東京都、コクヨ旧オフィス）

図6–1 働く場所に織り込まれた様々なケアの空間

との関係性について、「個体」がまずあって、次に「社会性」が生まれるのではなく、「個体」という認識、つまり「私が私である」こと自体が、社会性あるいは他者との関係性のなかで生まれる、と述べている。これに対して3章で述べた東畑氏は、**ケアとは依存であり、本能である**として、誰かをケアする／助けることが自分の助けになり、それによって「居る」ことができるようになると[8・9]繰り返し述べ、デイケアという関係性をもった集団（コミュニティ）が存在するためにケアが生じていたのではないか、という主体が反転する関係にも言及している。[8]

この、コミュニティ（社会的関係性）を存在せしめるためにケアが生じるという指摘は、高齢者や障害者に対するケアの話題に留まらない。北イタリアで移民など社会的貧困者へのケア活動の母体であるサン・ベネデット・アルポルト・コミュニティ協会では、「固定的なテリトリーの中にコミュニティをつくるのではなく、コミュニティが『人間関係が強化され、検証される領域 territorio』をつくる。そのコミュニティ・テリトリーの中で、対象者は統合と関係性の発展を体験できる、という活動思想をもっている。[10]これは、城壁都市を中心とする都市国家であるイタリアでイメージされる「固定的なテリトリー（物理的に閉じられた領域、地縁的・地勢的な範囲）」ありきではなく、（ケアの）関係性によるコミュニティがテリトリー（人間関係が成り立つ範囲）をつくり、その中で対象者本人への統合的なケアが成立する、と解釈できる。ケアを成立させるために、ケアの関係性によるコミュニティや人間関係づくりを行う必要がある、との気付きは、まちの人を巻き込んだ関係づくり、まちづくり活動に展開していっている（4章22）。

8 前掲、東畑開人『居るのはつらいよ』一〇五、二二〇頁。「彼らは互いにケアしあっている。ケアをしあうために、デイケアにやってくる。（略）ケアしあえるようになると、デイケアにいられるようになる」（二〇四頁）。「人の役に立っていることで自己イメージが良くなること。そして、そうすることで集団のなかでの自分の居場所ができる（略）。自分がケアされるだけの存在ではなく、ケアする存在でもあることで、人はその場にいられるようになる」（二〇五頁）

9 セルフ・ヘルプ・グループ（ピアサポート）の手法を広めたフランク・リースマンは、援助者療法原理（ヘルパー・セラピー原則）において「援助をする人がもっとも援助を受ける」と説明する。その効果は、依存性の軽減、自分の問題の客観視、社会的有用感、にあるとされる

10 sanbenedetto.org（2023.11.17閲覧）

ここまでを整理すると図6－2のように図示できる。ケアという目的のために利用できる手段としてコミュニティがあるのではなく、ケアがあるからコミュニティが形成・維持でき、あるいは結果として生じ（①②③⑩）、コミュニティはケアを必要とし（④⑤⑪）、コミュニティは他者との関係性を通

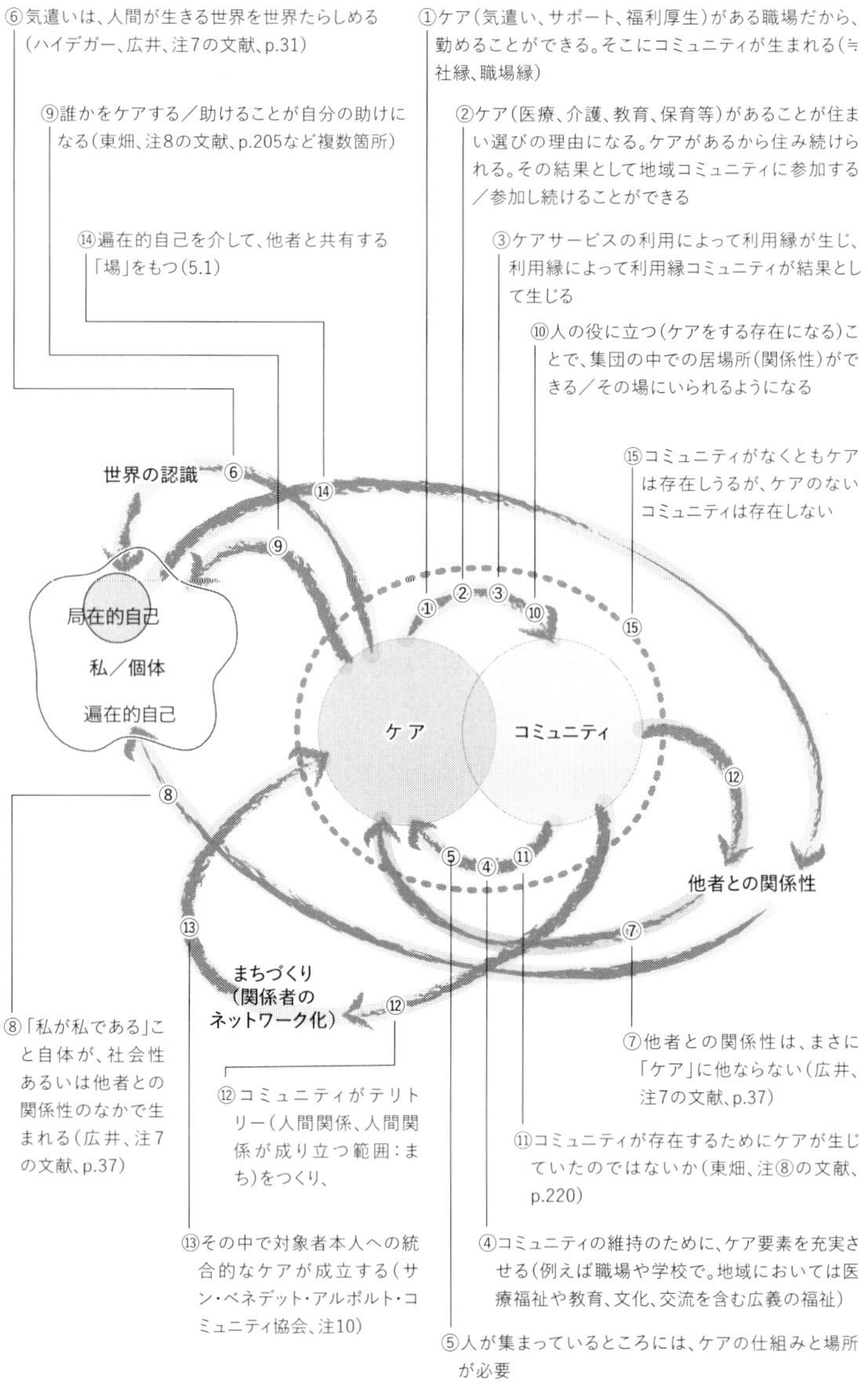
⑥気遣いは、人間が生きる世界を世界たらしめる（ハイデガー、広井、注7の文献、p.31）
⑨誰かをケアする／助けることが自分の助けになる（東畑、注8の文献、p.205など複数箇所）
⑭遍在的自己を介して、他者と共有する「場」をもつ（5.1）
①ケア（気遣い、サポート、福利厚生）がある職場だから、勤めることができる。そこにコミュニティが生まれる（≒社縁、職場縁）
②ケア（医療、介護、教育、保育等）があることが住まい選びの理由になる。ケアがあるから住み続けられる。その結果として地域コミュニティに参加する／参加し続けることができる
③ケアサービスの利用によって利用縁が生じ、利用縁によって利用縁コミュニティが結果として生じる
⑩人の役に立つ（ケアをする存在になる）ことで、集団の中での居場所（関係性）ができる／その場にいられるようになる
⑮コミュニティがなくともケアは存在しうるが、ケアのないコミュニティは存在しない
世界の認識
局在的自己
私／個体
遍在的自己
ケア
コミュニティ
他者との関係性
まちづくり（関係者のネットワーク化）
⑧「私が私である」こと自体が、社会性あるいは他者との関係性のなかで生まれる（広井、注7の文献、p.37）
⑫コミュニティがテリトリー（人間関係、人間関係が成り立つ範囲：まち）をつくり、
⑬その中で対象者本人への統合的なケアが成立する（サン・ベネデット・アルポルト・コミュニティ協会、注10）
⑦他者との関係性は、まさに「ケア」に他ならない（広井、注7の文献、p.37）
⑪コミュニティが存在するためにケアが生じていたのではないか（東畑、注⑧の文献、p.220）
④コミュニティの維持のために、ケア要素を充実させる（例えば職場や学校で。地域においては医療福祉や教育、文化、交流を含む広義の福祉）
⑤人が集まっているところには、ケアの仕組みと場所が必要

図6–2 ケアとコミュニティ、「私」と他者の関係

してケアを成立させる(⑦⑫)。また、その過程でまちづくり(関係者のネットワーク化)も介在する(⑬)。コミュニティがなくともケアは存在しうるが(例えばセルフケア)、ケアのないコミュニティは存在せず(⑮)、しかし**ケアとコミュニティとは、どちらが先かではない一体不可分の関係にある。**

生活を中心とするまちのみならず、仕事を中心とするまちや建物にも、透明化されたり外部化されたりしてきたケアを再度その中に取り込もうとするとき、ケアと不可分である「コミュニティ」の必要性が認識される。統合的なケアを成立させるために、コミュニティ、まちづくりが必要となる。例えば学校の保健室では、学校という限られた時間の中での「人」に対するケアを行うだけではなく、学校で見られる課題の背景となっている生活習慣や人間関係について、しばしば家庭や地域での時間を含めた、全人的なアプローチを必要とする。人間は統合的な存在であり、一部だけを見て介入しても課題は解決しない=ケアは成立しない。ケアを実現するために、例えば学童保育や民生委員、地域の医療・保健機関、子育て支援や学習支援の活動など、多様な地域主体の参与と協力をネットワーク化していくプロセスを要する。それはまさにケアを目的とするコミュニティづくり、まちづくりである。ケアをキーワードとする社会は、コミュニティベースドで、まちそれ自体の全体像としてつくられていく。

3　ケアする民主主義とケアの遍在

ケアをキーワードとする社会では、まちに暮らす誰もがケアの受け手であると同時にケアの担い手になることが求められる。J・C・トロント氏は、「ケアをしないこと」が政治的・経済的優位者の特権である現状から脱却し、政治の世界においてケアに中心的価値が置かれ、人々がともにケア（関心、配慮、提供、受容）に参加する「ケアする民主主義」が必要だと述べる。[11]この「社会構造によってケアが押しつけられること」と「社会的特権としてのケアの回避」とが様々な社会的格差や、男性「らしさ」や女性「らしさ」の強要による生きにくさの原因にあるとして、小川公代氏は小説家ヴァージニア・ウルフによるジェンダーを扱った作品『オーランドー』を引いて、人種、階級、ジェンダーの序列関係が存在する社会では、特権をもつ者こそケアの倫理[12]を実践すべきだと述べる。[13]

　序列関係がある社会において、誰もが「ケアをすること」があたりまえでなければ、序列は固定化し再生産される。ケアする民主主義の社会では、建築や都市空間に、あたりまえにケアが織り込まれていること、**環境としてのケアを必要とする。**「ケアをもたない／不十分な」建築は、**特権的な位置にある。**ケアをもたない建築・都市空間が排除したケア、ケアを必要とする人々や状況は、そこではない他のどこかに押しつけられている。例えば、「コロニー」や「施設」に。

　とても寒い冬のある日を想像して欲しい。

　環境としてのケアがない社会は、すきま風の吹く、空調されていない家に例えられる。人々はその寒さに耐えるために、身体を鍛える。あるいは、分厚く重い服を着込んで何とか耐えようとする。そこではサバイブするために、自らの力と技量のみで困難に対応できる強靭な個人ないし存在としての、「純粋な行為者《エージェント》」であることを求められる。身体性に伴う要配慮事項など存在しないものとして振る

11 ジョアン・C・トロント、岡野八代『ケアするのは誰か？——新しい民主主義のかたちへ』白澤社、二〇二〇

12 キャロル・ギリガン氏が一九八二年に発表した『もうひとつの声で——心理学の理論とケアの倫理』（川本隆文訳、風行社、二〇二二）を端緒とする学説のひとつである。氏は当時主流であった「男性的な観点を反映した道徳、正義や抽象的な義務（正義志向）」を基盤とする人物（特に発達段階にある子供）の評価指標に対して、共感や応答を重視するケア志向性の存在を別軸として見出し、この「ケア」の復権を主張した。「ケアの倫理」の元では、人は程度の差こそあれ誰しも他者に依存しており、相互の依存関係のもとに社会が成り立っているとする

13 前掲、小川公代『ケアの倫理とエンパワメント』七〇頁

舞わねばならない。寒いからと着込んだどてらは身体の自由な動きを阻害するし、人同士の距離を遠ざける。弱い個体は冬を越せないかもしれない。仕方がない、この**どてら型ケア社会**では、幸福も不幸も自己責任だ。

しかしさすがに寒い。せめてどこかでは暖をとれるようにしよう。こたつを置こう。これは、ケアが偏在する（ケアが存在するが偏りがある、どこかにしかない）社会である。こたつに居れば暖を採ることができる。だから弱い個体は、こたつにしか居られない。**こたつ型ケア社会**では、ケアを必要とする人々のために、ケアのある環境としてコロニーや施設がつくられ、しかしある意味では人々はそこに囲い込まれることとなる。自分も何か活動をしたい、でも外は寒いから出られないと言うと、社会はこう返す。「合理的じゃないね。そこに居れば幸せなのに、**わざわざ**外に出たいなんて。せっかくいい場所をつくってあげたのに、何が不満なの？」。移動や活動の選択、あるいは挑戦という自由が制限され、それが「善意」であるがゆえに、人々の尊厳が損なわれていることはもどかしくも共有されない。

図6–3 どてら型ケア社会……強壮な個人であることや自助を求められる。こたつ型ケア社会……ここに居る限りは暖かく、快適に過ごせる

ケアが遍在（どこにでもある）社会は、つまり**断熱が施された全館空調の家**である。その家は、寒さ、すきま風（困難の原因となる、「健常者」を前提にデザインされた社会や建築、都市のあり方）が

断熱（基本的なバリアフリーやユニバーサルデザイン）によって軽減されている。また、ベースとなる全館空調（必ずしも特別な医療や公的な介護だけによらず、予防や日常の活性を上げるインフォーマルケア）が施されている。この**断熱全館空調型ケア社会**のなかでは、人々はどこでもある程度快適に過ごせる。また、個々人の状態や作業内容によって暑い寒いの感覚が異なることに対して、タスク＆アンビエント空調（個別的なケアニーズに応じてカスタマイズされたケア）を行うこともできる。

カトリーン・マルサル氏が「経済学はいつでもケアや配慮や依存を引き受ける誰かを必要としている」と表現するように[14]、経済的な合理性によって構築された社会では、ケアがあることは必ずしも標準装備とはみなされない。ケアを担うことがあたりまえだとみなされない。誰もがケアを受けながら生きていることは意識すらされない。ケアは特殊で、どこかの誰かが引き受けてくれるもので、自分には関係ない。ケアを必要とするのは特殊な人で、どこかの誰かで、自分ではない。そのような社会では、建築でも都市空間でも、ケアを必要とする人やケアを担っている人はいないものとされる。そしてそうした人々は、ケアがないために、まちに出ることができず、暮らしの主体となることが難しく、声を届けることもできない。

一方、ケアを必要とする人やケアを担う人がいること、すべての人がケアを必要としうることを前提に、まち全体にケアが行きわたっているまちでは、まち全体が環境としてのケアの場となる。先に挙げた「公園や遊歩道など、まちの空間を利活用した保育（1章19・20）」の実践と、その背景となる緑

14 カトリーン・マルサル著、高橋璃子訳『アダム・スミスの夕食を作ったのは誰か？——これからの経済と女性の話』河出書房新社、二〇二一。経済学は、その確立の過程でケアワークを担わない男性らを基準につくられてきた。これは、後述の壮健な成人男性を基準とする近代的自我観にも関係する。そして、女性はそうではない者（non-men）の位置に追いやられ、女性は男性が選ばなかったもの（ケアワーク）を割り当てられた。「男らしさと女らしさはいつも非対称だ。男性が標準で、女性はなにか違う者。（略）人間であるとは、即ち男性であるということなのだ。それに対して、たとえば子どもを産むのは人間の体験ではなく、女性の体験だ。私たちはそのような見方を刷り込まれている。女性の体験はいつでも特殊な位置にある。人間を理解するために出産の本を読む人はいない」（二一三頁）

道・公園・歩道などまち空間の整備は両輪として進められる。そのようにケアが織り込まれたまち空間は、子供や親、保育者のみならず、多くの人々に豊かで安全な環境となる。「特別」なケアが「どこか」でしか提供されないこたつ型ケアから断熱全館空調型ケアへの変化は、まちの人々すべてのＱＯＬの向上にも寄与する。

4 弱さという強さ

人間にとって世界の認識の基盤であり、あたりまえであるはずの「ケア」がなぜいま注目されるのか、この時代を読み解き導くキーワードになるのか。それらをつなぐもうひとつのキーワードが「弱さ」である。

村上靖彦氏はケアにおいて、①自立生活運動からピアグループに至る革命による、本人こそがケアの主体となる「**当事者の主体化**」、②当事者の思想による弱さの価値の発見、「**弱さの情報公開**」による助け合いという生き方の選択、というパラダイムシフトがあったと述べる。[15,16]

他方、植物学者の稲垣栄洋氏は、現生人類ホモ・サピエンスよりも優れた身体・知的能力をもっていたネアンデルタール人がなぜ滅び、人類が栄えたか、と問いかける。そしてそれは、人類が個体としては弱かったがゆえに「助け合う」ことを発達させ、各個体の得

15 村上靖彦『ケアとは何か――看護・福祉で大事なこと』中央公論新社、二〇二一、二一四〜二一六頁

16 向谷地生良・高橋源一郎・辻信一・糸川昌成・向谷地宣明・べてるの人々『弱さの研究――「弱さ」で読み解くコロナの時代』くんぷる、二〇二〇。村上靖彦が指摘する「弱さの価値」の引用元（『べてるの家の「非」援助論』）となる当事者研究の活動が盛んな「べてるの家」の理事、向谷地生良は、「コロナの時代」だからこその〈弱さの力〉を考える著作のなかで、次のように述べている。「人の弱さや情けなさは、苦労を大事にするべてるの文化の核になる部分でもあって、それらが有機的につながると、それが強みや人を活かす創造力や無限のエネルギーになって社会を動かしていく、そんな実感を持っています」

意を活かして役割を分担し社会を築いたからだ、と説明する。[17] 氏の言によれば、負けることは変わること、**生物の進化は敗者によってもたらされて**きた。

進化生物学や社会学の分野では、そもそも、弱さとはそれ自体が否応なく社会的動物である人間というものと、人間社会の形成に至る根幹であり、むしろ人間という種のサバイブにおける強みであると理解されている。にもかかわらず、今日のように**「弱さ」が再発見される現象はつまり、それほどに「弱さ」を忌避しながらつくられてきた社会への反動**だろう。独立性と「強さ」を前提とする社会、心身ともに壮健で相対的に健康リスクが低い「壮年男性」を人間の基本に想定した、近代的自我[18]を前提とする社会モデルへの自省でもある。この「近代的自我」観とそれに基づく人間モデルは、近年しばしば自殺率の男女差などを契機に話題となる男性の生きづらさや、ジェンダーギャップをめぐる問題の原因――「有害な男らしさ Toxic Masculinity」と指摘されるホモソーシャルな関係性や価値観、らしさの強要（ジェンダーステレオタイプの押しつけ）の背景ともなっている。近代社会では、強くあることが前提とされ、弱いことは特殊であり、しばしば恥ずべきことであると認識された。

「弱さ」はしかし、誰もが知るように、社会や建築・都市のあり方にたびたび革命を起こしてもきた。今日の社会の根源的価値「人権」は強者・勝者・支配者の発明によるものではない。それは相対的弱者の存在の認識から生まれた。エレベータやエスカレータなどの移動補助装置は強靭な足腰をもつ人々のニーズからではなく、段差の移動をつらいと思う人々への対応として生まれた。今日の社会

17 前掲、稲垣栄洋『はずれ者が進化をつくる』一〇八、一五八～一五九頁

18 広井良典『無と意識の人類史――私たちはどこへ向かうのか』東洋経済新報社、二〇二一、二四八～二四九頁。「思えば『近代』という時代においては、経済ないし生産活動がそれまでの時代に比べて飛躍的に大きくなり、個人の自由な経済活動が重視される中で、良くも悪くも〝壮年男性〟、つまり心身ともに健康（あるいは頑強）で、個人としての独立度が高く、『自我』の意識や『意思』、『判断能力』もきわめて強固な存在が、社会の中心的なモデルとされた。（略）それがまさにいわゆる『近代的自我』のモデルでもあったわけであり、言い換えれば、子どもや高齢者、つまり壮年男性に比べれば身体も虚弱で、個人としての意思決定や判断力も不確実で、自我の意識も未確立であるような存在は、副次的な位置づけとされたのである（略）」

を支えるインフラであるコンピュータは、敗色濃厚な戦況を背景に生み出された。人々の「弱さ」や困難への対応は、直接的に対象とする人々や事象の外側にまで効果を広げて社会や技術の発展を促す。
　また、強者と弱者は入れ替わりながら進化を続ける。封建主義・絶対主義に対して人権を主張した市民によって革命的にもたらされた資本主義は、いまや新しい弱者をつくりだす元凶とさえ言われる（後述）。人々の移動を助け、楽しいものにした自動車が、その普及とともに都市構造を席巻して歩行者を弱者とした。自動車の製造販売が国家の経済を牽引し、都市が自動車中心を前提に上書きされていくのに伴い、路面店の衰退や道からの賑わいの放擲などが起こった。こうしてまちが弱っていく現象に直面して「強者」がまちのルール・メーカーとなることの弊害に気づき、車の通行を制限して歩行者・滞在者のためにみち空間や滞留空間を取り戻すウォーカブル・シティ[19]の魅力が再発見されている（図6－4）。二〇一六年にソ

19 ヤン・ゲール著、北原理雄訳『人間の街――公共空間のデザイン』鹿島出版会、二〇一四

20 Paris en Commun, 2020 twitter.com/ParisEnCommun/status/1219580413540290560?s=20&t=HbjIv2ZqU4toqmBatUhpkA（2023.11.17閲覧）

図6–4 ウォーカブル・シティへの回帰例として著名な、NYのブロードウェイとフラットアイアン公共広場

Paris en Commun
@ParisEnCommun

Dans son projet @Anne_Hidalgo propose de faire de Paris une "ville du 1/4 d'heure".

Mais concrètement, qu'est-ce ça veut dire? Qu'est-ce que ça va changer dans nos vies?

On vous explique tout sur cette idée nouvelle et écolo, pour vivre mieux à l'échelle de son quartier

ツイートを翻訳

Anne Hidalgoさんと他6人

午後8:20 · 2020年1月21日 · Twitter Web App

図6–5 パリの15分都市を紹介するツイート（ポスト）

ルボンヌ大学のカルロス・モレノ氏が提案した「(自転車で)一五分の都市 La ville du 1/4 d'heure (15-minutes city)」[20](図6-5)の概念は、パリ市長アンヌ・イダルゴ氏が、新たな都市計画として二〇二〇年の選挙公約に掲げたことで一躍注目された。これは、自動車事故の削減や大気汚染、気候変動への対策をしながら市民の健康な生活を実現するための提案で、誰もが自動車がなくとも一五分で仕事や学校、買い物、公園などを含むあらゆるまちの機能にアクセスできる都市を二〇二四年までに目指す、とする。この「一五分都市」はその後、COVID-19下のアクセシビリティへのニーズもあって世界各地で注目された。危機こそが、またその危機に直面する弱者の再発見が社会をアップデートする。COVID-19は、それ以前の社会のあり方に生じていた軋轢をあらわにし、住まいを中心に、歩行者を中心に、改めて都市のあり方が見直される契機となったのである。

強さと弱さは相克し合うパラドクスの関係にあり、その移り変わる**弱さの発見と克服は、社会をアップデートする。**

5 回帰——経済的生産と社会的再生産の分断からの、あるいは個の偏重からの

地域やケア、弱さの価値が再発見され、そこに価値観が回帰するとき。その背景や親和性の高い考え方として、「代償を遠くに転嫁する外部化によって犠牲を不可視化する」[21](行き過ぎた)資本主義や、新自由主義への警鐘がある。[22,23]それは数十年前から繰り返し指摘され

21 斎藤幸平『人新世の「資本論」』集英社、二〇二〇、三〇頁

22 Projects' CATA-Log「歴史的建造物である公衆浴場の改修による、地域住民の活動の場——トリノの地区の家サンサルバリオ(イタリア)」pjcatalog.jp/archives/1116(2023.11.17閲覧)。イタリア・トリノで「地区の家」活動を実践する、トリノ工科大学教授のアンドレア・ボッコ氏は、新自由主義のもとでは個人同士が競争関係に置かれて敵対し、中間組織としてのコミュニティ(セーフティネットとしてのつながり、連帯の文化)が損なわれることに危機感を表明する

23 吉原直樹「新自由主義的な震災復興とコミュニティ戦略、特集2震災復興の論理——新自由主義と日本社会、

ており、近代という時代とともにあった、政治的権力よりも経済的権力によって支えられる秩序類型「世界資本主義経済[24]」のもとでのグローバル・ノースによるサウスからの搾取、生態系や自然環境への致命的なリスク、ローカルな統制を離れた資源やサービスを再度ローカルに統制できなくなること[25]、などを内包する。

資本主義はそもそも、資本あるいは経済の限りない拡大と成長を基本原理とするシステムであり[26]、従前存在した共有地や公富――潤沢なコモンズを解体して私的所有に囲い込み、人工的希少性を増大させる「本源的蓄積」によって**使用価値を交換価値に置き換えること**だと説明される[27]。ここからの回帰／再評価の動きとして、再生可能エネルギーの「〈市民〉営化（エネルギー協同組合[28]）」や、ワーカーズ・コープ（労働者協同組合[29]）などの協同組合[30]、現代的入会地としてのコミュニティ・ガーデン[31]（図6－6）や歩行者が参加できるエディブル・ランドスケープ、社会的所有、所有と利用の分離[32]、などの例が

図6–6 住民の自主運営によるコミュニティ・ガーデン「私の庭みんなの庭」（東京都）

学術の動向２０１３」jstage.jst.go.jp/ article/tits/18/10/18_10_44/_pdf（2023.11.17閲覧）。吉村直樹氏は、新自由主義の最小の公的セーフティネットのもとで、個人は「資本の自由な合理性」のために、容赦のない制裁と排除を伴う競争的環境を生き抜き、自己統治の義務と責任を果たす「エージェント」であることが期待されると説明する

24 アンソニー・ギデンズ、松尾精文・小幡正敏訳『近代とはいかなる時代か？――モダニティの帰結』而立書房、一九九三、七七、九〇頁

25 前掲21、一五八頁。しかし、資本主義市場の遊走性を排除するために統制を加えることは経済的非効率や政治的権威主義への親和性から不適切であり、人々の生活レベルを決定づける階級分化を経済的尺度が凌駕するためには全地球規模で一元化されたポスト希少性システムが必要であると論じられている（同書、二〇三頁）。そのポスト希少性システム（ポスト希少性経済）のもとでは、情報、調整能力、時間、親密なケアや交流、という新しい希少性が尊重される

26 前掲18、六四頁。また前掲21、一三二～一三六頁では、以下のように資本主義の原理とそこでの成長の停滞の悪影響が指摘されている（引用者要約）。利潤追求や市場拡大、外部化や転嫁、労働者と自然からの収奪は、資本主義の本質である。これらをやめ、経済的成長を減速させて平等と持続可能性を目指そうとしても、それは事実上、資本主義を廃することを意味するため、資本主義を維持したままの「脱成長」は不可能である。これを行おうとすると長期停滞状態に陥り、企業の利潤追求のための労働者の人件費の削減や、パイと安定した仕事の減少による競争の激化、福祉の余裕の喪失による社会的な分断や南北の収奪行為の激化が予想され、かえって不平等と貧困をもたらす。脱成長・定常型経済のもとで相互扶助や平等を本気で目指すなら、階級や貨幣、市場に深く切り込み、再分配や持続可能性の重視から脱する必要がある

挙げられる。前述した、自身が有する〈私〉の住まいや土地、建物などを、地縁やテーマ縁のある範囲（〈共〉）にシェアする活動も、**私的財産の（再）コモン化**の一例である。なお、こうした場のネーミングにしばしば用いられる**「みんなの〜」とは、価値観を共有するある範囲を想定していること**、利用者が一方的な消費者としては期待されておらず**双方向性**があること、つまり決して天与の存在や誰もに開かれた〈公〉ではないことは特徴的である。西野辰哉氏は、こうした「みんなの場」をめぐる論説の展開を整理し、これを**コモンズの復権**と表現する。[33]

　コモン化や共性の獲得とはこのようにある意味でゲーテッドな、**限られた範囲でのシェアによって安心と安全、利便性を相互化する行為**であるため、オープンな有り様とは必ずしも一致しない。このことから、〈私〉のもてるものや労力、事業を社会がより善くなるために供すること——社会化（for Social Good / Justice）とは、相互に重なりはするが異なるものだと理解すべきである。例えば〈公〉であっても、それは厳密には社会的正義とはイコールではない。〈公〉は現在成り立っている社会の中で最大公約数となる部分を担い、ある意味でニーズ先導型であり、現状に依拠する性格をもつ。それゆえ、〈公〉は必ずしもつくろうとする社会、これからつくられるべき社会を担うニーズ誘導型ではなく、向かうべき社会やその

27　前掲21、二三〇〜二五二頁（以下引用者要約）。例えば土地の価格は人工的なもので、価格が下がってもその土地の「使用価値」（有用性）は同一である。マルクスは、共同管理されていた農地などの〈コモン〉の「潤沢さ」を資本が解体し、私的所有として「人工的希少性」を増大させていく過程を指して、それを「本源的蓄積」だとした。資本主義は本質的に、人々の生活をより貧しくすることで成長する。資本主義には、「使用価値」を犠牲にして希少性の増大が私富を増やすという不合理な構造がある

28　諸富徹『人口減少時代の都市——成熟型のまちづくりへ』中公新書、二〇一八、一六五〜一七六頁では、地域住民によるエネルギー協同組合や、自治体が出資する公益事業体シュタットベルケ（都市公社）、地方創生等と連動する日本版シュタットベルケの例が紹介されている

29　前掲21、二六〇〜二六五頁

30　以下では、イタリアにおいて社会福祉・社会活動の主体となっている社会的協同組合の概要を説明している。Projects' CATA-Log「自治を尊重する地方制度と「新しい公共」の先進的な取り組み——イタリア地方行政」pjcatalog.jp/archives/1106、一七〜二〇頁

31　Projects' CATA-Log「住民の自主運営組織が手入れする、地域コミュニティの場となる庭——私の庭みんなの庭（まちのにわ）」pjcatalog.jp/archives/1217

32　前掲28、一四〇〜一四五頁では、「所有と利用の分離」による中心市街地の商店街活性化の例として、高松市の丸亀町商店街が紹介されている。ここでは、商店街全員の土地の利用権を、所有権から切り分けて共同化し、所有者が共同出資するまちづくり会社にその管理運営をゆだねた。商店街での商売継続の可否は売り上げ目標の達成に拠り、所有者であっても売り上げを達成できない場合は廃業のうえ（利用権を行使できない）不動産業への転業が推奨されている

33　西野辰哉「脱成長社会における「みんなの場」の創生——

正義を象徴するとは限らない。「新しい公共」が、現在の公共とは異なるものと認識されることはその一端である。とはいえ、過度に〈私〉として切り分けられてきたものをコミュニティや社会に還していこうという回帰的な変化の機運については、社会の醸成における当然の帰結であろう。

　回帰の対象はものや場、物理的資源に対してのみではない。シンジア・アルッザ氏らは、「資本主義は、本来は社会的存在の協調する二面である経済的生産と社会的再生産を明確に区別し、再生産労働（ケア）を軽視してそれをより弱い立場に置かれた人、とりわけ女性に押しつけることで搾取をむさぼり、結果として現在の経済的・生態学的・政治的・社会的再生産の危機を自ら招いている」、と痛烈に批判している。[34]ここで指摘される「区別」は、経済的価値を生む工場やオフィスなど生産の場と、生活を支える場を分断してきた従来の建築・都市のあり方とも同一である。女性就労者が多いケアワーク、低所得国において、南北の経済格差を背景に北側諸国の基準で賃金を得ている女性が、現地の人々を家事や育児などのケアワーカーとして雇う、また高所得国において、低所得国から出稼ぎに来ている人々をケアワーカーとして比較的安い賃金で雇うことも、外部化経済の延長にある**ケアの外部化**の一例である。その背景には常に「ケア＝そんな仕事」は誰もできる仕事だとする、「経済学」がその成立の過程で本質的に内包してきたケア労働の蔑視・軽視があると指摘されている。[35]デカルトが「我思う、ゆえに我あり」と「発見」した、**個の思考こそ人間の理性の根源であるとする**「個」

福祉起点型共生コミュニティの世界的コンテキストに関するメモ」二〇二一年度日本建築学会大会研究協議会（特別調査部門）『福祉からはじまる地域共生コミュニティの場の可能性（資料集）』主題解説〇一、二〇二一

34 シンジア・アルッザ、ティティ・バタチャーリャ、ナンシー・フレイザー著、惠愛由訳『99％のためのフェミニズム宣言』人文書院、二〇二〇、特に四六～四七、九三、一一七、一二〇～一三一頁（以下引用者要約）。人間を産み、世話し、活かすことには莫大な時間と費用が必要であることは普遍的事実だが、出産と生命維持の仕事は未だに女性によって成されており、資本主義社会はこれらの仕事に依存しつつもこれを無視・軽視し、隠そうとする。資本主義は利潤の形成のための賃金労働と、人間の形成（社会的再生産）という綿密に関係しかつ対立するふたつの必要条件によって成り立ち、後者をほぼ無償の労働とすることで前者を可能にしている。再生産は女性的・感情的であると規定された「家庭」空間へと追いやられ、再生産労働は「仕事」ではなく愛のためになされる「ケア」だと定義されて生産から分断された。社会的再生産をめぐる闘争は、人間の形成を利潤の形成よりも優先する社会構造を求めている

を基盤に置く近代社会[18]の理念、自立と自律を重んじる価値観のもとでは、**依存や関係性、その回復を手助けする**ケアの価値観は貶められてきた。[36] 関係性を基盤とするのではなく個としての自立を基盤とする思想が、個を自立させるための貢献を軽視することでその尊厳を糊塗している有り様は皮肉でもあり滑稽でもある。「身体的・精神的強さ」を第一義とする思想は現在の社会を形づくる、社会的により弱い存在とされる個体からの構造的搾取、例えば性差別を強化している。（相対的に身体強度の低い）女性がする仕事は簡単な仕事だと軽視すること。女性にケアを押しつけ、それを簡単な仕事だと見なすこと。低所得国のワーカー（相対的な経済的、立場的弱者）にケアを押しつけること。ケアの軽視と差別、そして搾取は幾重にも関連する。

　弱さを認めてそれを開示し、助け合うこと、ケアへの心理的ハードルを下げて誰もがそこに参加すべきことを自覚し、「関係性」に帰ること。それは資本主義が命題とした生産・価値向上を至上とする価値観からの脱却と同値である。人はそれぞれ弱さと個性を持ち、相互の関係性にこそ自己を見出す。私たちは根源的にどこまでも社会的動物で、それでいてそれぞれ固有の世界を生きており、決して互いに同期化するようにわかり合い、思考を同じくすることはできない。だからこそ、わかり合いたいという根本的欲求にあらがうことができない。そして、わかり合うという共同の夢[37]を見るためにも、他者という存在を求める。〈個〉が個として存在するために、〈共〉を必要とする。

　松村秀一氏は、空間資源が欠乏する時代が終わり、空き家や空きビルなど潤沢な空間資源がある現

35 前掲14でも痛切に批判され、資本主義あるいはケア労働を担わない男性を基準とした経済学とケア中心主義をめぐる言説において大いに注目された。（以下引用者要約）どんな社会も他者をケアする仕組みなくして成り立たない。アダム・スミスは利益の追求によって夕食を手に入れるのだと述べたが、実際は彼の母親が毎日食事など身の回りのケアをしていた。「経済学は愛を節約しようとした。愛は社会から隔離され、思いやりや共感やケアは分析の対象から外された。そんなものは社会の富とは関係ないからだ（一六〇頁）」

36 前掲12、一〇～一一頁

37 吉本隆明『共同幻想論』、河出書房新社、一九六八

38 松村秀一『ひらかれる建築——「民主化」の作法』筑摩書房、二〇一六、二八、五八、一八二、一九四、一九五～一九六頁

代、すなわち空間資源の希少性が減少した時代は、私的所有という民主化から脱却し、既存の箱を利用して暮らしの場をつくる「利用の構想力」が重要であり、それは**構想力をもつ生活者が待望される時代**だと説明する。[38] そして、人々が住む場所を決める重要な要素やセルフ・リノベーションによる「場」づくりの核になる構想は、建築空間よりもまちでの暮らしや仕事であり、それには**生活者としての実感**が重要である、と述べる。ここでの「生活者」とは、広義のケアの担い手であり、同時に受け手でもあるという生活と関係性（コミュニティ）への主体的参画を行う者と理解できる。またこれは、広義の福祉——Well-beingを支える多様な機能やそのための場所——を起点とする地域共生コミュニティの場の可能性につながる論説でもある。

広義の福祉やケア、共有を中心とする社会へのアップデートないし回帰は、今日の「弱さ」の再発見から地続きにある。拡大の時代、絶え間ない競争の時代に謳われた「二四時間、戦えますか」が、いかに人間性から遠く離れた問いかけであったかをいまならば理解できる。私たちはもう、二四時間、戦わなくていい。私たち自身の生きづらさの背景にある、常に強くあらねばならないという呪いから解放されていい。誰かにケアを押しつけることで回る社会から、ケアを必要とする人をどこかに縛り付けておく社会から、次のステップへと移行するときだ。こたつをしまおう、春が来る。

2

3

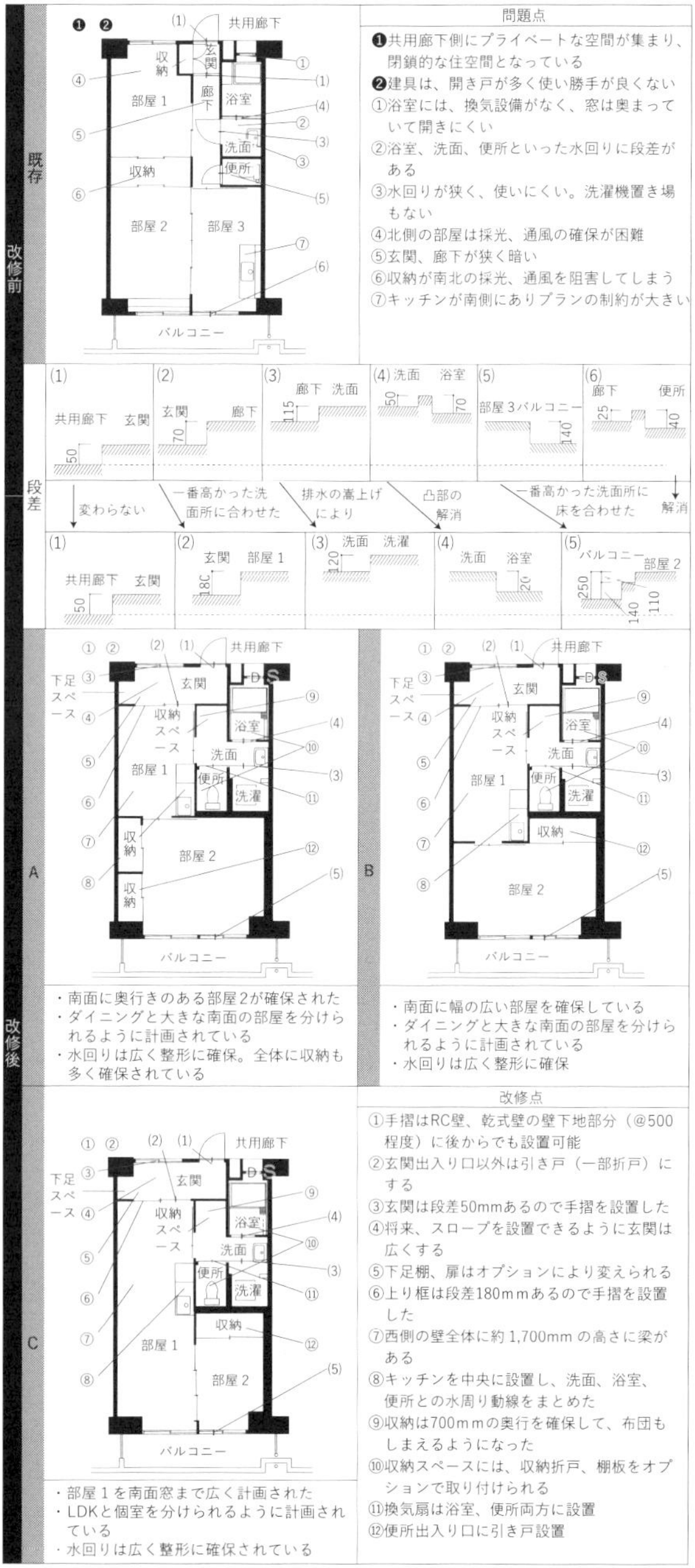

改修前
既存
問題点
❶共用廊下側にプライベートな空間が集まり、閉鎖的な住空間となっている
❷建具は、開き戸が多く使い勝手が良くない
①浴室には、換気設備がなく、窓は奥まっていて開きにくい
②浴室、洗面、便所といった水回りに段差がある
③水回りが狭く、使いにくい。洗濯機置き場もない
④北側の部屋は採光、通風の確保が困難
⑤玄関、廊下が狭く暗い
⑥収納が南北の採光、通風を阻害してしまう
⑦キッチンが南側にありプランの制約が大きい
共用廊下
玄関
収納
廊下
浴室
洗面
便所
部屋1
部屋2
部屋3
バルコニー
段差
(1) 共用廊下 玄関 50
(2) 玄関 廊下 70
(3) 廊下 洗面 115
(4) 洗面 浴室 50 70
(5) 部屋3 バルコニー 140
(6) 廊下 便所 25 40
変わらない
一番高かった洗面所に合わせた
排水の嵩上げにより
凸部の解消
一番高かった洗面所に床を合わせた
解消
(1) 共用廊下 玄関 50
(2) 玄関 部屋1 180
(3) 洗面 洗濯 20
(4) 洗面 浴室 20
(5) バルコニー 部屋2 250 110 140
改修後
A
下足スペース
収納スペース
DS
・南面に奥行きのある部屋2が確保された
・ダイニングと大きな南面の部屋を分けられるように計画されている
・水回りは広く整形に確保。全体に収納も多く確保されている
B
・南面に幅の広い部屋を確保している
・ダイニングと大きな南面の部屋を分けられるように計画されている
・水回りは広く整形に確保
C
・部屋1を南面窓まで広く計画された
・LDKと個室を分けられるように計画されている
・水回りは広く整形に確保されている
改修点
①手摺はRC壁、乾式壁の壁下地部分（@500程度）に後からでも設置可能
②玄関出入り口以外は引き戸（一部折戸）にする
③玄関は段差50mmあるので手摺を設置した
④将来、スロープを設置できるように玄関は広くする
⑤下足棚、扉はオプションにより変えられる
⑥上り框は段差180mmあるので手摺を設置した
⑦西側の壁全体に約1,700mmの高さに梁がある
⑧キッチンを中央に設置し、洗面、浴室、便所との水周り動線をまとめた
⑨収納は700mmの奥行を確保して、布団もしまえるようになった
⑩収納スペースには、収納折戸、棚板をオプションで取り付けられる
⑪換気扇は浴室、便所両方に設置
⑫便所出入り口に引き戸設置

改修前後の住戸の特徴と改修点（作成：八角隆介）

事例 | 09

高齢期の「共に住まう」かたち

ゆいま〜る高島平

所在地：東京都豊島区
設　計：株式会社プラスニューオフィス
運営者：株式会社コミュニティネット
https://pjcatalog.jp/archives/2004

高度経済成長期に開発された、東京有数の大規模住宅団地エリアである高島平団地の一角。UR高島平団地に建つ一棟（全121戸）のうち、分散した35戸を対象にバリアフリー改修を行い、2014年に開設された「団地改修・一棟内分散型サービス付き高齢者住宅」である。

団地内には公共施設や商業施設も整備されていて生活利便性・充足性が高く、居住者の継続居住期間が長いことから地域内の結びつきが強いと同時に高齢化も著しく居住・介護サービスのニーズは団地全体で高い。ゆいま〜る高島平のサービスは、高島平団地内の居住者であれば誰でも登録して利用でき、フロント（事務所）は団地全体へのサービス拠点として機能している。

空き住戸を集約しての改修ではなく、分散した空き居室を改修する「分散型」で改修された点が大きな特徴である。集約型に比べ、工事の音や振動などの配慮がより多くの住戸に対して必要であり、上下階が既存のままのため水回りの配管取り回しなど設備計画や断面・平面計画の自由度に制限がある、老朽化による水漏れの可能性などの特有の課題を解決しながらの計画である。「そうまでして」分散型とすることで、高齢者向けの家に住んでいるということへのネガティブなイメージや、特殊な人なのではといった周囲からの偏見や思い込みも和らげ、様々な人々があたりまえに混ざり合うコミュニティをつくっている。

1

1——改修前の住戸では、使い勝手の悪い開き戸の建具が多い、水回りが狭く段差がある、北側と南側の部屋の間に収納があり通風や採光に難がある、キッチンが南側で眺望を阻害する、など開発当時の設計水準に基づく建築的特徴が不便箇所として挙げられた。そこで改修時には、玄関扉以外は引き戸とし、既存居室で一番高い洗面スペースに揃えて室内の段差を解消した。その分、上がり框やバルコニー出入り口に大きな段差が生じたため、手すりが設置された。また、天井面を下げず敢えて梁を出すことで住戸空間の高さを確保している

2——事務所・共用空間・コミュニティスペース機能を有するフロントは別棟に置かれており、専用感が低い

3——高齢期の生活スタイルや不安感などを踏まえて丁寧に改修された居室。後に10戸が追加改修され、2023年時点では合計45戸

3 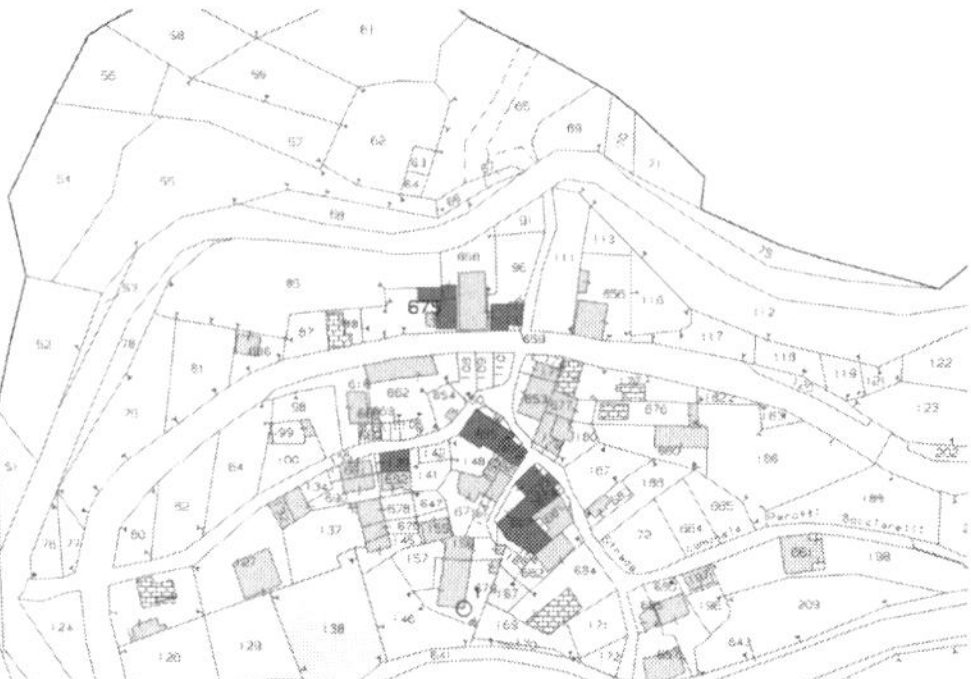

1――ADiは村や地域の歴史的中心部に位置し、レセプションを中心に、各種サービス（家や部屋、バー、レストラン）、共有スペースが分散型で提供される。空き家を回復・維持し、同時に観光・宿泊の機能を提供する。持続可能性と環境への配慮から、イタリア各州では建物改修を含む各種事業のガイドラインがあり、歴史的建築物はどの用途でも取り壊し等に強い制限がかかる。こうした制限とADiは親和性が高い

2――オーナー家族の住宅、兼レセプション棟。レストランやバルが入っている

3――集落内の、ADi利用住宅の分散の様子

事例｜10

空き家を再生した、分散型ホテル

アルベルゴ・ディフーゾ・カーサ・デル・ファヴォーレ

所在地：イタリア、エミリア＝ロマーニャ州、ピアツェンツァ県、
分離集落ペロッティ Perotti
設計・施工：パオロ・マイナルディ
運営者：同氏とその家族
https://pjcatalog.jp/archives/1101

ペロッティは、互いに身を寄せ合う大小50軒程度の石造りの住宅や畑で構成される山地の谷間の小さな集落である。農業を生業にしていたが、1960～1970年代にほぼ無人となった。このホテルは、自身も幼少の一時期この集落に暮らし、かつて祖父母が暮らした集落の荒廃に心を痛めていたパオロ・マイナルディ氏が、新聞でアルベルゴ・ディフーゾ*1（Albergo Diffuso、以下ADi。邦訳は分散型ホテル）の実践を知り、自らの建設業の技術や経験を活かして集落の再生に取り組んだ。

5年の月日をかけて、かつて村に住んでいた人やその子孫を探し出し、各家の権利を買い取って改修するプロセスを繰り返し、現在では11軒の家を改修し合計で45名の宿泊が可能な客室を整えている。うち1棟はレセプション棟で、朝夕の食事を提供するレストランと、軽食やお酒を楽しめるバルがある。客室のリネンの洗濯、ベッドメイキングの外注や飲食提供などで小規模ながら地域経済に貢献しており、集落の家々のオーナーが、景観や家の手入れ・修復への意欲をもつようにもなった。

*1：1976年にイタリア北部のフリウリ=ヴェネツィア・ジュリア州で発生した大地震によって美しい村々が破壊され、廃村の危機に陥ったことを契機に、昔ながらの集落を尊重しながらその活力を取り戻す方法として提唱された。1980年代に、現在のADi協会の会長であるジャンカルロ・ダッラーラ氏がまとまった概念として整理し、現在では世界各地に広がっている

1

2

column 6

文化人類学の相互的因果から再び相互浸透理論へ（その1）

文化人類学者マルセル・モースは、身体の使い方や動作（身体技法）と、身体の外側に独立した機能である道具をつくり、それらの延長に技術（動作と道具の複雑な構成）をつくり、そのつくり出した技術に自分自身も影響を受ける、相互性因果の関係があると説明した。[1] 例えば人間がつくった石器（道具）は狩猟という社会的行為（技術）をつくり、人間のあり方それ自身である狩猟社会をつくった。

この概念はさらに発展し、文化人類学の領域ではいま「人工物の政治性」[2]や「科学技術社会論（ＳＴＳ…Science and Technology Studies）」[3]をキーワードに、科学、技術、社会の相互の関係性やそれによる科学や技術の、社会の課題が探求されている。人工物の政治性とは、人がつくる様々なものやその配置は社会関係と権力を具体化したものであり、誰がどのように利用できるかや、人々の関係をコントロールするものであり、多分に政治的である、と説明する概念である。例えば甘い菓子を子供の手の届かないよう鍵付きの高い棚にしまうとき、「身長や能力において手の届かない人がいる、あるいは見えない位置にあるものを知覚できない人がいる」ことを前提に、鍵をかける、かけられるようにつくる、という環境設定はその場と子供に関する権力（と責任）をもつ者によって行われる。こうした環境のコントロールは、その正当性や妥当性にかかわらず、世界のあらゆる箇所で行われている。そして、そのようにコントロールされた環境としてしか、我々は世界を認知することができない。

山崎吾郎氏の表現「人と技術は、何重にも折り重なった相互的因果の連鎖の中でしか捉えることができない」「私たちは、みずからの身体と技術を通してなんらかの関係性をつくりだせる世界を生きることしかできない」は、まさにこのことを述べている。[1]

1 松村圭一郎・中川理・石井美保編『文化人類学の思考法』世界思想社、2019、32-36頁／ 2 アルベナ・ヤネヴァ「建築を政治的なものに変える5つの方法——設計実践の政治序説」10plus1.jp/monthly/2020/01/issue-03.php、2023.12.12閲覧／ 3 藤垣裕子編集『科学技術社会論の挑戦 1 科学技術社会論とは何か』東京大学出版会、2020

7章 文化と物語による世界の認知、そして社会の「適正な大きさ」

人は、自らの身体や行動、経験や知識、興味関心、属する文化や考え方、価値観というフィルタを通し、あるいはそれらをフックとして、世界を認知する。そのフィルタは一人ひとり異なり、例え同じものを見ていたとしてもその見え方は異なる。よしんば同じように見えたとしても、その理解や意味づけはそれぞれ異なる。私たちは、同じ世界にありながら、一人ひとり異なる世界、異なる物語を生きている。

文化と物語によって人は世界を認知し、他者と関わり、社会をつくる。それは大きすぎては認知できず、小さすぎると十分に機能しなかったり、選択肢のない「自由が制限される」状態であったりする。

1 文化と物語による世界の認知

弱さを前提とした社会づくりでは、従前はケアとは関係がないと思われていた様々な建築や都市空間にも随所にケアが埋め込まれていく。それは建築の有り様や什器設備、技術的な支援、社会制度、仕組みや意識づくりと多岐に及ぶ。人は、互助共助のコミュニティや公助を含む社会を発明し、様々な技術を開発して、社会的分業など不得意と得意を交換して欠点を補い長所を活かすことができ、より弱い個体も生き残れるよう「進化」してきた。様々なケアやそれと関連する諸要素は、今日の人間という存在の前提として分かちがたく結びついている。具体的には、今日の人間社会における建築や都市の空間、社会環境は、自然状態の環境に対して、非常にたくさんの人工物を内包した構築環境を形成している。例えば、デボラ・ジョンソン氏はＧＩＩ（グローバル情報インフラ）技術の民主性について「技術が内包する価値観は、その技術が置かれている社会的文脈を理解することによってのみ理解することができる」と述べている。[1] それぞれの人（行動主体）が属するコミュニティが有する**文化や技術は、構築環境の要素であると同時に、人が世界を認知するフィルタとして働く**（コラム2、3参照）。また、人もまた生き物であり社会的動物であって、その認知する環境は、種・個体・モードによって異なる意味の世界であり、環境と人は変化と再構築が繰り返される相互浸透の関係にある（コラム4、5参照）。文化人類学の領域ではさらに、人間の認知や行動

1 Deborah G. Johnson, Is the Global Information Infrastructure a Democratic Technology？（グローバルな情報インフラは民主的な技術か?・）, *ACM SIGCAS Computers and Society* 27-3, pp.20-26, 1997. "The values in the technology can only be understood by understanding the social context of the technology." "Rather we buy them because of their meaning in our culture – macho, sexy, successful."

を規定する双方向性のある要素に技術や科学、政治を位置づけている（コラム6、7参照）。

従前理解される「コミュニティ」と「関係性としてのケア」の関係に対して、それを十分に理解するには、その背景に社会・政治・文化・技術の要素の相互作用性があることを想定する必要がある。また、視野を広げ、解像度を上げることでどれだけ関連する要素を想定したとしても、人間の有り様や関係性においては、身体性を無視することはできない。これらは、人間（生物）が、身体を持った個別独立した存在であることに起因し（**身体性による個別性**）、世界の認知がそれぞれに異なること、同時に文化や技術がそれに作用性をもたらしていること（**文化や技術への認知への作用性**）、誰もがその構成要素であり相互の作用性の中で人間社会ができている（**構成要素の相互作用性**）とまとめられる。

さて、かつてニューヨークでの出自が異なる多様な人々が入り交じる有り様は、そこを舞台にする戯曲において「人種のるつぼ[2]」と表現された。時代が下り、公民権運動が広がった一九七〇年頃にはそれぞれが個性をもったまま存在することに価値がある、という思想（文化多元主義）の浸透とともに、「サラダボウル」と表現し変えられていった。富める者もそうでない者も、多様な人々が居合わせる都市のなかの場所は、都市生活の豊かさの表れであり健全性の象徴でもある（図7－1）。特に障害児者の支援分野におけるインテグレーション（統合）からインクルーシブ（包摂）への概念の進化は、こうした概念と表現の進歩に合致する[3]。この、メルティングポット（統合）からサラダボウル（包摂）への変化とこうした表現は、特にその最中にある当事者にとって自分自身がどのように社会の中にあるか／あるべきだと思われているかを理解し、それに対して自らを

2　イズリアル・ザングウィルの戯曲「メルティングポット Melting pot」一九〇八より

3　インクルーシブ教育に積極的に取り組む新宿せいが保育園の藤森平司氏は、インクルーシブ保育では「個」が個のままで在り、かつそこにコミュニティメンバー相互の関係性があることが重要であるとして、それを「昴（プレアデス星団）のような」あるいは「納豆のような」と表現した。その表現を使うと、インテグレーションからインクルーシブへの進歩は、さしずめ「豆腐から納豆へ」であろうか。Projects' CATA-Log、「見守る保育」を実践する、ゾーニングとこども自身の尊重が特徴の保育施設、社会福祉法人省我会新宿せいがこども園」https://pjcatalog.jp/archives/425

語るための基盤として他者と共有しうる物語《ナラティブ》だと言える（コラム3）。文化多元主義、社会的包摂《インクルーシブ》の価値観のもとでの物語は、私たちは一人ひとりそれぞれ、自分の身体性や内面化した文化といった異なるフィルタ／モードにより、例え同じ環境にあり、同じものを見ても異なる知覚をして、異なる意識のネットワークのもとに入力された刺激に対して、偶発的な選択を踏まえて個別の反応をしている、という理解から始まる。フィルタの個別性、入出力時のノイズや偶発的な反応による予期し得ない理解や反応や創出の可能性をこそ、結局のところ「人間性」なるものだと我々自身が認識している。

図7–1 ニューヨーク、周辺オーナーらの共同出資とマネジメントによる都市公園の再生事例「ブライアント・パーク」。隣接する公共図書館（NPO組織の運営による、非公立図書館）とも連携しながら、屋外の読書空間、ヨガやダンスなどの市民向け活動プログラムなどの文化活動が多数提供され、単なる滞在だけではない利用者の呼び込みがなされている。ケアを伴う場所がつくられること、場所をケアする（管理する）ために、コミュニティを必要とし、それが契機となってまちづくりにつながっていくことが示される一例と言える。例えば民間の建物や敷地をまちに対して居場所を提供する有公開空地とするにはその管理と運営のためのコミュニティが、公共的なスペースをケアしたりそこにケア的プログラムを持ち込むには、より広範囲なコミュニティが必要となる

2 社会の「適正な大きさ」

ここまで繰り返し述べてきた、個の居場所と必要に応じた人々の関係性――ケアがある〈共Common〉は、一定の拡がり／開かれと、領域性／閉じられをもつ。ここから議論を始めようとするとき、この「適正な大きさ」について、人間の認知においては（特に多くの人とその認識を共有する必要がある場合においては）扱える大きさに限りがある、また機能複合・融合が調和するには適度に小さい

ことが有効である。[4]

前出のコールは、人々が期待するものを提供する適正な社会とその象徴的な場所を対応させて記述している。[5] そして、社会のもつ機能は社会の規模を決定するが、社会に参加することで人が手に入れられる機能として、交際関係、繁栄、安全、文化を挙げ、適正な規模を超過した社会は、個人の自由を圧縮し、文化は飢え衰え、市民の経済水準が低下し、親睦的な余暇時間が犠牲となる、と述べる。**利用圏域の拡大は、特に移動能力等に弱さを抱える人々にとって、アクセシビリティに課題を生じさせる。**また、社会の規模が人間の生活や社会のあり方に対して適切でないときには、**自由時間の貧困や簒奪**[6]による生活の質の危機が生じると懸念される。同時に、圏域が人間的な生活のあたりまえの範囲を超越してしまう場合には、余裕時間と交通的な自由度の現象による公共へのアクセシビリティの制限、[7]ケアの貧困や不均衡が生じる[8]（コラム8参照）。前述の「一五分都市」への注目は、COVID－19下で人々が自ら到達できる範囲に必要な機能が保障されるアクセシビリティの格差が認識され、社会課題として顕現した結果でもある。生活のために長距離移動を必要とする社会構造では、長距離移動において経済的・身体的に不利である人々は生活自体を脅かされる。

　中間的統合、つまり個人と個人を支える単位の時間・期間・多様な側面が統合されていることは、そこに同時性または時間連続性の

4 斎藤幸平『人新生の「資本論」』集英社、二〇二〇、一〇三～一〇八頁では、政治経済学者ケイト・ラワースの提唱する、社会的な土台を内縁に、環境的な上限を外縁とする「ドーナツ経済」モデルが紹介されている。そもそも、外縁－内縁の中間にできるだけ多くの人が入るグローバルな経済システムを設計することが持続可能で公正な社会の実現に必要であること、すなわち適切な経済・生産活動の「規模」があること、そしてそれが現実的には実現されていないことが説明されている

5 レオポルド・コール、藤原新一郎訳『居酒屋社会の経済学――スモール・イズ・ビューティフル』ダイヤモンド社、一九八〇、三三、三六、三八、七〇～七一、一四六～一四七頁。「この社会は、人々に対して、居酒屋を提供して親睦的機能を、工場と市場を提供して経済的機能を、裁判所、市役所、武器庫の便宜をはかって政治的機能を、そして最後に劇場、教会、博物館、大学、競技場を設置することによって文化的機能を、それぞれシンボライズする。これらが総合されて、人々に対してアリストテレスのいう〝至高善〟――良き生活――がもつ至上の内容を与えるという、全的社会機能を形成するのである」（三三頁）

6 シンジア・アルッザ、ティティ・バタチャーリヤ、ナンシー・フレイザー、惠愛由訳『99％のためのフェミニズム宣言』人文書院、二〇二〇、一三四～一三六頁

7 齋藤純一『公共性』岩波書店、二〇〇〇、一〇頁、

あるケアを内包する。現在の、あるいは時間を経た持ち送りや支え合いによる、お互いさまのやりくりの関係である。それは異なる要素の統合によって実現される。社会（共同体）は大きすぎてもオペレーションが難しく、また分割されすぎると相互依存／相互支援の意味でのケアの機能を失う。〈共（Common）〉にあたるテーマ型のコミュニティは、自らの範囲を設定することで互助的なケア関係を安定的に実践する。

広井良典氏は、「重層社会における中間的な集団としてのコミュニティ」が本質的に内部性（閉じられ）と外部性（開かれ）をもちながら、現代社会においては住民にとってのコミュニティの心理的（機能的）中心に、学校や福祉・医療関連施設があると指摘する。[9] そして福祉・医療関連施設が、開かれたコミュニティの拠点としての機能を必要とすると述べ、これからの社会においては福祉サービスの自治と、コミュニティ≒地方自治体が起点となる構造転換が生じるという。[10] 個、共、地方自治体、より小さい組織の選択と自治が積み重なる仕組みへの変化である。それは多層的なコミュニティの存在と、それぞれが「文化」をもって適切な大きさで縁取られるビジョンとしてイメージされる。それは社会システムそれぞれの維持可能な大きさの違いを踏まえた複層的システムのビジョンでもある。[11,12] この文化に関するコミュニティはその範囲と構成員の規模も様々な

8 ジョアン・C・トロント、岡野八代『ケアするのは誰か?——新しい民主主義のかたちへ』白澤社、二〇二〇、五頁

9 広井良典『コミュニティを問いなおす——つながり・都市・日本社会の未来』筑摩書房、二〇〇九、二四～二五、七二～七三頁

10 広井良典『創造的福祉社会——「成長」後の社会構想と人間・地域・価値』筑摩書房、二〇一一「福祉サービスは、環境分野などと並び、サービスの性格自体が地域に密着した「ローカル」なものであり、その規模や中身を含め、それをどのような形でまかなうか（同時に、そのための費用を住民の間でどのように負担ないし拠出しあうか）は、最終的に地域固有の判断にゆだねられるべきものである」（一三〇～一三一頁）
「［引用者要約…セーフティネット拡大における、「生活保護：公的扶助→社会保険→雇用」の流れは中央政府の活動領域と財政規模の拡大に対応するが、そのピラミッドの頂点に新たなセーフティネットが求められる。このとき、］コミュニティという存在が重要なものとして浮上する。そして、これからの時代はここを起点にして、ローカルな地方政府が主体となり、いわばピラミッドを上から下にたどる形でその活動領域が広がり、中央政府ないし国家から役割が順次シフトしていくことになる」（一一、一三一頁）

11 佐藤栄治「介護サービスの利用実態から見た地域共生コミュニティの拠点層性に関する一考察」二〇二一年度日本建築学会大会研究協議会（特別調査部門）『福祉からはじまる地域共生コミュニティの場の可能性』主題解説〇六

12 土田寛「地域拠点と〝共生コミュニティ〟についての論考」二〇二一年度日本建築学会大会研究協議会（特別調査部門）『福祉からはじまる地域共生コミュニティの場の可能性』主題解説〇八

多層的な関係として存在する。大きな河川で分けられる地形や可住地を規定する中山間地域、行政区など地理的条件によるエリア、地名や主要な公共施設や商業施設等のコミュニティ結節点が分かる範囲という認識に基づくエリア、地域包括ケアの想定利用範囲（中学校区が目安）など公共サービスの提供システムに対応するエリア、顔見知りの人間関係が分布する人間関係に基づく認識エリアなどが想定される。また、食材やその調理方法などを共有する食文化を共有するエリア、関係人口に代表されるある地理的範囲とその外の点がつなぐゆるやかなつながりとしてのエリア、経済的な関係のあるエリアなど。こうした、必ずしも地理的条件によらない「文化を共有できる」コミュニティとして、輻輳する関係の領域を広げることも求められている。それは、インターネット時代の時空間を超えた交流関係の一形態でもある。それが共有されるコミュニティのなかにおいて、文化とは望ましい態度や振る舞いであり価値観であり、関係性であり前提となる知識や経験である。そのコミュニティの「外」では、それらは異なる。コミュニティは、ここからは違うという「縁（へり）」と「外側」をもつことによって相対的に内側に成立する。

3　文化というアンカー、そしてエッジ

上述の、共同体には文化が必要である、文化をもつことで社会の目的——至高善は完成するという言説は大変示唆深い。6章2で紹介した、イタリアのサン・ベネデット・アルポルト・コミュニティ協会は、移民や精神病・依存症など様々な理由による失業者、社会的に弱い立場に置かれた人々を対象に、従来の単純な福祉、垂直的かつ臨床治療的な介入モデルに代わる「積極的アプローチ」として

人間関係、文化、仕事を三本柱とする介入支援を行っている。[13,14] ここでは、対象者が自分と世界の関係性を再構築して自分自身を社会的文脈に拡大し（ケアし・される主体として自らを再構築する）、**批判的意識をもちながら自分の選択や行動を自己決定する**能力を身につけるための支援が行われている。そして、社会の変化を注視するための「**批判的な良心、批判的な思考**」を育てるためには、文脈や、参照するモデルに興味や好奇心、緊張感をもつことが重要であるとし、読書や新聞を読むこと、演劇、会議、学習、イベントや研究など広義の「文化的活動」も積極的に取り入れている。思想、思考、芸術等の文化を通した世界と社会の理解と自己表現は、世界と社会に自己と、自己と他者との関係を位置づけるアンカーとなる。

この団体の活動は、地域に誰でも来られる場所を構えていることと、地域にもともとあった建物を改修して利用していること、活動の仲間を拡げながらその人々の拠点（事業を行う場所）が分散的に地域に広がっており、ケアがエリアとして成り立っていることが特徴的である（図7-2）。

団体の活動はその場所に閉じているわけではなく、まちに出ていって困っている人や状況を探すアウトリーチ活動も積極的に行われているが、活動拠点となる場所があることで、その場所はなんらかの困りごとがあったとき、誰に何をどう相談すればいいかわからなくても、「そこに行きさえすれば、なんとかなる」というランドマークとして、あるいはまさに拠点として機能している。誰でも来られるということはつまり、どんな支援を必要としているかや利用の目的によって訪れる人をはじくことがないということであり、そこで相談できる困りごとの種類が限定されていないということでもある。

地域にもともとある建物の改修利用はイタリアでは一般的だが（特に、古い建物は壊して建て直すこと

13 オーストリアの実存神経精神科医ヴィクトール・フランクル『夜と霧』（新訳、池田香代子訳、みすず書房、二〇〇二など）に紹介された、プロアクティブProactiveの概念で、状況や文脈に関係なく、勇気、忍耐、個人の責任、選択の存在を意識することが重要、という考え方に端を発していると説明されている

14 空き工場を改修して開かれた、移民など社会的弱者の社会的包摂の場。アレッサンドリアの地区の家（イタリア）pjcatalog.jp/archives/1104

に対して厳しい規制がある)、時間の蓄積の中に新たな機能や人々を迎え入れること、自己を物語る歴史的世界の一貫性を保っていることは、まち自身が自己を保てる、一貫した自己を持ち続けることへの敬意と尊重でもある(コラム3参照)。改修利用はまちとしての文化の保全であり、改修利用しながら

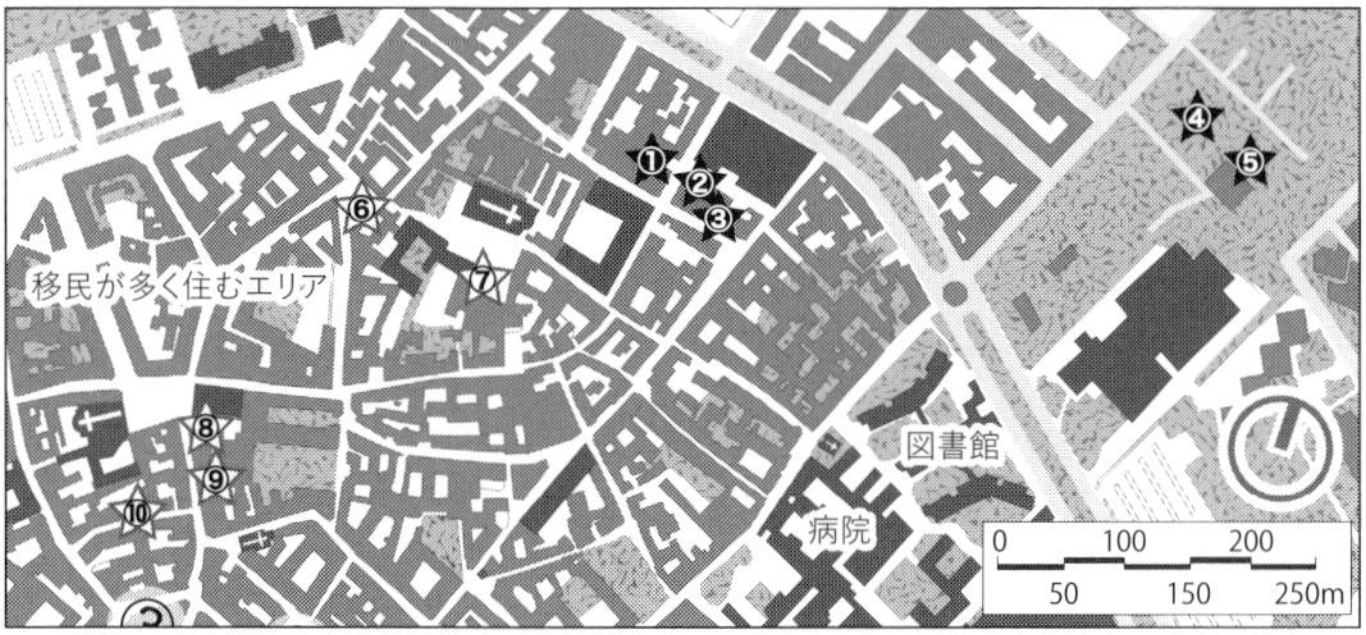

★…地区の家を営む社会的協同組合が直接関与している拠点、☆…連携する団体や事業者の拠点

②ファブラボ、コワーキングスペース、ジム、ワークショップやイベント、研修などのスペースの複合機能の場所

③空き家改修による、低所得者でも購入できる低価格帯のリサイクル衣料品店。移民への職業訓練や就労支援を兼ねる

①「地区の家Case di Quartiere」と名づけられた地域拠点となる建物。工場の改修により、運動スペース、リサイクル品の倉庫・分類整理スペース、就労支援となるワークスペース、語学や学習支援に使われる学習スペース、移民がスタッフとして働くカフェなどがある。写真は移民の定着支援の語学クラスや、子供たちの学習支援に使われる、コンテナを改造したスペース。建物全体は工場の改修で空間が大きいので、小さな空間を挿入してメリハリを付けている

④市から運営を請け負っている市民菜園。もとは精神病院の農業療法用の畑だったが、入院の縮小により市民農園となった

⑤市民農園の敷地内にあった古い石造建物の改修によるソーシャルレストラン。移民等への職業訓練や就労支援を兼ねる

⑥移民支援のための拠点事業所

⑦多様な宗教・食文化背景の人々と食と職をともにするためのビーガン・カフェ

⑧地元でのものの売り買いとまちづくりの融合を経営理念とする衣料品店。サポート・コア・タウン・ストア(地域の互助の拠点となるまちの商店)の運動を近隣の商店主らとともに行う

⑨自主的に町並み整備を行っている商店街

図7–2 イタリアの小都市、アレッサンドリアの地区の家は、倉庫を改修した社会活動の拠点

活動を展開していくことは、まちとしての文化の中に活動や活動の主体を位置づけていく行為である。

また、この団体のメンバーは積極的にまちに出て日々の挨拶から日常的な問題意識の交換などの交流を行い、活動の仲間を増やしていっている。そうした日々の営みが社会的な活動に興味関心をもち、あるいは自ら生業とする事業の目的の一部に社会的な意義をもつ人々をつないで関係性を育て、まちぐるみで様々なケアに参加する、ケアのネットワークをつくる。ここでは、思考や精神的活動、芸術などの意味での「文化」を重視し、そしてまちに活動を拡げていくことで、**地域に共有される価値観という意味での「文化」をつくり、育て、**それがまちぐるみでの「ケアの文化」につながっている。

4　共有される価値観としての文化、文化がつくるコミュニティ

ここでキーワードとなる文化と文明の違いについて、文化人類学者のスチュアート・ヘンリ氏は、その差異をこそ強調する。氏は、民族や文化圏、気候風土等の影響を強く受けるがそれが表には現れにくい「排泄行為」に対する考え方や排泄のための場所、歴史などを文化人類学の視点で比較文化論として示した。この中での言説として、文化相対論では、文化水準が高い、低い、進んだ、遅れた、という捉え方ではなく、それぞれの民族の生活様式やものの考え方は、それぞれの環境に適応した歴史観で形成される、「文化のかたちの差異」という考え方をする。[15]
そこで生きるには、その場所ならではの知識と経験が必要とされる。
これに対して、文明とは普遍性、合理性、機能性を指し、誰であっても（お金さえあれば）生きていける、文化集団の範囲を超えた仕組

15　スチュアート・ヘンリ『「トイレと文化」考——はばかりながら』文藝春秋、一九九三、一七～一八頁
16　前掲15、二一～二三頁

みであると説明する。[16]

社会の縁《へり》を形成する文化はそれぞれ異なる価値観をその基盤とする。芸術や文化はその固有性、差異性の故に価値があり、他者が共感する客観的意味を必ずしも必要としない。その固有性や差異性は、それ自体が自分たちの共同体を定義する主観的意味そのものである。

グローバリゼーションが世の中を席巻し、通信や移動の技術が発達し、特に高収入国（HICs…High Income Countries）では第一次産業就業者の割合が減り「土地」に人々が縛られる理由は減少していく。その中である地域を維持しようとするとき、そこが他と異なること、固有性をもち、他に代えがたく、選ばれる理由が必要になる。同じような場所がどこにでもあるなら、人々はそこに住み続ける理由はないし、その地域が残る必要がない。これは、地域に限らず、会社などの組織なども同様だろう。他との差異——固有性は、強みや、存在理由そのもの、アイデンティティであり、また愛着形成の根幹である。すなわち、文化は縁《へり》であると同時に、縁《えん》である。

小篠隆生氏は、「ちょうどいい疎（適疎《てきそ》）」をまちのコンセプトのひとつに掲げる北海道東川町で、コミュニティの開かれと適正な規模、そして文化を掲げていること[17]に着目する。「ちょうどいい規模」と文化、そしてコミュニティ、その親和性は興味深い。共有される価値観としての「文化」を共有できる範囲がある、その範囲をある「コミュニティ」だと見なすこともできる。こうしたコミュニティ（文化を共有する範囲）は縁《へり》の部分や上下にて互いに重なり合う、複層の様相をもつ。そのひとつずつで共有される価値観は、範囲がその価値観の必要性を越えて大きいとき、しばしば中央部では強く支配的だが辺縁部では弱い構造をもつ。逆に中央部と辺縁部であまり差異がなく、コミュニティのメンバーがもつ価値観、文化が相互に

17 小篠隆生「地方都市における文化拠点形成によるまちづくりの展開」二〇二一年度日本建築学会大会研究協議会（特別調査部門）『福祉からはじまる地域共生コミュニティの場の可能性』主題解説〇五

大きく異ならない範囲に収まる「ちょうどいい規模」のコミュニティは、安定性が高いだろう。また、その安定的な関係性の中では、エッジが安定している分、文化は安心して変容／多様化しながら成熟しやすいかもしれない。多様化したコミュニティはその中で中間体をつくり緩やかに分割される。その意味で、多層のコミュニティは自律的に自己調整する。

5 「結果としての」の視点

松嶋健氏は、アネマリー・モルによる「ケアの論理」[18]を踏まえて、ケアは個人を基盤に置くものでも社会全体を基盤に置くものでもなく、またケアする人とされる人という二者間の行為でもなく、家族、関係のある人びと、同じ病気をもつ人、薬、食べ物、道具、機械、場所、環境など関係するあらゆるものによって成り立つ共同的で協働的な作業である、と述べている。

人工物の意図を読み取り、そこにつくられた構造とその作用（時に意図しない作用、見えにくい作用が存在する）を理解し、それらの組み合わせになる関係性としてのケア・ネットワークがつくられていく。結果としてのケア環境（ケアの関係性）、結果としての共生の場の実現に資する建築計画の職能はそのように説明される。

前述した「利用縁」は、共有される要素を媒介とする、結果としての関係性である。成長後の縮退の時代とされる現代社会では、コモンズ／シェアの文化への回帰による互助の（再）拡大が期待され、その関係をベースに、地域のコミュニティを起点とする地域包括ケ

18 松村慶一郎・中川理・石井美保編、『文化人類学の思考法』、世界思想社、二〇一九では、ケアの論理は選択の論理とは異なり「その人が何を欲し、選択するか」よりも、困りごとや生活状況、リソースなど周囲の状況を把握して、「その人が何を必要としているか」を適切に判断することが重要であると説明する。（一七〇〜一七一頁）

アや、地域密着の観点から共生型ケアが求められる。「自己選択的であること」を前提に「互助」が期待される社会では、利用縁コミュニティは「互助」の歯車の軸となりえる。また、その構成員に共有される固有の文化や経験による縁、**結果としてのコミュニティ**は、地縁を結び直しもする。前提としてのコミュニティが変容、分解していく中で、新たなコミュニティを早急に、直接的に、あるいはあまりにも目的的につくろうとすると、そこへの参加に疑念や負担を抱く人がいる。いままでのコミュニティからスポイルされていた人や、コミュニティへの意識的な参加のエネルギーに事欠く人にはそれは顕著である。そのためにも、偶然の可能性に満ちた、多様な機能や利用者が混在し、多様な人々の偶然の出会いの中でお互いのつながりが自然に、あるいはそのように見える介入によって形成されていく拠点には、まさにいま必要な役割が期待されている。コミュニティそのものを直接つくろうとするのではなく、結果としてのコミュニティがどのように実現したいかによってその契機となる。

結果としての住まい、結果としての場、結果としての行為、結果としてのコミュニティ。それは筋書きのない即興劇の連続である。それらが魅力的に展開していくために、私たちは舞台や小道具を整えることができる。こうした人々の豊かな振る舞いや滞在の場面を観察し、その背景となる都市の小空間や座れる設えなどの装置の価値を論じたW・H・ホワイト氏の著書*City: Rediscovery of the Center*に、柿本照夫氏は「都市という劇場」という秀逸な邦題を与えた[19]。今日、つくられた場所が、利用者や利用のしかたの変化に長い間寄り添いながら姿を変えていかなければならないことを想像すると、私たちにはかつてよりも強く、座付き性、その場所の固有性、すなわち文化に寄り添い、忍耐強く走者を支援し続ける伴走者であることが重要であるという価値観が共有されていくだろう。

19 ウィリアム・ホリングスワース・ホワイト、柿本照夫訳『都市という劇場――アメリカン・シティ・ライフの再発見』日本経済新聞社、一九九四

3

1——廃寺を改修した建物には歴史を感じさせる雰囲気が漂う。地域特産の「糸」をデザインに採り入れてつくられたロゴマークが染め抜きされた青い垂れ幕が下げられており、寺の構えのかたさや正面性をやわらげている

2——就労支援事業所であるカフェカウンターの様子

3——ゴッチャ！ウェルネス小松のジム空間。ガラス張りで、内外の連続性と開放感が心地よい。スタジオでヨガ、バランス体操、レッドコードなど様々なレッスンを受けることができる

事例｜11

廃寺の改修による「ごちゃまぜ」の場所

—

三草二木 西圓寺《さいえんじ》

所在地：石川県小松市野田町

運営者：社会福祉法人 佛子園

https://pjcatalog.jp/archives/657

集落の中心にある寺が住職の死去とともに廃寺となり、運営する社会福祉法人佛子園に檀家総代からの管理の相談を受けて、寺の建物が荒れないよう佛子園のスタッフと障害者で定期的に清掃活動やものの整理を行っていた。しばらく経つと野田町の住民も掃除に参加するようになり、住民と障害者の交流が生まれた。次の住職が見つからず、佛子園はそれまで事業化に難渋していた「障害者の地域での活動」と「地域住民が“お客さん”にならず、主体性をもってこの場に関わること」を条件として、西圓寺を地域交流施設兼社会福祉施設として再生した。地域住民とも協議を進め、石川県の公衆浴場文化を活かして温泉施設を設置、それを町民へ無料開放し、日常的に人が集まる空間とする改修を経て2008年にオープンした。

この温泉施設は“みなし公衆浴場”として、5年目から独立採算が取れている。さらに、就労支援、障害者生活介護、高齢者デイサービスの機能が融合した、世代や障害の有無も「ごちゃまぜ」でソーシャルインクルージョンを実現する交流と滞在の場として生まれ変わった。公園がない地域である野田町の子供たちが、放課後などに集まれるよう、駄菓子屋や、何も注文しなくても入っていけるカフェスペースがある。庭も遊び場だ。風呂上がりの人々もソファスペースやカフェで自由にくつろぐ……ここには、障害者、高齢者、子供等、様々な人が自

1

2

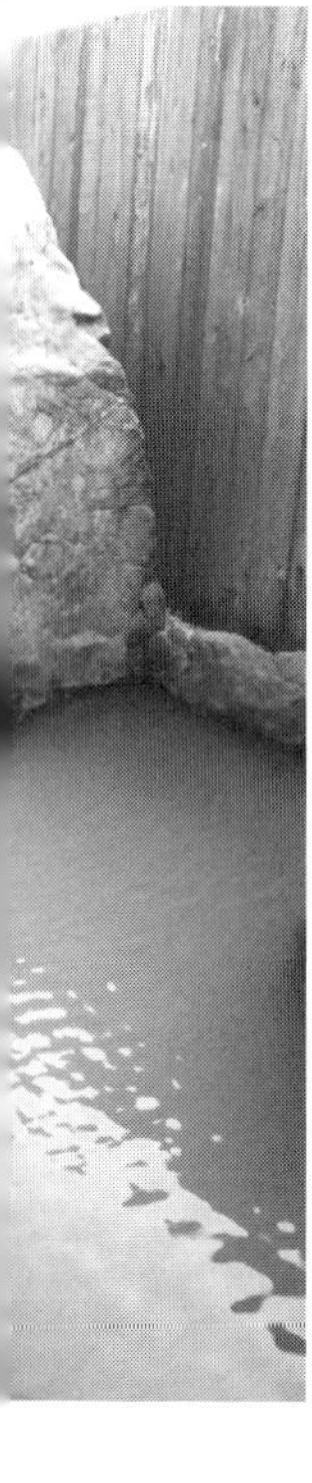

1——ゴッチャ！ウェルネス小松、野田町珈琲、ボディケアゆらりの併設施設外観。道路を挟んで西圓寺の向かい側に位置し、一部建物は従前の建物の改修、また一部が新築で、まちの景観に溶け込みつつ西圓寺との関係を取り込める前庭空間を設けている。開口が多く設けられ、地域に開いた施設であることを印象づけている

2——石川県に残る、共同浴場の文化を伝える意味もある天然温泉入浴施設。本格的な岩づくりの露天風呂、内湯、着衣のまま気軽に利用できる足湯もある。観光サイトに掲載され、地域外からの旅行者等の訪問も増えた

3——本堂の趣を活かした飲食（カフェ）スペース。奥に厨房がある。須弥壇の上は、デイサービスの日中スペースにも使われる。生活支援の利用者をカフェから見守るなど、柱で分節されながらひとつながりになった空間ならではの関係をつくっている。夜には食事だけでなく酒類も出す酒場になる。本堂には駄菓子屋スペースもあり、地域の子供たちが日頃の遊び場として訪れる。障害者の就労施設と連携して、地域住民の高齢者が味噌、梅干し、漬物づくりを手伝っている

4——野田町民全員の「入湯札」が設置されており、町民は無料で入浴できる。利用頻度の把握は見守りの機能も有する

然と集まり、なんとなく会話を始めてしまうような場がつくられている。

この施設の開業後、集落からの人口流出が止まって逆に増加に転じ、最小55世帯から75世帯となったことが驚かれたが、さらに就労支援事業所である飲食店や物販、温泉施設は観光客の立ち寄り地として、地域外の不特定多数の人々の来訪も日常的に起こるようになった。交流を通じて、高齢者や障害者が自らの役割を見つけ、生きがいを感じていくことで症状が改善された例も「ごちゃまぜ」の効果として注目される。2018年2月には向かいの空き家の改修と新築により、フィットネス、ボディケアサロン、コーヒー店、児童発達支援・放課後等デイサービスの機能をもつ新たな併設施設がオープンした。

地域住民と佛子園で西圓寺を協働で運営していく仕掛けとして、温泉の受付、カフェや駄菓子屋の運営と接客、高齢者サービス利用者・生活介護利用者への各種支援、温泉の清掃業務、寺で開催している各講座やサロンの準備・後片付け、物販で扱う特産品づくり等、働き方や関わり方の選択肢が幅広く提供されている。他の地域から働き手や企業を呼び込むのではなく、高齢者や障害者を含む住民自身が利用者として、担い手として参画できることがこの場所の本質的な価値づくりに寄与する。障害者の就労支援においては、多様な選択肢から自分に合った仕事を選べるように配慮しているが、カフェや駄菓子屋での接客等、住民と直接やりとりすることが多い職種も選択肢のひとつとすることで、障害者と住民が交流する機会を増やし、お互いを理解する場とできるよう意図している。障害者、高齢者、地域住民のいずれにも、多様な就労機会、勤務形態があることが、担い手が安定して長く働くことができる労働環境の条件であり、持続性のあるまちづくりにつながっている。そのためにも、多くの異なる事業が複合的に実施されていることが重要であり、場所の持続性を高めている。

1

2

文化によるまちづくりで形成される地域の拠点

小篠隆生

まちの価値

「どうして人がそのまちに住み続けるのか」[1]という問いは、都市社会学や環境心理学の大きなテーマであった。重要なのは、その地域に価値を見出せるかだろう。「このまちには個性や魅力があって好きだ」という価値観がなければ人はそのまちに住む理由を失う。

前世紀の都市化社会では経済的価値が重視され、多くの都市で利便性の高い居住施設や都市機能が高密に集積する開発がなされたが、住民にとっては地域への帰属や、そこが自分の居場所だという感覚は希薄になってしまった。つまり、固有の個性や魅力がないまちでは、住まうことで幸福感を満たせない。その場所が自分にとって特異な意味をもつとはどのような状況なのか。それは、トップダウンによる様々な施策が繰り広げるまちづくりに甘んじて、他人がつくったものをただ使うだけはなく、自分の活動の場があり、役割をもち、出番があると認識できる状況がつくられること。前世紀までの都市開発とは真逆の方法が必要だ。

そのようなプロセスを「文化によるまちづくり」は実体化できる。行政や一企業だけが進めるのではなく、市民も参画して様々な企画を協働でつくり、それを実現していく過程の中で様々な出会いや交流が生まれ、地域のもつ資源の価値が再認識される。

漸次的な文化拠点形成によるまちづくり

東川町は、北海道中央部の上川盆地の東部、大雪山連峰の山麓に位置し、豊富な自然資源を有する地方小都市である。人口は八四四五人（二〇二一年二月現在）で、農業と木工業が盛

1 渡辺良雄「大都市居住と都市内部人口移動」『総合都市研究』四、一九七八、一一〜三五頁

図1 東川町中心市街地（遠景は大雪山連峰）

んなまちである（図1）。

大きな社会変化の中、地域コミュニティの拠点となってきた公共施設の再編をきっかけにまちづくりを進めるケースはそう多くはない。住民のニーズを把握しても施設種別による行政の所管が異なり、住民ニーズに合致しにくく、単発の公共施設再編で終わり、地域のまちづくり課題の解決につながりにくい[2]。そこで、①総合的なまちづくりの目標イメージを地域全体で共有すること、②個別の施策を連携させて、施設整備からその運営にまで関わるハードからソフトまでを含む連関した施策の立ち上げ、③そのためのしくみ、プロセス、役割づくりと実施しやすいプログラムの立案が求められる。東川町での公共施設の再編が、文化拠点形成によるまちづくりにどのようにつながっているのかを見てみよう。

連鎖的公共施設再編のしくみ

東川町では、老朽化した小学校の移転新築を単に児童のためではなく地域の人間関係を豊かにする契機と考えた。そこで地域ぐるみで地域の人材を育成する社会教育機能を複合化させた小学校＋地域交流センターの改築計画を策定した。第一段階の小学校の移転・改築から、旧校舎を活用しつつ新たな複合交流施設（愛称「せんとぴゅあ」）を増築する第二段階まで、約一〇年にわたり公共施設が連鎖的に再編された。

このプロセスの中で図2に示すように、教育や文化施策に加えて、居住環境、産業振興、福祉という異なる施策を連携させるため、施策の効果や活動自体が他の施策に波及するように公共施設の再整備とそれらの運営プログラムを策定した。例えば、小学校の改築を期に重点化された外国語指導助手などを配置した国際教育の推進では、異文化交流など文化施策との連動が起こり、それは定住者の増加の要因ともなる。一方で、地域交流センターでの米づくりを主体とした環境教育は農業への関心を喚起し、将来的な就農の可能性や産業振興に結びつく。新たな拠点では従前個々の公共施設で行われてきた様々な活動を受け入れ、多様なプログラムに柔軟に対応できる

2　田崎らの指摘。「首都圏郊外部における学校を中心とした地域公共施設再編の検討手法」日本都市計画学会『都市計画論文集』五三―三、二〇一八、一二八三～一二八八頁

図2　異なる施策間をつなぐ整備計画の位置づけ

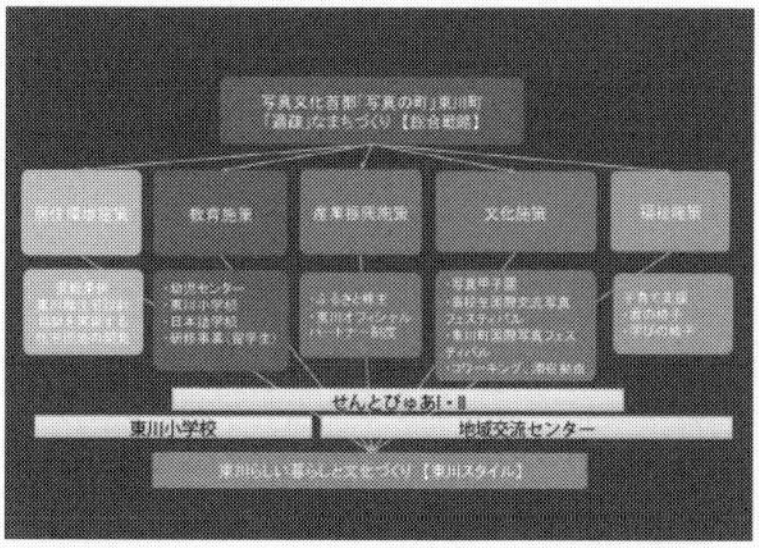

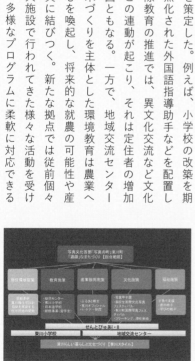

図3　プロジェクトから生まれた運営組織が次のプロジェクトの活動に結びつく

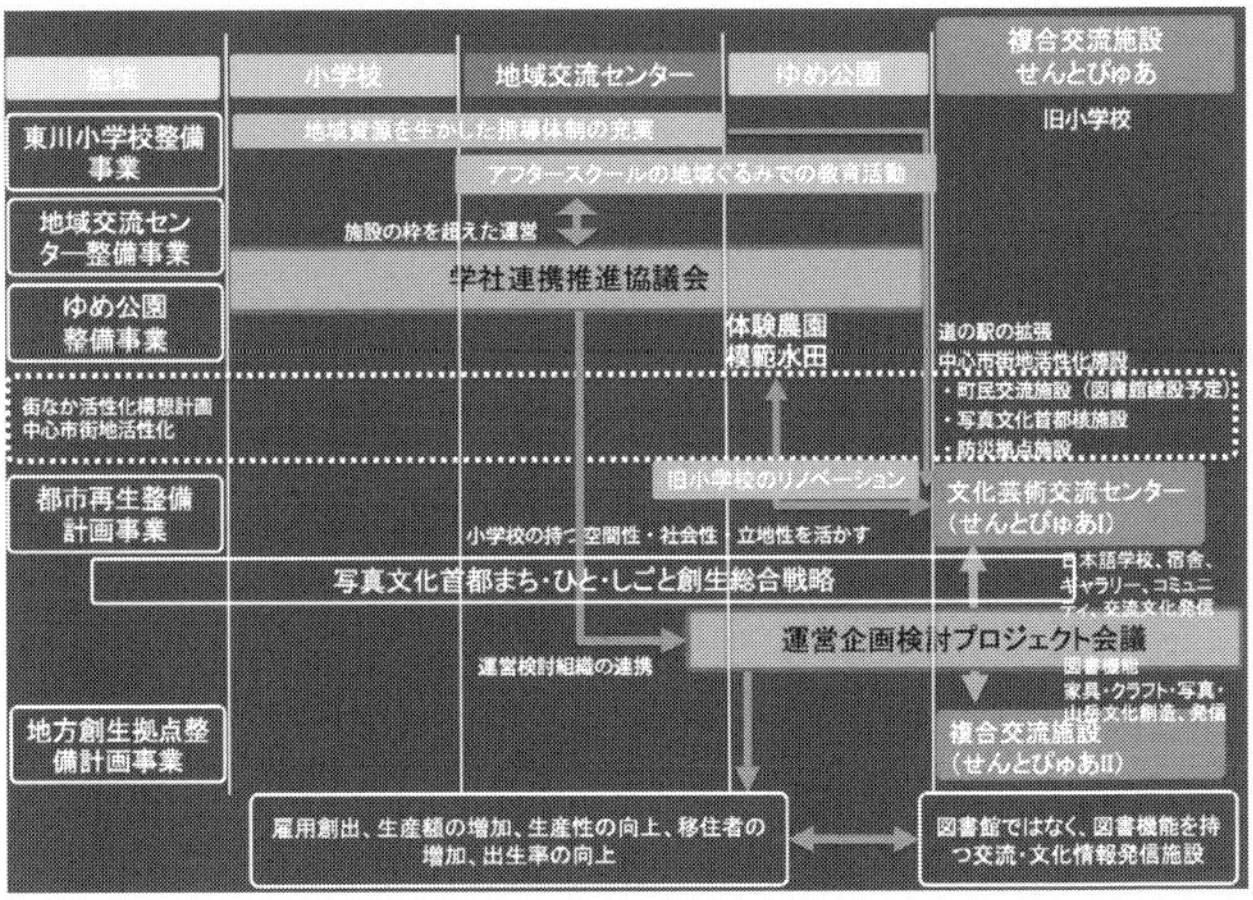

余白的な部分をもつ空間構成とした。このことでコンパクトでありながらも町民のニーズを満たす拠点の形成を具体化した。

拠点整備では、施策間の円滑な連携に加え、完成後に誰もが参加しやすく、様々な活動を創造しやすい環境をつくる運営の工夫も重要である。そこで図3で強調されているように、公共施設再編の中で活動を活発化させ、他の公共施設での活動と連関させていけるように、運営組織体をつくった。まず、小学校の学校教育と地域交流センターでの社会教育を連動させる「学社連携推進協議会」を設立した。ここでは、子供たちの創造性を遊びを通じて高める環境教育や、スポーツ、自然体験、通学合宿などの多様なプログラムが用意されている。また、整備の第二段階で文化交流施設が旧小学校用地にオープンする中で、その新たな文化活動の拠点を運営し、さらに文化のまちづくりで進めてきた東川町の文化資源を活かした教育・文化活動を企画する「運営企画検討プロジェクト会議」をつくり、東川小学校、地域交流センターなどを連携しつつ運営するしくみを構築した。個々の活動が連動することで、住民にとって自分なりの参加可能なタイミングやプログラムが用意され、多

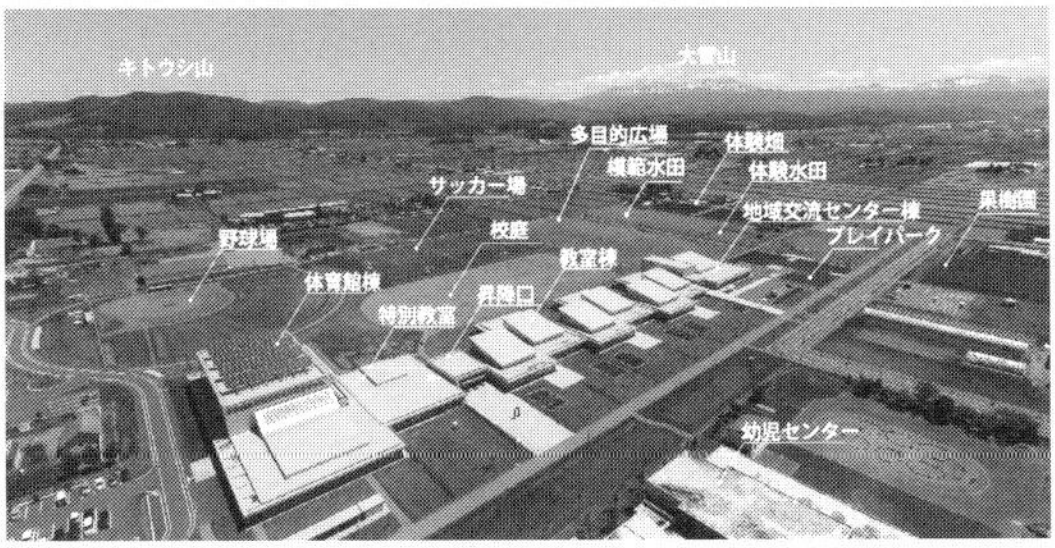

図4　東川小学校・地域交流センター・地区公園の配置

様な活動のあり方が許容される。

拠点形成の第一段階

中心市街地内の旧小学校用地では手狭なため、中心市街地の北側縁辺で市街地が途切れ、農地が広がり、北側に大雪山連峰が見渡せる場所を敷地とした。農業、景観、自然、人材などの地域資源を生かした教育プログラムを念頭に、体験水田・畑、果樹園での食育活動や野球場、サッカー場、プレイパーク、天然芝の多目的広場を組み込んだ地区公園が境界なく接続された（図4）。

この複合施設を運営するため東川町学社連携推進協議会が設置された。学校教育と地域の力を利用した社会教育を連携させ、地域の人々が様々なかたちで参画できる多彩な教育プログラムを行う体制である（図5）。東川小学校のほか、町内小・中学校、道立高校、専門学校、地元企業、NPO、住民組織、学識経験者で組織された学社連携推進協議会は、既存の学校教育の支援プログラム、社会教育だけでなく、JA青年部が支援する全町の小学生を対象とした食育体験、スポーツ国際交流員（SEA）が専門的な指導を行うウインタースポーツ、町民もガイドになって行うアウトドアスポーツなどのプログラムが体験できる。特に体験農園の食育プログラムでは、実際に使われている本格的規模の水田で米の栽培を体験学習し、収穫される米収量は、全町の小中学校が給食で消費する半年分ともなり、町の財税面にも大きく貢献している。

拠点形成の第二段階

新小学校・地域交流センターの改築が二〇一四年に竣工し、それとほぼ同時に、旧小学校の跡地利用計画に着手した。①日本語教育による外国人留学生の増加を牽引力とする交流人口の増加施策、②交流・関係人口増加による生活・産業面への波及効果の実現、③中心市街地の活性化、など教育や文化分野だけでなく、幅広いまちづくり課題への対応が求められた。ほぼ同時に策定が進んでいた地方創生総合戦略で、「地域固有の文化による多様な文化や情報発信を行う新たな拠点」の必要

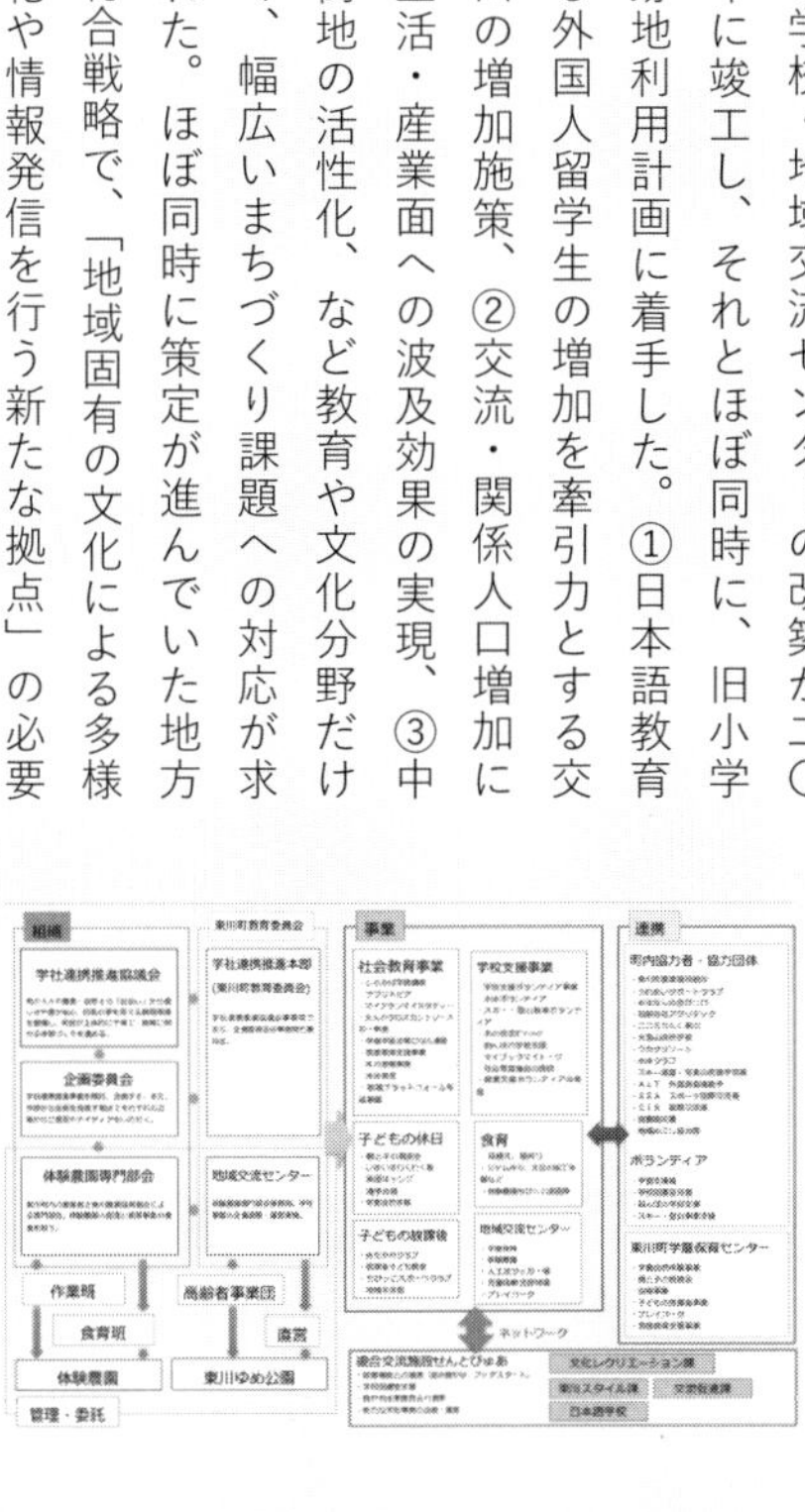

図5　学社連携推進協議会からはじまる活動の連携

性が重要な取り組みとして位置づけられた。

総合戦略のもと旧校舎を耐震補強してリノベーションした第一期（せんとぴゅあⅠ）、旧校庭部分に旧校舎と校庭を緩やかに囲んで増築する第二期（せんとぴゅあⅡ）を計画・設計した（図6）。二階建て旧校舎は、普通教室二つ分を一ユニットとしたギャラリー、二階の床を吹抜にしたコミュニティカフェ、ラウンジ、特別教室ウイングを宿泊棟に大きく改造し、二階は、公立で全国初の日本語学校が使う教室として最低限の改修に留めた。

せんとぴゅあⅡは、五万冊を配架した開架書架を中心に、大雪山関連書籍・資料、東川写真コレクション、世界的家具蒐集家織田憲嗣氏の家具、照明、食器、カトラリーなどのデザインコレクションのインデックス展示スペースが大空間に連続する。多様な活動を誘引するために境界を設けず、大空間を囲んで読書のための諸空間、セミナー室、体験室、多目的室、販売・情報発信スペースが連続的に構成され、機能が意図的に重ね合わされている。

文化拠点の運営プロセス

学校機能に加え、図書館機能、美術館機能、博物館機能、コミュニティ機能が融合した文化拠点の運営目標は、来館者が来館目的とは別のコトやモノを体験する可能性と、予想外の感動を得ながらそれぞれの知的欲求に応える仕組みをつくることである。「運営企画検討プロジェクト会議」には、せんとぴゅあの日常の運営に関わる全ての所管課、市民、NPO、学芸員、地域おこし協力隊が参加する（図7）。ここで全員で手持ちの企画を公開し、企画やイベント同士の連携・連動の可能性を検討し、調整の上実施している。これがせんとぴゅあを文化拠点として位置づけ、持続的に活動が展開されていくしくみである。

現在では、まちの様々な文化的行事のほとんどがせんとぴゅあを利用し、活動同士の関係付けも頻繁に行われている。また、中心市街地に寄ったついでに立ち寄る、散歩の途中に訪れるなど普段使いでの細かい活動の関連・連鎖が起き、漸次的に文化拠点が熟成されていくまちづくりが実現されつつある。

図6　せんとぴゅあ全景。左がせんとぴゅあⅡ、右奥がせんとぴゅあ

文化によるまちづくり

人口減少局面のまちづくりでは、まちに暮らし続けるモチベーションとなる、そこでの暮らしへの価値観が重要である。図書館でも美術館でも博物館でもない、どの既存公共施設にも属さない地域の文化拠点には参加しやすく、積極的に参加せずとも、訪れれば自分の居場所にできる余白がある。「ではない」が地域公共施設の新しいかたちをつくり、それが地域の拠点となっていくのも妄想ではない。

このような公共施設の連鎖的再編によって東川町では、「適疎」[3]な空間、過疎でも過密でもなく、適切に疎がある状態の暮らしやすいまちが具現化されてきている。すべての利便的機能が揃う、しかし過密な都市空間を望むのではなく、『無い』ことは不便ではなく、『これだけがある』ことが重要だと思える価値観」という、無いことが価値につながる論理への転換である。あるものを大事に持ち続け、それを他にはない、そこだけにしかないものとして意味づける行為は、地域の文化を形成していく過程で育まれる。それが、そこに暮らしたい、留まりたいと人々に思わせる。こうした、地域に居住する人々の間につくられる文化的価値観の醸成こそ、文化によるまちづくりであり、COVID-19以降のまちづくりの重要な方向性を示唆するのではないだろうか。

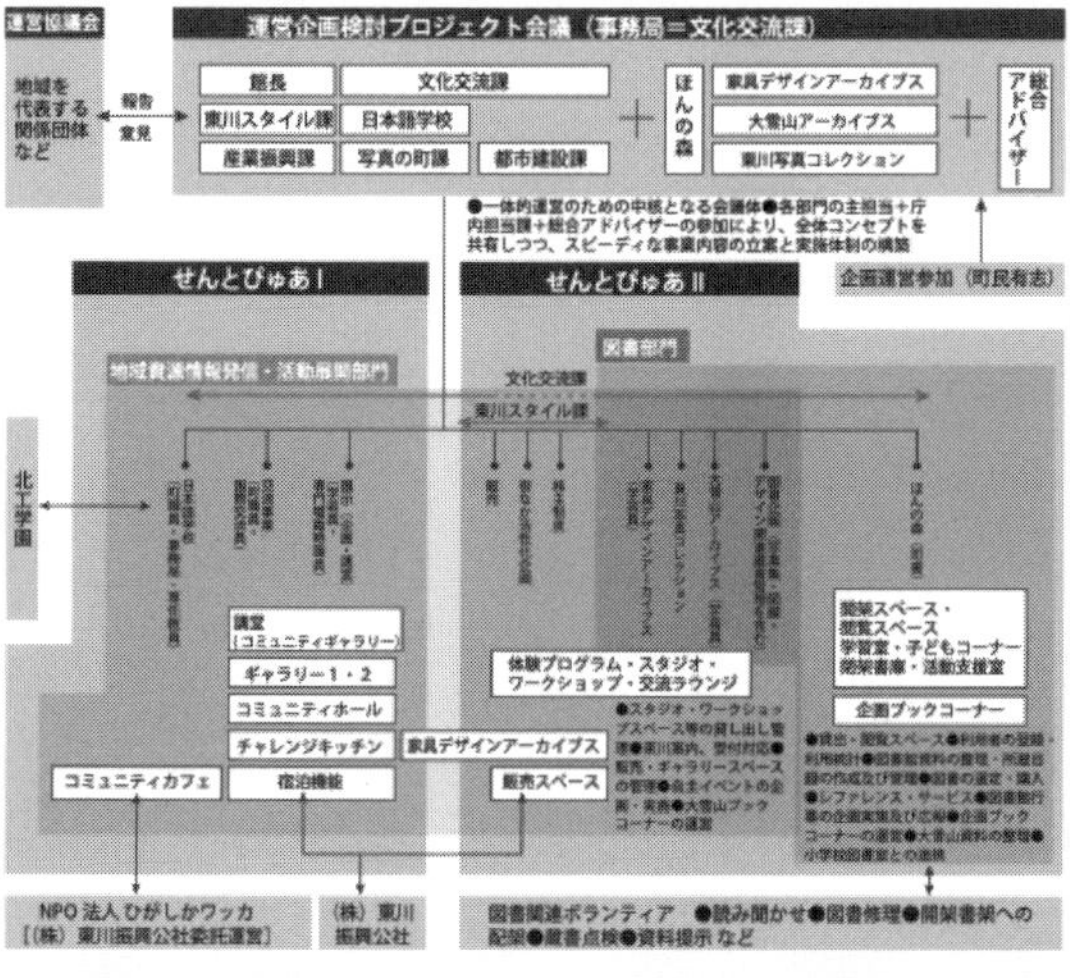

図7　新たな文化交流拠点を運営するしくみ

3　藤本尚久が「適疎とは、疎住地の中にあってアメニティが相当程度確保された状態」と定義している。藤本「疎住地域のアメニティとコミュニティ施設計画」『農村計画学会誌』六―二、一九七八、六〇～六六頁

column 7

文化人類学の相互的因果から再び相互浸透理論へ（その2）

相互的因果の考え方は、生き物でもある人間を「人間社会のなかにあって、その一部を成す存在」として再定義する。

科学社会技術研究者マイケル・カロン氏とブルーノ・ラトゥール氏らが提唱するアクターネットワーク理論（ANT：Actor Network Theory）[1]では、現在の科学技術やその政治的・文化的背景とともにある人間社会では、あらゆる事象が人間、社会、技術の要素の組み合わせによる作用性（agency）相互の関係性によるネットワークを構成している、と理解する。

これら相互浸透理論や相互的因果の論説を統合すると、人々は建築・都市を含む広い意味での環境や技術をつくり、そしてつくられた技術によって自らが影響を与えられるのだと説明できる。相互浸透理論は建築環境決定論における均質的、平均的、画一的な人間の捉え方と、環境から人間に一方的に関係があるという考え方に対する批判から生まれた理論であり、環境の影響は人によって異なるもので、人々は環境を変える力をもっている、という考え方の延長にある。技術や文化を含む環境は人に作用し、また人はその環境から逃れて世界を認識することはできない。そして人がつくり、認識する環境もまた、人の影響から独立では有り得ず、影響を受けて均衡がある意味で壊れ、その修復あるいは応答によって次の均衡がつくられて続けていく現象として存在する。

ここでは、双方向の影響と**変化という時間の概念が含まれている**こともまた、清水氏がいう「演じ続けることによって成立するドラマ＝自己言及活動」や、福岡氏がいう破壊と再構築によって成立する「現象としての生命（動的平衡）」の考え方との共通性を見いだすことができる。人間がそうであるように環境と人間の関係、環境のなかにある人間（person-in-environment）もまた、ひとつの生命であり、相互の関係をもつ系である。

1 M. Callon and B. Latour, "Unscrewing the Big Leviathan: how actors macrostructure reality and how sociologists help them to do so," in K. D. Knorr-Cetina eds., *Advances in Social Theory and Methodology*, Routledge and Kegan Paul, 1981.

8章

〈利用縁〉をつくるために

J・J・ギブソンが提唱した、環境が動物に対して提供する価値や意味を表す「アフォーダンスAffordance」に対し、D・A・ノーマン氏は、デザインの対象となるのは「行為をアフォードするシグニフィアSignifier」であると切り分けた。[1]

物理的な空間（器）に場（意味のネットワーク）が重なり、場所になる。ネットワーク、関係性としてのケアの場を形成するためのきっかけ《シグニフィア》、拠点としての建築空間を、従前の「施設」に替わる「場所」として地域に増やし、まちのハブにしていく必要がある。ではそうしたネットワークや関係性、すなわち〈利用縁〉をつくり、また拡げるための場のあり方はどのようなものか。

1　ただそこに「居られる」と、5つのキーワード

多様な人々の利用を誘発し、利用者同士の縁（関係）がつくられていくよう促進することに寄与する条件として、その場所へのアクセスができる「①オープンさ」、その場所が選ばれる理由となる「②固有性と文化」、その場所を使う必然性を生じさせる「③生活における蓋然性」、多様な人々がそこに存在することを誘発する「④実存の混在性」が挙げられる。その結果としてそこには、「⑤思いがけない偶然の出会い性」が生まれる。

そしてそれらの前提として、その場所が選択的に使われ、人を惹きつけるために最も大切なのは、何にも脅かされず、否定されず、まずはただそこに「居られる」こと、である（図8-1）。それはとても簡単なようで難しく、それが難しいときにこそ、その必要性は切実である。

「福祉」には長らく、welfareの語があてられてきた。「健康Health」に対して、welfareは手段であると言える。ケアのある状態や他者との関係とともに、「社会的健康を伴って善く在る状態」を表す語としては、**Well-being**（満ちたりた状態）をあてることができる。

1　D・A・ノーマン、岡本明ほか訳『誰のためのデザイン？（増補・改訂版）——認知科学者のデザイン原論』新曜社、二〇一五

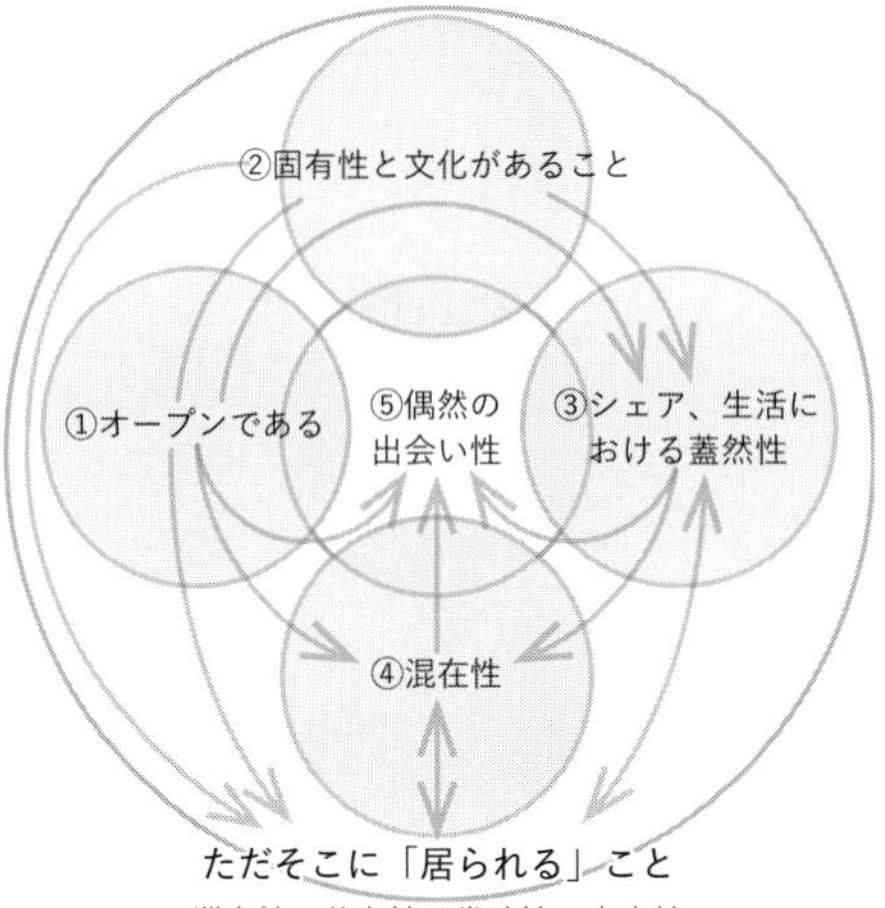

図8-1　キーワードの連関

それは、ただ「居る」ことができること、ただ存在するということ、beingからはじまる。

そこに居られること、つまり滞在可能性は、いわゆる「居場所」と表現されるケアの場の本質であり、シンプルだがケアの基盤である。また、それを土壌とした発展が期待できる。「居る」を支えることはケアの本質であるのみならず、歓迎や肯定の表れでもある。そのことを意識的に活用し、場所の魅力につなげている例として、多様な滞留・滞在空間を設えた駅ナカ、休憩場所が点在するショッピングモールやデパート、滞在型図書館や書店、市民の居場所としての公園などが挙げられる。人々の滞在可能性をホスピタリティやにぎわいの向上材料とし、利用の促進を図る例は多い（図8－2）。そこが多様な人々の多様な滞在の場所となる、すなわち④混在性をもつことで、⑤偶然の出会い性も増す。

図8–2 左：駅ナカショップ群とちょっとした滞在場所（上野駅） 右：滞在場所がたくさんあるショッピングモールのの例、南町田グランベリーパーク（東京都）

図8–3 上：フードコートのイメージ写真（上：イタリア・フィレンツェの市場、中：南町田グランベリーパーク（東京都）、下：うみほたる（千葉県））

居心地よい居場所があることは、その空間を生活の一部に昇華させる。つまり、③生活における蓋然性を増す。前述したフードコートの例えに重ねれば、まずは①開かれた滞在の場所、「ここで食べよう」と思える場所がサービス提供の土台だと言える（図8-3）。外からサービスを持って来ることもできる、居心地のよい場所、多様な滞在が誘発されるきっかけが埋め込まれた場所、利用するサービスによってカスタマイズ可能な場所、といったコンセプトは現代的なニーズに対応した「物理的な場所」のひとつの趨勢であろう。そこではもちろん、前述のように、例えばあるテーマに則したオープン性――フィルタの存在も無視できない。

2 〈利用縁〉をつくり、広げる場

以下に前節で示した①～⑤について詳しく述べる。

①オープンであること

その場所にアクセスできること、多くの人々に対してその場所が開かれていることは、その場所が利用される可能性に直結する。そこが物理的に開かれた場所であること、利用者属性やタイミング等に対して開かれた事業であることは、利用者の拡大や、多様な人の関与をうながす。オープンであることには、運営の側面（誰の利用も拒まない、情報発信する、予約がいらない、利用にかかる最低の費用が安価、場をコントロールする主《あるじ》がいる、など）と、建築・空間的側面の両面がある。例えば外から中の様子が見える、門がないまたは開いている、前庭等の踏み込みを誘う空間が前面にある、メニューの看板が出ている、ベンチや段差など座れる場所がある、など様々な事柄に人々は「来てください」や「居られますよ」といったメッセージを見出す（図8－4、8－5）。また、例えば住まいが開かれていること／開きやすくつくられていることは、その居住者が地域に対してケアを提供したり、ケアの場として機能することにつながる。居住者が介護などのケアを必要とするようになったとき、それを受け取りやすいという特徴もある。逆に、これらの要素をコントロールすることで、開くと閉じるのバランスを調整できる。フィルタード・スペースとしての「みんなの場所」をつくっていくために「誰に対して／どこまで／どのように」オープンであるか、のコントロールは、②固有性と文化につながる側面を有する。

例えば前述の三草二木西圓寺は、一義的には地域住民のためにつくられた温泉施設やカフェ、福祉サービスの複合施設であり外来者を拒まないオープンな運営によっていまや観光サイトにも掲載されるようにもなり、その集落への移住のきっかけにもなっている。拠点開設前なら家族形成期に集落か

図8–4 道の駅 保田小学校（千葉県）。垂れ幕やパラソルが並ぶ、「開かれ」のサイン。学校という「地域施設」が、学校らしい外観や物語を残しながら道の駅として運営されている。そのコンセプトと機能を示し、来訪者を歓迎するサインによって、「地域」や「学校という文化」に共感する「来訪者」を呼び込むという、フィルタード・スペースとなっている

図8–5 自転車ラックは、「サイクリスト歓迎」のサイン。立ち寄り地としての価値をアピールしている（上：ソナタリュー（群馬県）、下：メディカルヴィレッジヨリドコ小野路宿（東京都））

ら出ていってしまっていたであろう世帯が集落内に継続居住を決めたり戻ってきたケースもあるという。開かれていることが当初予期していなかった利用者の呼び込みにもつながり、想定していなかった事業や効果への発展を果たしている。

他の例として、オフィスを地域に開いたJOCA大阪や行善寺では、スタッフがノートパソコンを開いて仕事をする同じ空間にお年寄りや子供などを含む多様な地域の人々が訪れ、めいめいがマイカップでコーヒーを淹れてただ居ることや集まることを楽しんでいる。オフィスでありながら地域にとっては公共性をもった集まりの場となっており、ときにはスタッフが場所を譲ることさえある。当初の機能（オフィス）と実際の使われ方（集まりの場）が反転してしまうほどに、その場所には新しい公共の姿が顕現している。

場のコンセプトに応じた開かれのコントロールのもとで、オープンな場所は④混在性や⑤偶然の出会い性をもつ。前述のように、特にケアを必要とする人に対してその場所を「開く」ことは、社会的正義への貢献のための「開かれ」（社会化）ともなる。ある場所がオープンであることと、そこが社会的事業《ソーシャル・プレイス》の場所であることとは必ずしもイコールではないが、それらは多分に重なり合う。

②固有性と文化をもつこと

文化はコミュニティをコミュニティとして認識／形成するためのエッジとなり、またコミュニティはその内部に文化を醸成する。

従来の地域公共施設の整備では、平等性と効率性の観点から最近隣選択[2]を前提に、個性よりもどこででも同じ環境を享受できるよう施設の機能やスペックが同じであることが尊重された。日本全国ど

2 「最近隣選択」は、自宅（のような、それぞれの拠点となる場所）から最も近い位置にある施設を選択すること。最近隣選択を前提とする施設配置では、到達に必要な移動距離の最大値が同じであるよう、整備地区内に均等に施設を分散配置する。その想定利用圏は、セルの大きさが整ったボロノイ分布となる

こに行っても、大きく気候風土が異ならない範囲では公立学校は同じような教室南面片廊下であったし、どこの病院や高齢者施設にもそれぞれ特徴はあれど既視感があった。世帯数急増期、高度経済成長期に全国各地につくられた公共性をもつ住宅団地はどの建物も同じように見え、板状住宅が無数に建ち並ぶ風景は戦後の発展やモダンな生活のシンボルであると同時に非人間的で景観形成を阻害しているとも評された。そのような没個性や地域の文脈からの乖離は後に批判の対象ともなってきた。

しかし、例えばある町の児童館の利用実態を見ると、最近隣選択には拠らず、それぞれの館の特徴によって町内から選択的に利用を集めている。ある館が選択される理由は、屋内遊戯場が充実している、本が充実している、幼児の遊びやすい遊具がある、帰りに買い物をしやすい立地、など様々だ。特に車社会である地域では、乳幼児連れの移動負担が徒歩よりも低いこともあり、距離よりも質（特徴）による選択的利用行動は珍しくない。それぞれの場所がもつ「選ばれる要素」や差異は利用者の共通項とも関連し、〈利用縁〉の形成において有利にはたらく。

人は、そこに居てもいい、そこを選択したことは自分にとって正しいと納得するための理由を必要とする。他とは異なる固有性や特徴は、そこに居る理由やそこを選択したことへの納得感、愛着や認識の手がかりでもある（図8－6）。何かを「選ぶ」ことは自己の発露である。そこにしかないもの、いましかできない体験や関係の構築と選択を通して、自己といま・ここ、を重ねることは、自分の存在を自ら認識し肯定するプロセスであり、いま・ここの世界と固有の自分を結ぶ行為でもある。

「どこにでもある場所」、つまり没個性的で固有性が稀薄な場所とは、ある意味で確かに平等で、どこに行っても「自分」が強固でありさえすれば適応できる環境であったかもしれない。環境が与える手がかりは少ないが、その分だけ、環境に依存する関係を都度つくる必要もない。それは交換可能な場面である。そのように、「交換可能で、匿名性が高い」ことが尊重される文化もあるだろう。例え

図8–6　多様な椅子や設えが置かれ、それぞれの場所を「選択する」行為の誘発が埋め込まれているイグーネ荒井（茨城県、上）、シーバーズカフェ（宮城県、下4点）

ば全国どこでも同じように暮らすことができることを前提にして職場を移動していく官舎住宅、制服や汎用性の高い物品、どこにでも組み込めるユニットなどはそうした価値をもつ。「どこにいっても、これを置けば、○○の場所になる」ことが重視されるモバイルスペースもそうした価値観による。誰もが使えることを追究していく中では、シェアしやすさ、最大公約数的であることが重視されることもある。

③ライフコモンズとシェア——生活における蓋然性があること

コミュニティとケアが一体不可分であるように、ケアとシェア、コミュニティとシェアにもまた、切り離せない関係がある。ケアの本質としての「共に在ること」は、時間のシェアだといえる。時間とは生命であり、生活だ。生活は多分にセルフケアを含み、それ自体がケア的である。ケアとシェアは、暮らしというコミュニティ（関係性）を介して、重なり合う。ものやサービスなどの共通項による関係性を含む〈利用縁〉の中でも、場所の利用はしばしば時間の共有を含む。同じ場所で同じ時を過ごす。その意味で、場所の共有による利用縁はケアの本質に近しい性質をもつ。ある場所の利用を拡げ、安定させるためには、その場所が日常生活に埋め込まれていること、衣・食・住という生活の基本機能を内包していることが有効であり、日常的なアクセスの蓋然性を増す。シェアハウスやコレクティブハウス、住み開き、一時的な「住」としての滞在施設、コミュニティレストラン、カフェ、こども食堂、ランドリーカフェ、これらは衣食住、すなわち生活やその一部を共有《シェア》する場所である。主体的な学びの場、また学びの支援のための物理的・人的資源が整えられた空間「ラーニングコモンズ」になぞらえ、衣食住（＋遊学働）を共用する場、また衣食住の支援の要素が提供されシェアされる場を、筆者はライフコモンズと呼んでいる（図8－7）。ライフコモンズは生活の一部を共有し、そこに積極的に滞在や交流、居合わせを促進するコンセプトを織り込むことで、そこを利用することによる関係性、生活の要素を介した利用縁コミュニティ（ライフコモンズ・コミュニティ）の起点となる。[3]

ライフコモンズは、オープンであることでシェア性を高める。不特定多数の人々に対してその利用可能性を伝え、利用を誘い込む多様な設えを備えた都市公園や（図8－8）、地域公園等をハブとするシェアサイクルの普及などはその例としてイメージしやすい。

ケアの場や機能のシェアもコミュニティを形成する。子育て（に有効なスペース、あるいは時間）をシェアすることをコンセプトとする住宅や住宅地、要介護期やその予備的な時期を想定する集

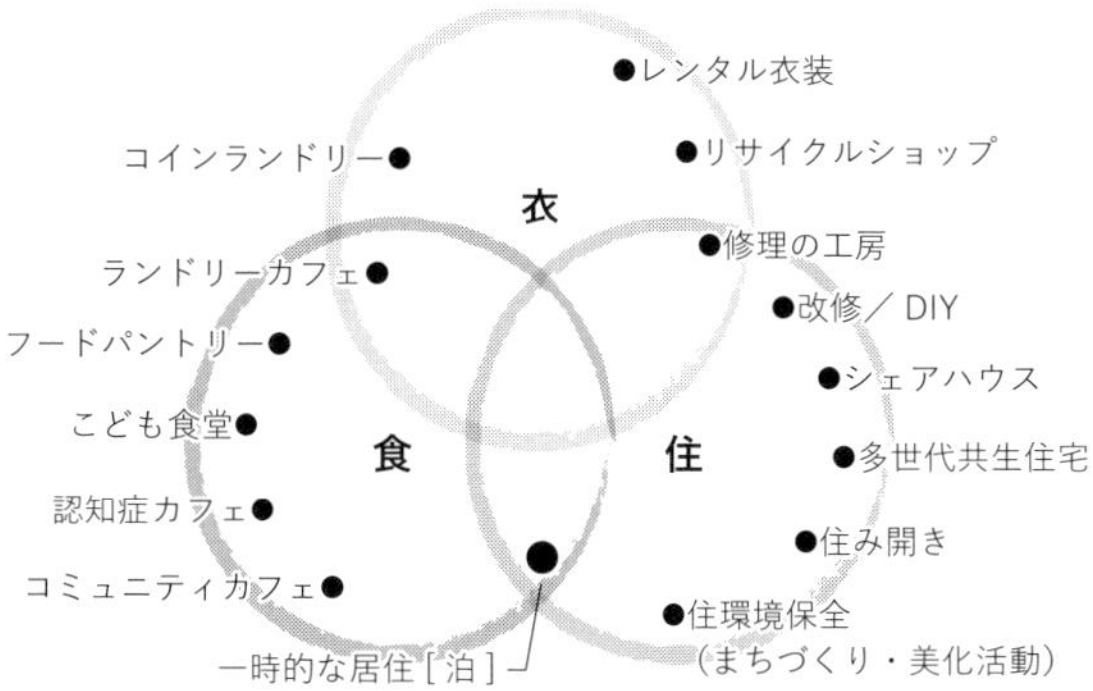

図8–7 衣・食・住の「ライフコモンズ」の例

3 逆に、すべてを個別にもつことは、コモンズを私的に切り分けて所有する、資本主義の本質的蓄積（6章*27*）に通じ、シェアされた「生活に必要なものごと」を通した利用縁、他者との関わりからは縁遠くなることでもある

合住宅〈介護や介護予防をシェアする〉、グループホームなどは典型的な例で、近年では従前は別の事業として扱われてきた複数の支援機能を複合する共生型のケアの場も増えている。多様な人々が④混在する場では、互いにできることが異なる状態のもとに、必要なケアをシェアしながら、自分自身が持てるものをコミュニティや他者に対して提供する関係がつくられる。

あるものごとをどのような範囲でシェアするかは、①オープンさや②固有性や文化の範囲の設定とも関連するが、シェアすることは一般的に、④混在性を増す。例えば自分以外の誰かとの共有も、混在性を伴う〈利用縁〉の契機となる。

図8–8 多様な人々に利用される都市公園は、まちなかにつくられたオープンな滞留の場所（上：セントラルパーク（NY）。下：BAM Tree Lbry Milan（イタリア・ミラノ））

（左）シェア金沢に掲げられた看板。多様な要素とここに集まるたくさんの事業が表現されている。（中）有料老人ホーム入居者らが運営する共同売店の黒板に示された、手描きの街区。（右）まちのようにつくられた、小型建物が分散しつつ連続する風景

（左）既存建物群を改修して開設された輪島 KABULET の外観と（中央）廊下、（右）自治スペース

図8–9「ごちゃまぜ」を運営コンセプトとする社会福祉法人佛子園（本部：石川県）の各施設

④混在という価値

既存の枠組みを超えた混在は、多様なシェアの有り様につながる。例えば三草二木西圓寺やシェア金沢では、多様な人々が「ごちゃまぜ」であることで細かい編み目のような支え合いの関係ができるとしている（図8－9）。ここでは、福祉を必要とするか否かで利用者を分けず、障害者、高齢者、子供といった「属性」によって活動場所を分けることもしない。利用者とスタッフの区別すら曖昧だ。カフェ、レストラン、温泉、駄菓子屋、周辺の農作物や地元名物などの物販、フィットネス、集会・自治など多様な機能を内包しつつ、高齢者居住や高齢者支援、障害児者への支援、児童への支援などの拠点となる地域の拠点施設やエリアを構築している。

今日ではよく聞かれるイノベーション（革新）の概念を提唱したヨーゼフ・シュンペーターは、そもそもそれを、「新結合 neue Kombination」と表現していた。従前にはな

い組み合わせで要素が結合することで、新しい価値が生じる。組み合わせのもととなる要素が多様であるほど、新たな発想や展開が期待できる。多様な要素、例えば事業や利用者の属性の混在は、ある部分で施設を施設たらしめてきた「立地≒利用者の居住地・勤務地（最近隣選択、地縁）」や「属性別整備」「明確な用途」からの脱却を意味する。例えば先の例で、地域公共施設を観光客が利用しても一向に構わない。[4] 交流人口や関係人口が定住人口に替わる／加わる地域の活力の指標と理解されるに至ったように、むしろ地域の維持の観点から歓迎される。そして外来者の存在は、地域の利用者の意識をゲストからホスト側に変え、主体性や誇りを醸成する。「運営者」ではなく利用者≒外来者《ゲスト》としてその場所を使う地域住民でも、もっと「外」から来た人がいると、その場やそこへの来訪者にある種の責任をもつ者として振る舞う、ホスト意識が喚起される。福祉事業所の見学等にうかがえば、利用者らに「ようこそ」と迎えられたり、その場所の説明をしていただくことはままある。卑近な例では、家の中で普段は親の庇護下にある子供が、友人を家に招くとそのときばかりはホスト側として振る舞うようになる状況などはわかりやすいシーンとして想像できるだろう。ケアを必要とする存在があることは、そのコミュニティの枠組みをコミュニティの構成員自身に意識させる――この場で助けを必要とする者は誰か？（人に限らず、価値観や秩序、事物や文化など、ここで）守られるべきものは何か？――。利用者の属性が混在することは、立場の異なる利用者がそれぞれの役割を見出しやすくすること、つまり主体的な意識や振る舞いの契機となる。

利用者と運営者は必ずしも明確に異なるものではなく、その間にはグラデーションの関係や双方向

4 ただし、地元の利用者に対して外来の利用者の比率が高まりすぎると、地域の住民のための場所、というコンセプトが揺らぐ可能性がある、ここでもある種のフィルタの設定が課題となる

5 利用者として参加をはじめ、スタッフ的な働きをするようになり、それが難しくなればまた利用者に戻れる。そうでなければ、担い手として参加できなくなった者は去るしかなくなる。ある場所ではあくまで利用者でいる人が、他の場所では主たる運営者であるかもしれないし、いまはただの利用者でいられる場所を求めているのかもしれない。職場で働き、家庭でも役割をもち、そうではない居場所としてようやく見つけた場所でも担い手であれと求められればつらくなることもあるだろう

の行き来がありうる。例えば今日は利用者として、明日はボランタリーなスタッフとして。利用者を運営者側に取り込むことは、利用者の主体性を引き出し、「みんなでつくる」場の価値を高める。一方でそれが、いつまでも利用者でいることを許さないという空気につながることは好ましくはない。ひとたび運営側に参加しても状況に応じて一利用者に戻れるなど、選択や行き来ができることや、双方向性のある**立場の混在**[5]は、そこに参加する利用者の様々な関わり方を可能にする（図8−10）。

人口減少局面での地域公共施設の再編は、多くの場合に機能の複合・統合を伴う（5章4）。このとき、この統合的拠点では、当然の帰結として従前は異なる施設で処遇されていた利用者や目的の「混在」が起こる。複雑化するニーズをひとつところで担うことができる統合的な対応を図ろうとすれば、選択肢がある程度限られるにせよ、そこには混在や多機能化が必然的に生じる。それは「コンビニエンスストア」が便利《コンビニエント》たるゆえんであり、「ワンストップ型サービス」が喜ばれる理由である。障害者

図8–10 暮らしの保健室（東京都）
この場所を利用することも、イベントや軽作業などのボランティアとしても参加できる。ひとりの人には多様な側面が存在し、それは時期や体調等によっても異なる。運営者も、利用者らが開催するイベントに一利用者として参加することもある

就労支援事業所「アイラブ福祉研究所」（図8-11）では、地域の時期的に生じる人手不足などを補ったり土産物の企画・製作、農作物の卸販売など、多角的に仕事を引き受け、またつくり出すことを意識的に行っている。「様々な仕事があれば、その仕事の工程を理解・実施可能な部分に切り分けたり組み合わせたりすることで、どんな人にもその人ができる仕事を見つけられる」という。その空間もまた雑多さが心地よい。5章5で「心地のよい混沌」と表現した混在の場では、なんでもありで、ゆえにどのようなものも否定されず、空間が単純な用途と結びついていないからこそ、人々は明確な目的をもたずとも他者と関わりながらそこに在ることができる。

図8–11 アイラブ福祉事務所（山梨県）

⑤実在の場所での混在と「偶然の出会い性」

「ある特定の属性の人を対象とした福祉施設」が、「ケアを必要とする様々人々のための福祉施設

（現在の「共生型ケア施設」など）」に、またそれが長じて「ケアと場をシェアする地域施設」に統合されていくとき、そこには**住まう／働く地域や興味関心を共にする多様な人々の混在の場が生じる**。[6]それは先述のフードコート型の場所であり、テーブルを共にする人々のうち、ある人には介助は不要で、ある人には食事介助が必要なのでそのときだけ支援者が居る状況かもしれない。機能を提供する拠点と提供される機能を個々人が受け取り楽しむ場所の組み合わせは増えていくだろう。機能と場所、利用者の組み合わせの多様性は、「（従来通り）じゃない」可能性や価値観をつくる。

　このとき特に注目すべきはそれがオフラインに実在する場所である、ということである。VRやメタバース、情報空間での活動や交流の増加が取り沙汰され、それが避けられない状況であるからこそ、実在の場でのケアには一層注目する必要がある。メタバースは現在の差別の構造を無意識に踏襲しうるし、新たな「障害」をつくりうる。その意味で、そこが実在する場所であるからこそ、あらゆる人々はその身体ひとつをもってそこに参加し、関係を結び、そこに「居る」ことができる。アプローチ可能なケアの場所が実態を持って存在すること、アクセス可能な実空間にケアがあることは、場所を介した社会的正義の大前提である。

　現実に存在する場所で、多様な人々やニーズが混在する。その状況は、人々の想定や想像を超える、偶然の出会い性を高める。人は一般に、体験したことがないものは想像し難く、だからこそ何かが実際にそこにあることは、それ自体が強烈な想起のガイドであり魅力となる。何が食べたいか思いつかなくてもとりあえずスーパーに行けば、旬の食材や思ってもいなかった何かが目に入る。おや、こんなものが。それなら久しぶりにあれをつくろう。

6　統一的基準で設けられた建物に、類似した属性をもつ（とみなされる）人々を集めてほぼ同じ機能を提供し・受け取る事業場所（施設）は、提供側のケアワークの集約による効率性という利点がある。あるいは、ニーズやペースの近しい人々が同じ場所に居る（逆に、大きく異なる人々が居ない）という安心感もある。こうした集約的な施設は、それぞれ経緯やメリットもあることからもちろんすぐになくならないだろう

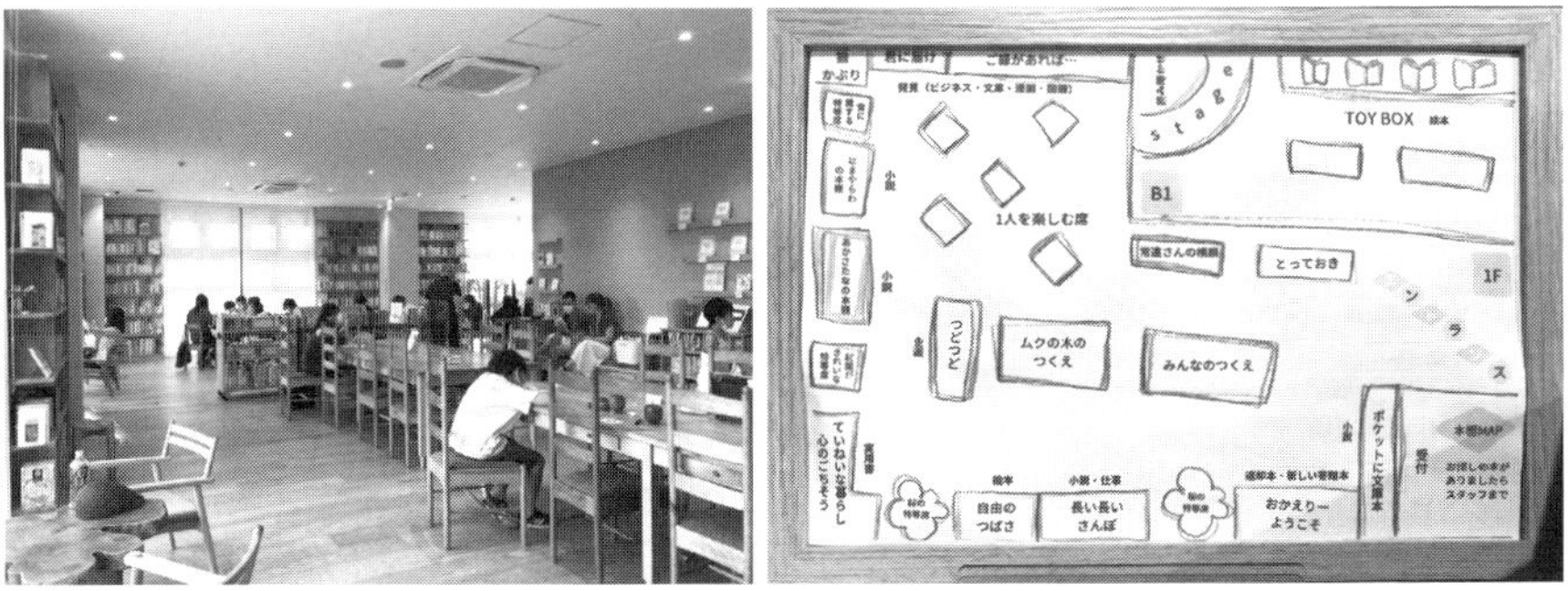

図8–12 本を介した居場所の例（まちライブラリー@南町田グランベリーパーク）。まちライブラリーでは、「メッセージ」を添えて寄贈と読み継ぎをしていく取り組みを行っている。手描きのゾーニング・マップは温かさや意思を人々に伝える

家に居ながらにしてオンラインで買い物ができ、映画を見たり運動もできる今日という時代には、自分が想像できるもの、定義できるものにはオンラインでアクセスできる。だから自分のこれまでの**経験や価値観による検索・推薦の枠を超えた、思ってもいないものに出会える可能性**は、わざわざコストと時間をかけて、「あえて」物理的な場所に出かける理由になる。また、同様にコストをかけている他者と場面を共有することでのモチベーションの喚起も生じる。[7] そこでは明確に定義されえないインフォーマルなもの、欲しいとすら思ったことがないもの、思いがけない経験や人との出会い、それらとの**偶然の出会い性**[8]がより重要になる。例えば本を媒介にした居場所（図8－12）は、それが本という実存のものを媒介とすることで、それを手にする「自分」という身の置きどころという「場所」、また実際のものを借りて・返しにくるという「再訪を促す現実的な仕掛け」が融合している。

7 自宅でひとりオンラインの授業動画を見ているよりも、「教室」という実際の場所でクラスメイトや教員と場所と時間を共有しながら受講する方がモチベーションを保てる――COVID－19下での授業は実に学びが多かった

8 青木美佑紀、山田あすか「書店における客の滞在書架と探索行動特性に関する研究――店舗ごとの建物・配架形態と客の属性による比較」『日本建築学会計画系論文集』七四一六三七、五四一～五四八頁。書店の空間特性とそこでの行動特性を題材にした研究。書棚の幅が短く、連続するゾーンが見通しやすい空間構成の場合に、連続するゾーンへのブラウジング行動の展開が生じやすいことを指摘している。つまり、機能の連続性や見通しはその場所での発展的な行為、また偶然の出会いを誘発する

意識的行動を伴わなくても情報や関係性がそこに「在る」状況では、少ない負荷で出会いを受け取ることができる。現実に存在する場所は、張り詰めた意識から自由になれる場所でもある。建築計画やサイン計画では従来「わかりやすさ」が重視され、ゾーニングや適切なサインのあり方が研究・提唱されてきた。一方で、わかりにくさ、複雑さ、迷いがあること、は既存の枠組みを越えた偶然の出会い性を高める。[9]例えばヴィレッジ・ヴァンガード、ドン・キホーテ、本以外のものとのコラボレーションに積極的なTSUTAYAなどの商業施設は典型的な例である。そこには混在と出会いによる新鮮さがあり、目的なくふらりと出かけても欲しいと思えるものが見つかる場が演出されている。「機能別」に特化してつくられてきた施設にはない価値といえる。

まちには多様性と出会いが必要だという指摘はジェイン・ジェイコブズ[10]からある。「ニュータウン」批判にも、そうした「計画されたまち」への違和感、様々な隙間や居場所、可能性の見つけにくさが内包されていた。その意味では、施設の機能複合化は、「まち性」の復権とも言えるかもしれない。想像しえなかった価値あるものを偶然に見つけること、偶然を契機に善いものに巡り合うことはセレンディピティと表現されるが[11]、想像を超えるものに出会ったり、思いがけない価値が生じていく社会的イノベーションの場の条件にもまた、偶然の出会い性は大きな位置を占めるだろう。①開かれていること、③シェアという生活における利用の蓋然性があること、④混在性は、偶然の出会い性を高める。

9 意図も自覚もないわかりにくさや迷いがあることは、それらに弱い人々に対しては混乱や害を与えうる。ここでは、「わかりにくさ」讃美ではなく、「わかりやすさ」を至上とする／してきたことがもたらした隘路からの脱却を意図して記述している。また、混在や迷い、わかりにくさがある場所は現状ではある種のテーマ型のスペースとして想定され、それは主《あるじ》の意図とコントロールによるフィルタード・スペースとして構想されることが現実的であろう。例えば歩道と車道の分離はより弱い者の安全と交通利便性を守るために有効であり、不特定多数の人々や車が多数通行する場合に特にそうした分離は必要である。一方で歩車融合空間としての住宅地ボンエルフ（生活の道）は、そこを使う人がある程度限られ、その場所の意図が共有されることによって利便性や安全性と混在性が両立する

10 ジェイン・ジェイコブズ著、山形浩生訳『[新版] アメリカ大都市の死と生』鹿島出版会、二〇一〇、七三、一七一〜一七五頁

11 ホレス・ウォルポール、一七五四

1——外観、また内装で目を引くのが民族柄のファブリックである。東南アジアやアフリカで暮らしていた代表や関西に在住しているJICA海外協力隊のOB・OGが現地から持ち帰った色鮮やかな布を2階のベランダに掲げている
2——文化住宅が残る古い路地は、昭和レトロな景観を生み出している。クランクする路地の突き当たりに建物が位置し、アイストップの効果がある立地であることも特徴的である。また、1階部分は路地側がガラス張りになっており、路地を行きかう人に対する宣伝の効果を発揮している

2

事例｜12

文化住宅を改修したオープンオフィス

JOCA《ジョカ》大阪

所在地：大阪府摂津市
設　計：五井建築研究所、kyma
運営者：JOCA 公益社団法人 青年海外協力協会
https://pjcatalog.jp/archives/688

青年海外協力協会JOCAが全国に構える8か所の拠点のひとつで地域に開かれたオープン型オフィスである。大阪・梅田中心部のビルから、「地域とのかかわり」を求め地域での活動の拠点となる場所を探し、昔ながらの住商混在地域にある商店街裏の路地、木造賃貸アパート群が立ち並ぶ一角にあるこの場所に移転してきた。また、JICA青年海外協力隊のOB・OGである職員が、協力隊の応募相談対応を行う。常駐スタッフは2人（調査当時、現在7人）で、地域住民が利用している横で仕事をしている様子が一種独特である。

空き家となっていた古い文化住宅[*1]の改修によるもので、耐震補強を含む基本的な改修は五井建築研究所の設計により、家具や内装は地域の方々、JICA海外協力隊のOB・OG、JOCA職員など、のべ約100人によるDIYでつくられた。おおよそ3か月にわたる工期の間、毎日外でDIY作業を行う中で、通りがかる近所の人が何をしているのかと尋ねる。そこで、この場所の趣旨と、大工作業が得意な人がいれば教えて欲しいとお願いしてみる、といった応対をするうちに近所から応援の手が加わるようになり、中には常連として定着した人もいる。改修作業を見せる、オープンな枠組みとして自然な参加が促される取り組み体制が、この場所の広報にもつながった。

普段は、1階がセルフのカフェ機能をもつオープンスペースとスタッフが行う各種事業のオフィスワークスペ

1

＊1：文化住宅…近畿地方での呼称。1950 ～ 1960年代に建てられた一群の和洋折衷住宅である。典型的なものは瓦葺きの木造モルタル2階建てで、風呂なしのいわゆる木賃アパート

3

4

1——利用者はセルフで飲み物を用意する。洗い物も自分でする。利用者が自分のカップを置ける「マイカップ棚」
2——DIYでつくられた「めだかのテーブル」。水槽が組み込まれている
3——DIYの様子がパネル化されてテーブルなどに飾られている
4——ガラスに手書きされた文字が、気取らない「隙」感を与えている

ースである。誰でも自由に使えるオープンカフェは、オフィスの一角が地域に開かれている状況だが、誰もここをオフィスとは捉えず、来訪者はそれぞれが好みの場所を見つけ、くつろいでいる。小中高生が宿題やゲームをする、近所の高齢者が囲碁や将棋に興じる、子連れの保護者等がおしゃべりや茶話会をする、ふらりとやって来た人が独りコーヒーを飲みながらゆっくり新聞を読むなど、様々な世代がそれぞれの過ごし方で自然に共存している。夜や週末等には地元の趣味教室や、各種活動グループ、学生サークル、異業種交流会などのイベント・セミナーの会場としても開放されている。

2階は日本財団による助成金を得て2021年に改装工事が行われた。階段を上がると開放された子どもや親子がゆっくり過ごせる畳部屋があり、それに隣接して資機材の収納スペースがある。常連を生み出す仕掛けとして、マイカップ棚が特徴的である。自由に使える共用カップの他、常連、あるいはこれから常連になりうる人々は自分たちでカップを持って来て、置いておくのだ。「ものを置く」ことは、その場所のパーソナライゼーションにつながる行為の典型であり、つまり「この場所をあなたのテリトリーにして欲しい」というメッセージが埋め込まれた仕組みである。また、お茶やコーヒーを自分で淹れる仕組みはマギーズ・センター*2と同様で、その場所の主（ホスト）としての役割を自ら担うという主体性の喚起の効果がある。

毎日多くの地域住民が利用することで、利用者同士の関係や、スタッフと利用者の間にも顔見知り以上の関係が生まれており、地域住民同士の見守りや人脈形成の拠点となっている。台風で近隣に被害が出たときには、人手を出したり、修繕のための道具や材料の貸し借りなど、災害時の助け合いの拠点としての機能も果たした。

1

2

＊2：114頁参照

介護サービスの利用実態から、地域共生コミュニティの拠点づくりをみる

——佐藤栄治

日常生活と医療・介護計画

超・超高齢化が急速に進む中、多様な課題に対応しながら社会を持続的に支える適切な介護計画が求められている。[1]住み慣れた地域での居住継続を支援する包括的なサービス提供体制「地域包括ケアシステム」では、三〇分以内にサービスが提供される「日常生活圏域」(中学校区)を計画単位とする。しかし、全国一律の圏域設定には現実的に困難である。特に地方都市では少子化に伴い学校が統廃合され、高齢者の居住と介護ニーズの密度とは無関係に、中学校区のサイズは大小様々であり、大きな方向としては、広域的な規制や誘導、最適解を探る計画が必要となっている。

都市計画の分野では、地域の産業や住宅、地域の拠点等を誘導する都市マスタープランや、地方行政の将来を見据えて策定される各種施設の立地適正化計画や総合管理計画等のいずれも、常時社会情勢を反映して検討や修正が行われる。例えば「コンパクトシティ構想」では、医療・介護施設を「居住・都市機能を誘導する地域」に誘導すべきとの記述はあるが、総じて医療・介護についての記述は少ない。具体的な医療・介護計画は、主に社会保障費の抑制の観点から対人口当たりの必要医師数やサービス量の算定、行政界、計画単位当たりの数値を根拠ないし目標として別途つくられている。しかし実際に、訪問医療・介護の拠点や病院、介護施設は、人々の居住地や人口の分布と密接に関係しており、例えば公共住宅では医療・介護を必要とする人々の割合が高いといった特徴がある。

1　各地方自治体は三年に一度、「介護保険事業計画」を作成し、サービス受給を検討する

地域の実情を踏まえ、ニーズを適切に反映し、またニーズの誘導を予測的にシミュレーションする観点からは、医療・介護・居住は一体的に国土・都市計画に含まれねばならない。そのためには、地域包括ケアシステムにおける専門的サービス…予防、医療、介護と、非専門的サービス…住まい・住まい方、生活支援・福祉サービスを、地域特性を反映させつつ結びつける戦略的マネジメントを都市計画・地域経営のツールとして位置づける必要がある。これは同時に、地方の維持と地域経営の基盤的戦略の策定でもある。「地域共生コミュニティ」は、このような包括的戦略により結果として実現されるもので、この戦略を可視化し、人々と共有するための、コミュニティを結節する拠点の創成が必要である。

介護サービスの計画と整備を含め、これまでの社会制度の設計と運用は「利用者の属性と用途」を基準とする分割（役割分担）を前提として行われてきた。本書では、利用者の属性に立脚した施設と建築計画や都市計画、拠点整備計画という枠組みが、現在の社会的潮流の中で大きく変わりつつあることを示している。今後の持続的な地域社会の構築に向けた生活基盤のあり方に向けて、以下には介護サービス利用の実態[2]を通して、圏域的な側面から福祉機能をもつ地域共生コミュニティの拠点の可能性を見てみよう。特に、アクセシビリティと人口分布の観点で拠点づくりが困難とされる中山間地域や、極端な高齢化地域を含む地方都市の一自治体を事例とする。

P市の通所系介護サービスの実態

P市では、地域包括ケアの想定単位として一三の「日常生活圏域」が設定されている（図1）。その中には、一定程度の人口密度を有する市街地に重なるB、E、F圏域と、人口密度の低い山間部K、L、M圏域がある。二〇一五年国勢調査結果を基に総人口を面積按分し、日常生活圏ごとに集計して示した。高齢化率は、一七・七％から四〇・七％と幅がある。

高齢者が集まる拠点となりうる場所として、通所系介護事業所[3]に着目する。高齢者の送迎を伴う通所サービスが成立可能な場所であれ

2 介護サービスの利用実態を国保データベース（以下、KDB）から抽出して分析した結果を参照する

3 通所系介護事業所として、通所介護・地域密着通所介護・小規模多機能型居宅介護・認知症対応型通所介護・介護予防通所介護・介護予防小規模多機能型通所介護を提供する事業所を対象とする

4 分析データは、二〇一八年一月の一か月分とし、一〇六四件のデータを集計した。データは既報（後掲5〜7）と同様に、匿名化処理を行なった、位置情報付きのデータ群である

5 野原康弘、佐藤栄治「介護レセプトからみる介護サービス利用実態と日常生活圏域設定の課題——中山間地域を抱える地方都市N市を事例として」『日本建築学会計画系論文集』七八一、一〇四五—一〇五三頁、二〇二一

6 佐藤栄治「介護サービスと移動——介護レセプト分析からの実態把握」『農村計画学会誌』一三七、三、二〇一八

ば、交通支援を交えながらであればその場所に物理的に「集まる」ことができる可能性がある。また、そこは、ケアのある集まりの場所、として機能の維持が期待できる。

KDBから抽出したP市の介護レセプト（介護サービスの利用実績）から、通所系介護事業所を利用した実績値を分析する。[4~7] 表1に示す日常生活圏域境界、通所系介護事業所のデータ、介護レセプト実績データをもとに、①日常生活圏域での通所系介護利用者の移動完結性、②最近隣事業所での通所系介護利用者の移動完結性を見てみる。[8] 利用に伴う移動の実際を示すNVD（Network Voronoi Diagrams、道路経路上の二等分距離の境界を示す）では、単独自治体内での日常生活圏域とのズレ、または他市町との日常生活圏域の取り合いを確認できる。

介護の利用実態と、拠点づくり

B、E、F圏域（市街地）と、K、L、M圏域（中山間地域）では、特徴的な介護利用がみられた（図2）。B、E、F圏域では、日常生活圏域圏域間の移動が活発である。中心市街地市街地の交通網の発達や周辺事業所数により、日常生活圏域内であるかや経路距離での最近隣であるかによらず利用者自身のニーズで事業所選択がなされている。また、そのよ

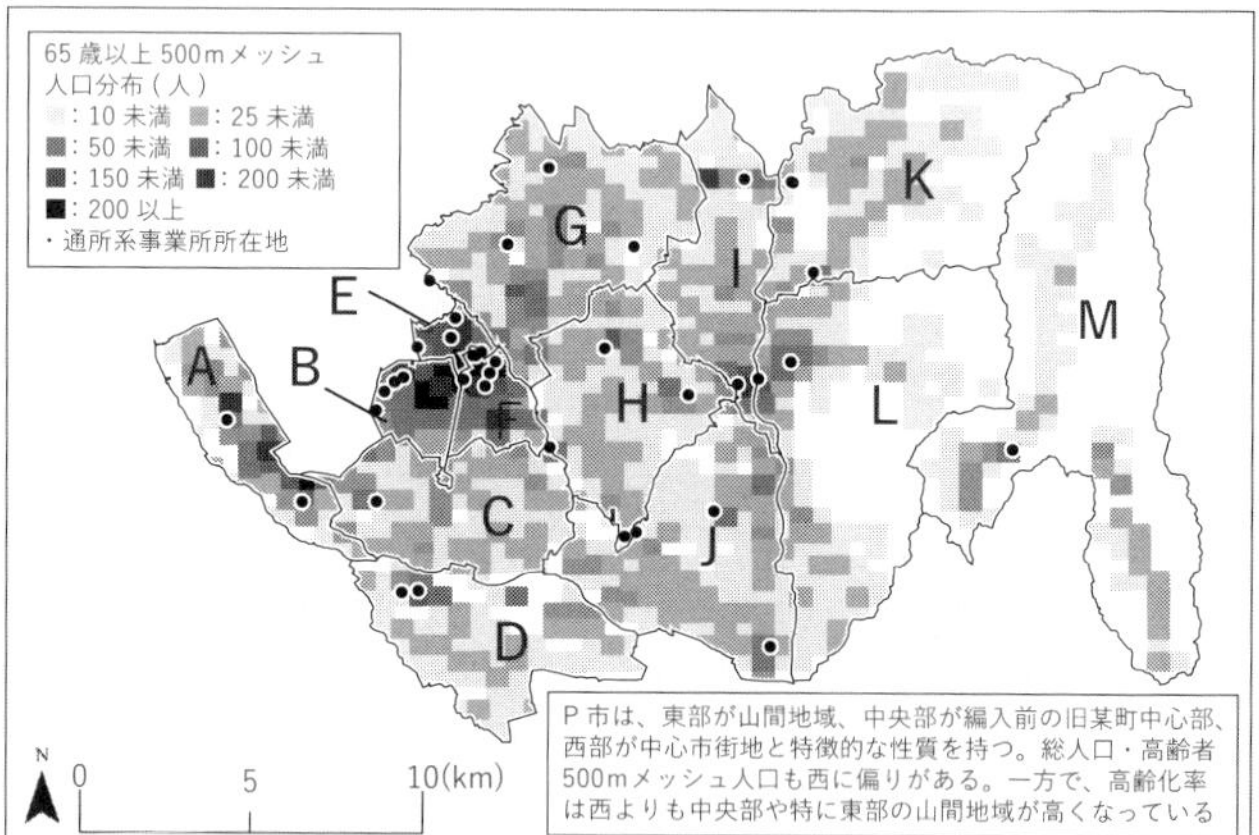

図1 P市の日常生活圏域と通所系事業所立地

日常生活圏域	人口：人	高齢者人口：人	高齢化率：%	面積：㎢	人口密度：人/㎢	圏域内通所施設：件
A	6,530.1	1,792.6	27.5	14.38	454.1	2
B	14,227.9	2,512.3	17.7	5.93	2,399.3	5
C	4,671.2	1,162.8	24.9	22.17	210.7	1
D	2,422.0	826.3	34.1	23.96	101.1	2
E	6,032.0	1,424.1	23.6	2.67	2,259.2	4
F	9,686.9	2,279.9	23.5	5.75	1,684.7	6
G	8,800.1	2,016.0	22.9	34.84	252.6	3
H	4,978.0	1,236.1	24.8	24.53	202.9	4
I	5,663.6	1,375.1	24.3	19.23	294.5	2
J	4,413.4	1,454.7	33.0	32.7	135.0	3
K	2,194.2	745.7	34.0	42.59	51.5	3
L	3,607.6	1,147.9	31.8	52.92	68.2	2
M	1,611.7	655.9	40.7	72.87	22.1	1
P市全域	74,838.6	18,629.3	24.9	354.5	211.1	38

7 鈴木達也、佐藤栄治他「医科レセプトを用いた医療的過疎地域の推定に関する基礎的研究」『日本建築学会大会（関東）学術講演梗概集（農村計画）』七一—七二頁、二〇二〇

うな選択が可能である。中山間地域K、L、M圏域では、特にL圏域の圏域内完結率が一四・八%と極めて低く、周辺のJ、K圏域への流出率が大きい。また、市街地J、K、M圏域に事業所が立地する三事業所（ID30、32、37）は経路最近隣領域内での利用完結率が高い。つまり、「自宅から近いから」の利用が多い。

　これらから今後のP市の日常生活圏域の再設定を考えると、市外からの利用や市外への利用がみられる圏域では自治体を超えた圏域設定を検討する必要性（圏域の連携による広域化検討）、また日常生活圏域内での完結率が低い圏域では周辺圏域への流出状況に応じて圏域の廃止・統合（関係性が高い圏域との統合による広域化）を検討する必要性がある。

　日常生活圏域が、介護利用／支援が成立する範囲も含む生活実態に即した「生活圏」を示すのであれば、「地域共生コミュニティの拠点づくり」は、こうした広域的な計画論から計画と検証が可能である。地域における高齢者とその家族の生活は介護（ケア）なしには成り立たない。そのためには、ケアのある、物理的に集まれる場所が必要である。どのような利用圏域でケアのある集まりの場所[8]通所介護事業の場所が成立するかは、介護という現実的な事業の成立要件を通して拠点形成の妥当性の検討に資する。またそうした拠点づくりは、都市計画における生活基盤の誘導と地域経営の基盤的戦略、またその結果としての「地方」の維持にもつながる。

地方・地域の維持と計画

　P市の分析結果のように、現在、計画・整備されている「日常生活圏域」と、実際の介護利用の圏域は一致していない。高齢期の生活支援が真に成り立つかの検討には、先述の圏域の統合再編や圏域間連携に加えて、地域包括ケアシステムに関連する他の介護サービスや医療連携等を連動させる必要がある。地域拠点とそのネットワークは、地域における医療・介護・生活支援の連携を担う、今後の高齢期の生活基盤の戦略的誘導の要となる。

　その他の「機能」の連携・統合も利用圏域に影響を及ぼす。地方都市では人口減少に伴

8 最近隣事業所での通所系介護の完結性を、地理情報システム（以下、GIS）を用いて、P市とその近接市町の通所系介護事業所の立地データにより、最短距離ではなく道路距離（経路、ネットワーク）を作成した上で分析し、ネットワーク・ボロノイ図を作成した

表1　分析内容と各データの詳細

分析内容	データ	範囲（期間）	出典
計画区域データの整理	日常生活圏域データ	P市	P市ホームページ（介護保険事業計画より）
NVDの作成	通所系介護事業所データ	P市と隣接市町	各市町ホームページより
介護利用者の属性把握	国保データベース(KDB)システムの介護レセプト	2018年1月分(1064件)	P市からの提供
高齢者人口分布の把握	500mのメッシュ別人口データ	P市と隣接市町	e-Stat(2015年国勢調査)より

う公共施設の統廃合に代表される機能や施設の統合・複合化が加速しており、単純に利用者減に対応して施設を減らすと利用圏域が広域化しすぎるため、機能の統合によって日常生活圏域に留めている側面もある。これらは、今後「地域共生コミュニティ」を推進する上で、施設や機能の複合化による利用者の集積に加えて、地域やコミュニティの意義の再解釈、

図2　市街地部と山間部の日常生活圏域の特徴と計画圏域の検討

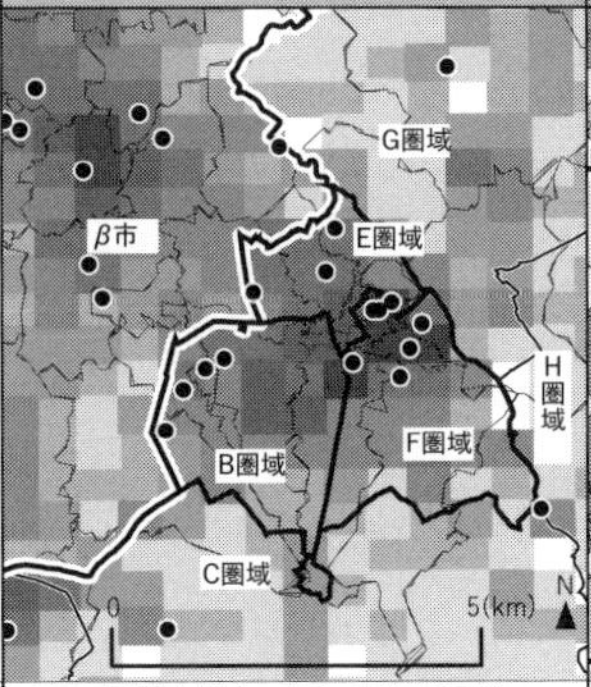

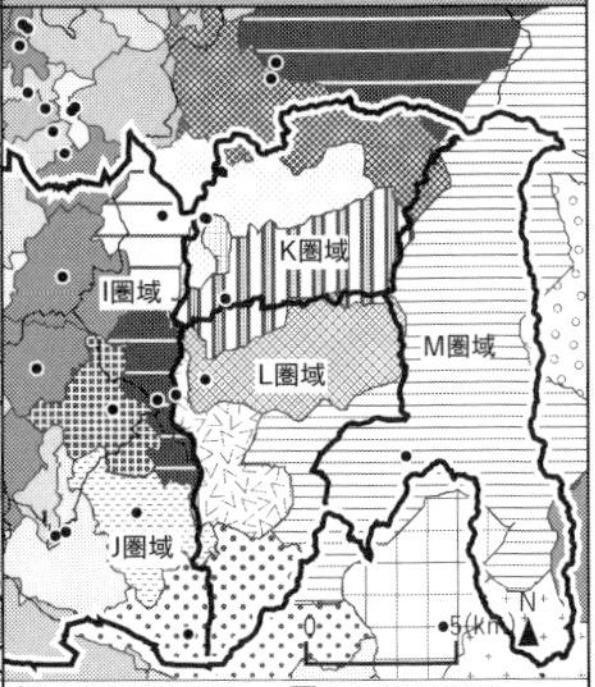

圏域名	B・E・F圏域（市街地）	K・L・M圏域（中山間地域）
日常生活圏域とNVDネットワークボロノイ図	（地図）	（地図）
凡例	●：通所系事業所　▢：日常生活圏域　▢：B・E・F圏域　▢：通所系事業所NVD 図中のメッシュの色の濃淡はメッシュ内の高齢者人口の多寡を表す	●：通所系事業所　▢：日常生活圏域　▢：K・L・M圏域　▢：通所系事業所NVD 図中のハッチングは各事業所のNVDを表す
特徴	・E圏域に市役所が立地し、隣接するQ市内のJR鉄道駅と近く、人口密集地・中心市街地である。高齢者人口はP市内で最も多いが、高齢化率は市全体よりも低い。圏域周辺にはQ市中市街地も含め通所系介護事業所が多く立地し、1事業所あたりのNVDが小さい ・圏域内完結率は、B：27.2％、E：19.4％、F：31.3％といずれも低い。流出先は、BからE・F・市外へ合計46.8％、EからFへ37.5％、FからEへ23.8％と中心市街地周辺圏域での移動が活発	・K・L・M圏域はほとんどが中山間地域であり、高齢者人口は少ないが、高齢化率はP市内で高い地域である。事業所数が少ないことに加え、1本道が多く道路密度が低いため、NVDが大きい ・圏域内完結率は、K：42.6％、L：14.8％、M：33.8％とL圏域が際立って低い値を示している。L圏域内のNVDをみると、周辺圏域JやKのNVDが大きくくい込んでおり、流出先にもJ・Kへ39.4％と高い値を示す
計画圏域の検討	P市とQ市の中心市街地が近い特性により、Q市との自治体を超えた連携した圏域の設定。 ニーズの再把握による圏域内サービスの充実	L圏域をNVDに合わせて周辺圏域K・J・Mに分割し統合する。 高齢者人口が少なく密度も低いため、NVDを超えた利用はアクセシビリティの観点から介護者の負担になる。デマンド交通などの地域内交通網と連携した圏域設定

また圏域設定の計画を一体的に検討する必要があることを示唆する。

近年の都市の縮退戦略として提唱されている都市全体のコンパクトシティ化は、都市経営の効率化を期待できる一方で、地域の消滅や分断をもたらすものであり、地域経営の根幹となる地域包括ケアとは相矛盾する部分もある。そこで筆者は、用途の混在化を進めながら小地域ごとに居住地と空地の集約を行い、都市構造に内在する網の目の道路と居住地のネットワークと、都市の辺縁《エッジ》を維持する「連携と混在による都市」を提唱している（図3、4）。この場合、住民の住み替えは最小の距離で済み、一般的なコンパクトシティの手法に比べて地域と道路網の維持可能性が高まる。地域の維持は、近年その活性化が期待される、住民の主体性を重視する「新しい公共」の互助システムや、地域包括ケアの基盤そのものである。そして、こうした小地域内での居住地集約に伴って、近代都市計画の根本的方針であり、人口拡大・高度経済期のロジックであった用途地域による住・商・工の機能分離は融解し、住・商などの機能混在が生じる。生業／就労と居住、生産と消費、多機能が混在する都市は、現在のICT化と融合して、新たなイノベーションの土壌となる。

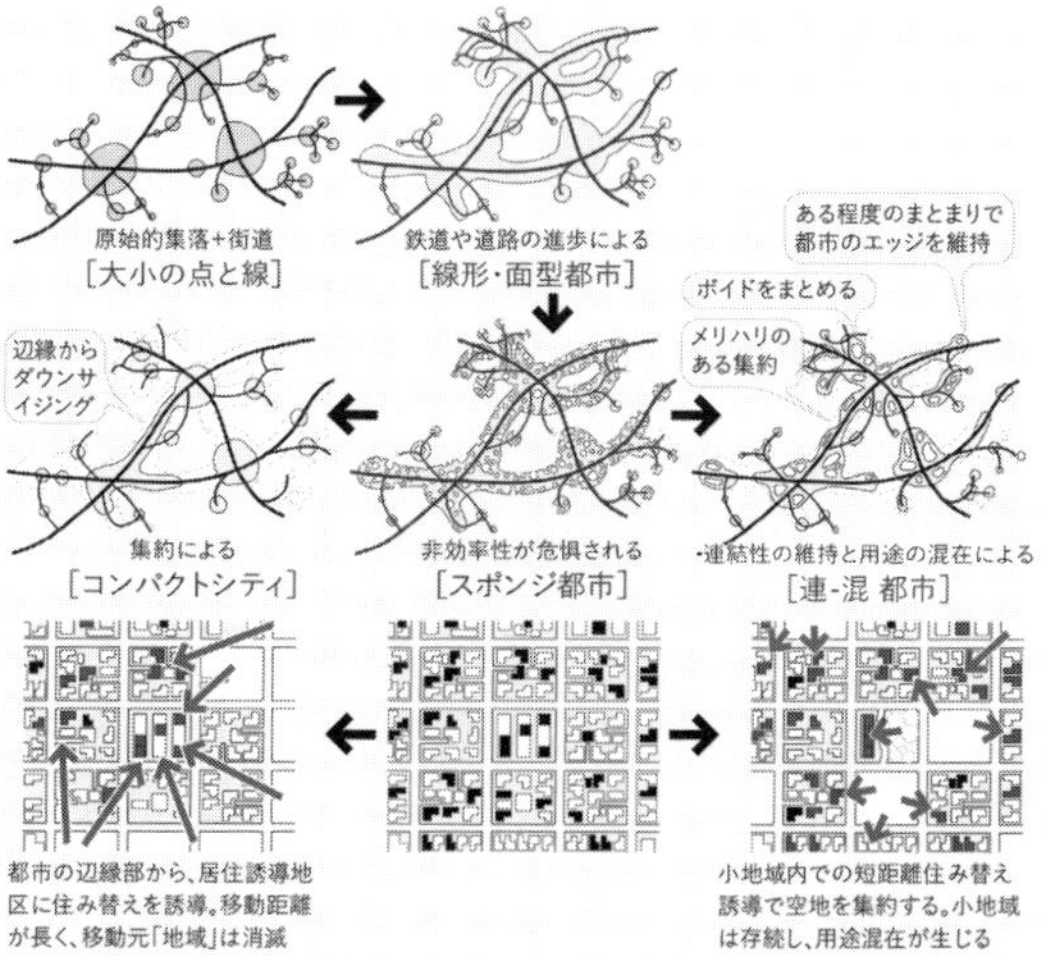

図3　都市構造の変遷と新たな都市計画手法としての連携・混在都市

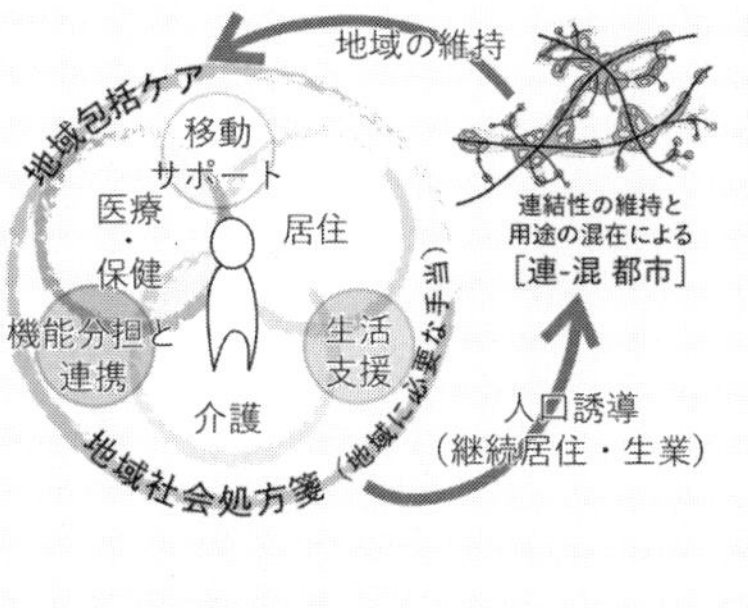

図4　地域社会処方箋と「地方」「地域」の維持

column 8

時間と統合から

公共へのアクセシビリティの欠落に関連する時間の貧困は、コールと同時期にミヒャエル・エンデが**人々が自身や人生の豊かさにとって最も貴重な〝時間〟を軽視し手放し**（いまを楽しまず、だまされて貯蓄に回し）てしまうがために起こる貧しさ」を看破し、児童文学『モモ』として昇華されたことと通じる。[1]これは繰り返し指摘されてきた、労働と自己をめぐる主要な課題のひとつである。社会的サービスや公共機能が、社会的な所得の再分配の意味合いをもつように、今後、コミュニティやケアの概念では**「時間（自由時間）」の再分配の機能がより重視される**ようになる。自分が自分であるために、他者のケア役として一方的に搾取されることのない統合された時間を必要とする。

時間の貧困についての現代的な課題として、効率化や安い値段での労働力の確保のため、サービスのプロセスを分解してそれらに労働者を割り当てる、経営の仕組みは、人々のカイロス的時間（主観的、連続的な時間、内的な感覚であって経験と質的な変容を伴い、感情と結びつく）を、計測できる客観的なクロノス的時間の価値観、すなわち生産性という評価軸で切り刻み、無力化すると指摘される。[2]「個人」ないしその個人が含まれる、社会構成や生活の基本的単位としての「家族」の一貫性が担保されるためには、就労《ワーク》と家庭生活《ライフ》のバランス、就労を短期間に切り刻まれないこと、雇用主が提供する被雇用者の健康や生活を向上させる福利厚生が軽視されないことが必要となる。逆に、グローバル経済のもとで効率化や生産性を最優先に据える「巨大な仕組み」は、それを構成する個にとっての善——連続性・一体性・関係性・物語——を分解し、部分を買いたたくことで成立する。巨大な仕組みは、中間的統合を中抜きすることで収益を上げる。

person-in-environmentの概念は、時間と関係の統合、相互の関係のなかで自己という存在、そしてコミュニティが成り立つという理解に再統合される。

1 ミヒャエル・エンデ作、大島かおり訳、『モモ』岩波書店、1976、355頁／*2* 小川公代『ケアの倫理とエンパワメント』講談社、2021、31-32頁

9章 「ケアする建築」の展望、可能性と課題

「特別」なものとしてのケアの仕組みが解体され、日常にある場所と融合してあたりまえのものになっていく社会では、混在していること自体がケアの機能をもつ。ケアが遍く在る社会への転換は、縁《エッジ》の再構築を伴う。拡大と画一化に利便性の高い貨幣経済の価値観とは異なり、ある範囲をもつことで統合を保つことができる。それは、実在の場所や身体というある意味での境界を前提としてこそ形づくられる「わたし」があるという感覚に通じる。建築の計画はあくまでもきっかけの提供であるが、それは滞在や交流、参加、持続と変化の有り様に影響を与え、地域の文脈や人々の生活と建物につなげることで、未来の社会に編み渡していく。

1 あらまし——解体と再編、ケアが織り込まれていくこと

「建物」と「機能」のパッケージとしての施設が解体され地域とまちの資源、ケアが融合していくことで、様々な人々が共に暮らす、あたりまえ《ノーマライズド》の姿に地域が再編されようとしている。そこでは、空き家などの地域にある余裕のスペースが資源として見直され、用途変更や改修によってその時々のニーズに応じたカスタマイズを伴いながら、建物も使い継がれていく。この解体と再編の時代にあって、機能の再複合化は裂き織りのように、すでに文脈をもって存在するものをほどき寄せ合いながら、いまこのときのための有り様に姿を変えて織り上げられていっている。

建築や場所を設ける際、つくることから既存のものをいかに使うかの知恵に転換され、人々がその時々に自らの属するコミュニティを選択できるようになる中で、そこには必ずしも血縁・地縁・社縁（仕事縁）によらない、選択的で変化を内包する〈利用縁〉が生じている。事業や事業の場所のシェアが一般化するとき、人が集まることそのものがポテンシャルとなる。

人々が集まり、その場所が使われることの前段として、まずはそこに「居る」ことができることそのものが尊重されなければならない。ただそこに居られることは、存在の肯定であり、癒やしでもある。**「居ることができる」というケアそのものである居場所**には、滞在性《イラレル》、共在性《イアワセル》、常時性《イツデモ》、継続性《イツマデモ》という四要素が求められる。そうした場所を、人々は「計画されたまち」への違和感の表れとして、またある種の居心地の改善への意欲として、自らつくり上げてきた。ニュータウンでの居場所づくりは、まちには居住の場所でも仕事の場所でもない、緩やかで自由な交流を促し、行為の余白を許容す

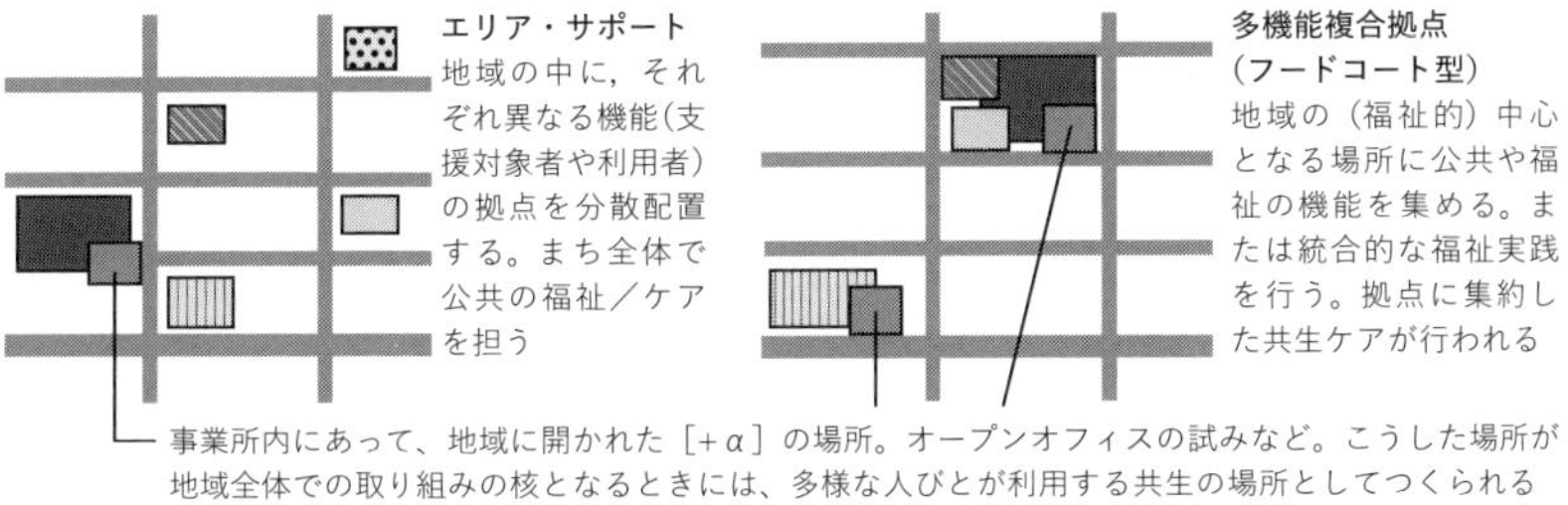
エリア・サポート
地域の中に，それぞれ異なる機能（支援対象者や利用者）の拠点を分散配置する。まち全体で公共の福祉／ケアを担う
多機能複合拠点
（フードコート型）
地域の（福祉的）中心となる場所に公共や福祉の機能を集める。または統合的な福祉実践を行う。拠点に集約した共生ケアが行われる
事業所内にあって、地域に開かれた［＋α］の場所。オープンオフィスの試みなど。こうした場所が地域全体での取り組みの核となるときには、多様な人びとが利用する共生の場所としてつくられる

該当事例

- 大阪 A 地区の NPO 法人 K の活動（67 頁）
- 輪島 KABULET（108 頁／140 頁、図 5-9）
- 多世代の家ドルフリンデ・ランゲンフェルト（109 頁）
- わっぱの会の活動（118 頁）
- ゆいま～る高島平（168 頁、事例 9）
- アルベルゴ・ディフーゾ・カーサ・デル・ファヴォーレ（170 頁、事例 10）
- 東川町の連鎖的公共施設再編（190 頁）
- アレッサンドリアの地区の家とまちづくり活動（181 頁、図 7-2）
- ソナタリュー（230 頁、図 9-2）
- トリノの地区の家 ヴィア・バルテア（109 頁）
- アンダンチ（134 頁）
- JOCA 東北（142 頁、事例 8）
- 暮らしの保健室（81 頁、図 3-5 ／ 209 頁、図 8-10）
- 須賀川市民交流センター tette（36 頁、事例 1）
- だいかい文庫（60 頁、事例 2）
- まちの保育園（62 頁、事例 3）
- 風のえんがわ（94 頁、事例 4）
- メディカルヴィレッジヨリドコ小野路宿（116 頁、事例 7）
- 三草二木西圓寺（186 頁、事例 11）
- JOCA 大阪（216 頁、事例 12）
- 春日台センターセンター（246 頁、事例 13）

図9–1 地域での統合的な「公共の福祉の場」の置かれ方

る滞在の場所が必要であることを示唆する。それはまちづくりそのものでもあり、まちに空間としてのケア、ケアのある空間を織り込んでいく行為でもある。多様な場所を有するまちは健康的であり、それはバランスのとれた定食に例えられる。そして多様な場所とそれを起点とする関係性（コミュニティ）を通した社会との関わりは調和的で健康的な生活をもたらす。

多様な場所は、〈公・共・私〉のそれぞれにおいて、あるいはそれらの境界を越えて、生まれ、見出され、また変節していく。こうした新しい場所の誕生や、変化を阻害しない社会のあり方が豊かな場所を人々に保障する。同時に、それらの運営の主体が多様であることも、様々な展開可能性を内包する。

自己は他者との関係性、コミュニティとともに成立し、関係性（場、白身）は器（空間）と呼応して場所を生じさせ、局在的自己（黄身）の居場所を定めるクッションとなる。そ

れぞれの場所の主《あるじ》が定めるテーマやルールは、そこへの参加者や居方のフィルタとして機能する。その場所の大きなテーマを共有しながら、個人や小集団が思い思いに過ごせる居合わせの場所は、フードコート型の場所と表現できる。そこはフィルタを通すことで〈共common〉の場となり、そこに成立する心地の良い混沌の中では多様性が否定されず、それぞれが役割を見出すことができる。つまり、多様性が織り込まれていること、**「混在していること」自体がケアの機能をもつ**。ここには、ひとつの場所で多様な要素が混在する有り様（フードコート型）も、ごく近しいエリアに分散配置されながら多種多様な機能が混在する有り様（エリア・サポート）、それらの複合もある。こうした場所がある程度規模での集約が想定されるときには機能的に一定の分離が機能的に求められるが、その場合にも、地域との接点となる開かれた場所が置かれる。居場所づくりは、初期には「居場所」単体としてつくられる方法で拡がり、（ニュータウンでの居場所づくりなど）、近年では他の事業への**付加的要素としての居場所提供の活動**が拡がっている（図9-1）。採算性のある事業と組み合わせることができれば、あるいは居場所づくりには他の事業のための宣伝材料やキャッチ要素としての貢献を期待して居場所づくり事業それ自体での採算性を求めなければ、継続性《イツマデモ》を保障しやすい。例えば居場所づくり事業を単独で行い、そこに管理運営の人を充てるとすれば人件費が必要になるが、他の事業のスタッフが兼任する方式であればその分の余裕ができる。こうした方法は先に述べた〈私〉の開かれと同じ仕組みと捉えられる。

2 ケアをキーワードに、つながる

人口構成が変化し、地域密着人口すなわち「地域に居る人」は変わっていっている。その中で、COVID−19はリモートワークの普及など就労・就学のあり方に急激な変化をもたらした。そして同時に、改めて**人間には生体ケアの場と手が必要である**現実を突きつけた。ケアをキーワードに、ケアと人と、人の関係性を再考すれば、コミュニティや社会、まちのあり方といったキーワードは一体不可分であり、ケアが偏在する（どこかにしかない…こたつ型）社会構造を脱して、基本的なバリアフリー（負荷が少ない…断熱）を行きわたらせつつ、ケアが遍在する（どこにでもある…全館空調型）社会をつくっていくことの必要性が、キーワードの連関から理解される。それは、人々の「強さ」を求め、それを前提とする社会から、弱さをもつ多様な構成員の存在を前提に、その弱さのクッションとなるコミュニティ／生活をベースとしたまちや仕組みづくりに回帰していくことでもある。また、経済的生産と社会的再生産の分断や個の偏重からの揺り戻しでもある。そこには、コモンズの復権やある範囲へのリ・インソーシング（再内製化）などによる縁《エッジ》の再構築を伴う。

これらは、中間共同体や自治の強化、利他によって自分も利益を得られるという価値観を共有する共同体づくりである。それはある面では囲い込み、ゲーテッドな関係性によって弱さの内包を可能にすることでもある。

関係性をつくる要素のひとつとして、「贈与の力」が知られている。[1] 松村圭一郎氏は、社会の分断を憂い、やり取りの間に介在する

1 かねて、マルセル・モースやレヴィ・ストロースの「贈与」に関する論説において、社会／血縁・地縁等による共同体の全体でモノや女性（婚姻）の贈与と交換が繰り返され、それによって共同体内また共同体間の関係（連帯や同盟、ときに支配と従属）が成り立つこと、それを社会が社会であることの一側面として捉える視点が示されてきた
マルセル・モース著、森山工訳『贈与論―他二篇』岩波書店、二〇一四

図9–2 エリア・サポート型で、高齢者・障害児者・子供への複合的な支援を行っているグループのエリアマップと、拠点となる複合施設「ソナタリュー（群馬県）」

「時間」と「感情／共感」、そして「脱経済化」[2]を特徴とする**贈与がもつ「つなぐ」力は世の中のバランス——心と身体が欲する「公平さというバランス」を取り戻すために必要**だという。[3]筧祐介氏は、近年の日本の地方での生活を題材としつつ、地域には①ギブ（無償の奉仕）行為に始まる、②常にどちらかに借りがある不等価の交換（都度、**完全に「精算」されない価値交換**の関係）に拠る、貨幣経済だけに依存しない贈与・自給・共有経済の関係が残っている、と述べる。[4]そして地域では、**時間もまた個人のものではなく、共同体のもの**だという感覚があると指摘する。前述のように、時間とは人それぞれの人生の一部であり、つまりは人が生きているということ自体（個々人の可処分時間の一部）が共同体の一部を構成するというおおらかな価値観であろう。[5]例えば「家族をする」とき、あるいはサークルなど「共同の目的や共通の趣味関心のもとに集まり活動する」とき、そこには個々人の能力や経験ないし可能性の差異などが当然に織り込まれながら、場が成立している。組織の構成員である限りは同じことを担わなければならない、能力や事情によらず常にタイムラグなく同じだけ貢献しなければ不平等だ、という価値観で運営される場はさぞ居心地の悪いものになるだろう。

コミュニティ／共同体に参加したい、貢献したいというあたりまえの気持ちが、忌避権やタイミングの選択肢がない強制的な義務にならないことは重要である。貢献や贈与はときに、それができない側にとって、できる側から誇示された権力の意味合いを有する。「してもらうばかり」を負担に思う人や、負担に思うことがある。ケアする／されることが一方向的な支配の関係にならぬよう、実践者らが気遣うのもこうした構造に対して意識的であるからだ。そのためにも、複数のコミュニティが存在し、ときに応じて移ったり、掛け持ちをしてバランスを取ったりの関わり方を前提にした、選択肢やバリエーション、自由度が必要となる。その意味で、〈利用縁〉の起点となる場所が地域／行動範囲に複数あり、それぞれが固有性や、自分たちの適切な大きさやコミュニティの縁《エッジ》を形成する文化を有することが、バランスの取れた健康的な地域をつくる。テーマ型の居場所やコミュニティとも呼べるそうした場所はしかし、それらの「隙間」に落ちる者が生じないよう、対象者を排除しない〈公〉の場所が最終的にあってのものとなる。また、コミュニティにとっての「有益性」が、そこへの参加条件として固定化してしまわないためにも、**何がいつ、どう、何の役に立つかなんて結局のところ誰**

2 「商品交換」では、ものとお金、ものとものとの交換を1回で完結／精算される。「贈与」においては、贈り物をもらい、それに対して返礼をする場合でも、その間には「時間」が介在する。この時間の介在と、贈り物として商品（買ったもの）を意味づけるためには金額がわからないようにする、綺麗にラッピングするなどによって「商品らしさ」を消すプロセスを踏む。あるいはお祝い金を渡す際には裸の現金を渡すのではなくご祝儀袋に包む。こうした行為によってものやお金から経済／商品のらしさを消す

3 松村圭一郎『うしろめたさの人類学』ミシマ社、二〇一七

4 筧裕介『持続可能な地域のつくり方――未来を育む「人と経済の生態系」のデザイン』英治出版、二〇一九、三八八～三九〇頁、三九八頁

5 同時に、コミュニティに対して「時間を供出する」ことは、最も本質的な意味でのコミュニティへの貢献と言える。対価を求めずにボランティアワークを行う（時間と能力を提供する）ことはその一例である。労働そのものよりも、いつ何時ニーズが発生したときにも対応できるように備え続ける、あるいは自分自身の「それ以外」の時間拘束の価値を極めて優先順位低く置くこともコミュニティへの貢献である。時間に融通を利かせられる状態で居ることが重要だ、という価値観は、例えば（かつての）「専業主婦」という立場が想像しやすい。彼女らは、家族構成員やコミュニティが求める用務が発生したときにいつでも無償で奉仕することが期待された

にもわからないという価値観や、目的的すぎないおおらかなカオスはひとつの文化として大いに尊重されるべきだろう。

3 解体と再編、ケア化する社会のための建築計画

変化が加速し、不確定要素が増え続ける社会において、建築や都市を計画するとはどういうことか。それは可能なのか。この繰り返される問いはまた、変更やアレンジメントの余地を残さない完成された計画や設計、そうした思想の危うさへの自省でもある。利用者や居住者の主体を尊重した、未完の設計を是とする態度を、ヘルマン・ヘルツベルハー氏は「空間をつくりながら、つくり込み過ぎないで残しておくこと」と表現した[6]。また、松村秀一氏はSI住宅[7]で知られるN・ジョン・ハブラーケンの「住まいは行為であるから建築家がデザインできるものではない」「建築家は住まいをつくることはできないが、(庭師のように)住まいがよく育つ環境を整えることはできる」という言葉を引きながら、建築における第三世代の民主化の重要な作法は、指導者ではなく人の生き方に対応した『「場」創り』における庭師のような関わり方だと述べる[8]。行為としての住まいは設計できない、とは、人々の行為や関係そのものを教導する、あるいはデザインで支配しようとする立場ではなく、一歩引いて、利用者を主体に据え、行為・体験や関係のきっかけ《シグニフィア》をデザインの対象とする立場を示すとい

6 ヘルマン・ヘルツベルハー著、森島清太訳『都市と建築のパブリックスペース―ヘルツベルハーの建築講義録』鹿島出版会、一九九五

7 SIはスケルトン・インフィルの略。耐用年数が異なる、建物の構造躯体(スケルトン)と内装・設備(インフィル)を分離する構造法の意味。建築の長寿命化の中で、構造躯体には問題がなくとも設備の陳腐化や使い方の変化に対応して、構造躯体よりも比較的早い時期に内装・設備の改修・交換が必要となる。SI住宅はこの更新タイミングの差異に対応できるため、主に集合住宅において広く採用されている

8 前掲6章**37**、二〇三〜二〇四頁

える。

以上の論考を通して、これからの地域拠点や建築計画を考えると、計画は手法であって目的ではなく、建築や都市の空間・設えの設計とは、そこに生じる関係を直接的に計画する／つくることではなく、**結果としての関係ができていくきっかけ《シグニフィア》をつくる行為や姿勢だ。**それは以下の基本的な概念に依拠する——①長期的な戦略のもとで、②健康的であることを重視し、③自発と遍在による日常的なものとして、④社会的包摂という結果を導くきっかけとしてのデザイン（図9–3）。

Strategical ①大きな戦略としての	長期的・広範な視野のもとで多様なニーズと変化可能性を総合的に内包する。ニーズに対して追随的ではなく誘導的である
Healthy ②健康的＝バランスが取れていること	生活・社会的所属・コミュニティへの参加のバランスの取れる構築環境であること、そのようなバランスを取りやすいこと、選択は尊重されるがときに予防的介入を伴う
Informal ③日常的で非制度的である	制度が空間化された、従来の施設との差異として、制度化･固定化された教育や福祉に加え、自発性や自主性、日常的かつあたりまえに関係やケアが発生、遍在する
Normalized ④包摂性がある	障害や困難の有無によって人々が区別されることなく、社会生活を共にするという原則に基づく
▼結果として **Symbiotic** 共生	差異と個の尊重に基づき、縦割りや「する／される」の関係を超えて多様な主体が相互の関係性の中に参画する

図9–3 解体・再編の時代、ケア化する社会と建築計画

それらは簡単には、効率や分解されたわかりやすさの偏重から脱してあたりまえに回帰していくことだと表現できる。その過程では私たちがそもそも違うこと・そこに多様な人々が存在する事実を事実のままただあたりまえに受け入れること、点数化・報酬化されていない部分——隙間あるいは余白のケア、そもそも時間・空間・属性・制度において様々な活動・滞在の場所が分かれていることへの疑問などが意識される。多様性は「認めるもの」ではなく、意識するか否かによらずそこに存在し、折り合っていくべき現実に過ぎない。人々がもつ困難は、それに直面した個々人が克服すべきものとされるが、多分に社会構造によってつくられており、困難に直面する個々人に起因するとは限らない。そもそも皆、スタート地点も向いている方

向も異なる。世界はそれぞれの出自や経験や個体差によって個別であり、他者は自己とは異なることを前提に様々な社会的対応、関わり合いがなされなければならない。個人という存在が、結局のところすべて他者とは異なる個別のマイノリティであると認識され、それらが共に在ることがあたりまえ化《ノーマライズド》され、また、共に在ることで互いが異なる個であると認識できるという前提のもとでは、共生は結果――当然の帰結として起こる。特殊な属性がある、というよりは、制度をつくるために対象を明確化する過程の中で意識的に分割・抽出がなされたことの方がむしろ特殊な状況であった、といえる。

公的機関や専門職による、介護保険等の制度に基づくサービスや支援（フォーマルケア）に対して、家族や近隣住民、民間団体やボランティアなどの、公的制度に基づかないケアやサポートは、インフォーマルケアと表現される。一九七〇年代以降、学校での体系立った教育を「フォーマルエデュケーション」と定義し、それに対して、人間にとっては生涯にわたって教育を受ける、また日常的に学びを得る（生涯学習）機会があること、そのための場や意識が重要だと考えられるようになった。こうした、「あらゆる人々が、日常的経験や環境との触れ合いから、知識、技術、態度、識見を獲得し蓄積する、生涯にわたる過程」をインフォーマルエデュケーションと呼ぶ。[9,10,11] これまで、自主事業として展開するケアやケアのための仕組みがその有効性への着目によって、善し悪しとは別の問題として、制度化されることがしばしばあった。例えば従来の一斉一括的な高齢者ケアへの反発から、自主事業としての

9　建築計画、特に施設計画の分野ではイギリスにおいて、個別化・個性化を重視し生活・遊び・学びが渾然一体になって展開するインフォーマルエデュケーションと、その考えに基づく学校建築のあり方が一つの古典的参照先である。上野淳『未来の学校建築――教育改革を支える空間づくり』岩波書店、一九九九

10　一九七〇年代以降、学校での体系立った教育を「ノーフォーマルエデュケーション」と定義し、それに対して、人間にとっては生涯にわたって教育を受ける、また日常的に学びを得る（生涯学習）機会があり、そのための場や2意識が重要であると考えられるようになった。こうした、「あらゆる人々が、日常的経験や環境との触れ合いから、知識、技術、態度、識見を獲得し蓄積する、生涯にわたる過程」をインフォーマルエデュケーションと呼ぶ。渋谷英章「フォーマルエデュケーション、ノンフォーマルエデュケーション、インフォーマルエデュケーション」『生涯学習研究e事典』ejiten.javea.or.jp/content49dc.html(2023.11.17閲覧)

11　文部科学省「資料3-2 多様な生涯学習機会の分類について」mext.go.jp/b_menu/shingi/chukyo/chukyo2/010/siryou/__icsFiles/afieldfile/2015/06/24/1359174_3_2.pdf（2023.11.17閲覧）

宅老所が生まれ、グループホームや小規模多機能型居宅介護に事業化・制度化されていったように。例えば、インフォーマルエデュケーションであった生涯学習（リカレント）が健康寿命の延伸や技術・制度の変化の速度が上がり続ける現代社会には「リスキリング」へと発展——あるいはビジネスに利用される流れのように。つまり、こうしたインフォーマルな活動は、いずれ広く普及する／すべきとなることがらや方法の「シーズ」となる可能性もある。

また、いわゆる「制度の隙間」に対するサポートの必要性の観点からも、対象を必ずしも限定しない包摂的[12]な場所や仕組みが必要である。そうしたケアグループやその拠点には、インフォーマルな活動のための余白や、自由で自発的なサポートのための余力が必要だと示唆する。現行の制度では対応できないニーズ、現行の事業ではできないケア、受け止められない人々を、現行制度ではない場所や機能、取り組みが受け止め、開拓し、新たな事業として発展させていく。それらは利用者らにとっては、それまでにあった場所や関係性には参加しにくいなど、無意識にせよ制約を感じていたことがらが解消されている場所であったりする。「〇〇じゃない」場所は、そうした制約を逆の意味で顕現させる存在でもある。

いま目指される「地域共生社会[13]」は、デザイン／計画の**結果として立ち現れる**もので、その目的であり理想であるが、手段や設計対象そのものではない。人工物（構築環境）は無意識のうちに、そして多分に政治的な思想やそのときどきの社会文脈に依拠してつくられ、ときに構造的な差別や社会課題を助長や再生産する。ひとたびつくられたそれが膠着した社会課題そのものとなることもある。デ

12 特別支援の現場では、二〇年ほど前までインテグレーション（統合）教育の語と概念が一般的に使われていた。近年では、分野を超えてインクルーシブ（包摂）／インクルージョンの語がより一般的になった。現在では、障害のある人々を「単に同じ場所に受け入れる」状態をインテグレーション、障害の有無によらず人々が住みたい地域、職場、学びの場を選ぶことができ、それぞれがありのままの状態で社会生活を共にする状態をインクルーシブ社会と呼ぶ

13 厚生労働省『『地域共生社会』の実現に向けて」mhlw.go.jp/stf/seisakunitsuite/bunya/ 0000184346.html（2023.11.17閲覧）

ザインの対象であり、それが可能であるのはあくまできっかけとなる人工物であるという認識は、これらの人工物が結果として人々をどのような社会に導き、生活や人間関係を生み出しているかに対する自覚と、それらが認識することも完全にコントロールすることも可能であるという傲慢な思い込みから我々を解放する。

拡大と専門分化の時代の施設整備から、解体・統合再編の時代の利用と活用、そしてその先への変化の中で、建築の計画に携わる者の役割とは何か。筆者は、それらある意味でカオティックに存在する多様な要素や関係性をつなぐコンセプト・ストーリーの編集者、変化し続ける場がそれに合っているかを見守り、整え、手入れをし続けながら個別性と偶発性による思いがけないネットワークを紡ぐ者、そうした役割を想像する。[14]

ある建物を計画するとき、それが新築であれ改修であれ、特に公共の用に供される場合には往々にして、その建物の施主と利用者は異なる。例えば小学校の設計の打ち合わせの場に利用者である小学生が臨席することはない。ワークショップで意見を聞いたりもするが、計画・設計－施工－竣工までに何年もかかるため、その子供たちは供用開始時点では既に卒業していたりする。建物が建ってからその寿命を迎える数十年間にわたる「あらゆる利用者」に直接意見を聞ことは現実的に不可能だ。施主は建物に対して希望を出すが、それが必ずしも適切であるとは限らず、社会や利用者・施主自身の変化の中で、将来にわたって適切であり続けるためには都度の手入れが欠かせない。施主と利用者、その現在と将来、この建物の影響を受ける／受けうる様々な人々や事物、そして設計者、施工者と、そこには多様な主体《プレイヤー》、ニーズ、考え方などの要素がある。それぞれに異なる個である複数の主体は、紡がれ、共有される物語を必要とする。その物語は、まだ参加していない人々、これから参加する

14 ロンドンを発祥の地として世界中に広がる、がんに影響を受けた人たちのケアのための場所マギーズ・センターは、その来歴ゆえに環境の力を信じ、大切にする。日本に唯一のマギーズ・センター、マギーズ東京では、建築の職能者によるロングスパンでの環境全般のコーディネートを通した関わり合いをうかがうことができる（115ページ、事例6参照）

人々をプレイヤーとして巻き込み、育てもする。建築計画は地域の文脈や人々の生活を建物につなげることで、未来の社会に編み渡していくための物語である。

4 〈利用縁〉とケアが融合する、実在の場所

前述のようにクラインマン氏は、ケアの本質は共に在ること、と説明した。居ることができること〈そのように支援すること〉、共に在るというケアを実践する、〈利用縁〉という関係性（清水博氏のいう「卵の白身」）をもった場所が地域につくられている。〈私〉の場所での社会的事業（ソーシャルビジネス）だけでなく、公共施設の再編においても、こうした社会動向に鑑み、〈公〉や〈共〉のあり方、公共の福祉が供する場所やプログラムのあり方へ変化していく。建築はそうした変化に追随したり事業の挑戦や試みに伴走することが必要であり、変化に追随するだけでなく提案・誘導する役割も果たす。物理的環境としての建築のあり方は行為や行動を誘発し、他者や事物との関係を調整しようとするふるまいのきっかけであり、心理的環境においては個々人が環境を認知する手がかりとなる。**「居る」ができることにはじまり、「共に在る」ことが結果として起こる、**そして共に在ることで居ることができる、そのような場所であることが、公共の場づくりにおいて重要なコンセプトとなる。それはある意味で「計画」という行為の解体とも受け取れるが、実際には**計画の時間軸をより長く捉えること**を意味している。長期的なコンセプトの実現のために、短期的な振れ幅を許容／コントロールする必要がある。また、複数の場でのバランスを重視する観点では、個々の場所が必ずしも何もかもを受け容れるのでなく、それぞれの特徴に特化していることも適切である。それひとつで解決するというコ

ンセプトでなければ、機能の提供や機能とそのための空間の組み合わせはより多様な選択肢をもつ。それぞれのできること、提供できる場所やプログラムを〈私〉が社会的事業として展開する〈共〉の役割を担いながら、その隙間となりうるところは基盤として複合的な役割を担う〈公〉が補完する。〈公〉は収益性のある事業になりにくい部分を担う性質や社会的役割があり、それらは機能複合によって非採算機能の実装ができることとも類似している。〈私／共〉の自由な挑戦や、「開かれ」による特徴あるケアの場の提供の試みを、〈公〉が基盤として支える構造である。集団の運営において、「ギバー（Giver）とテイカー（Taker）」の語が用いられることがある。ギバー（受け取るより与えることが多い人、利他的な人）しかいない組織は、居心地がよく、互いに助け合って発展する。テイカー（与えるより受け取る方が多い人、利己的な人）が組織に混ざってきたとき、その比率が高まったとき、組織は存続の危機に瀕する、とされる。開くこと、与えること、助けることを考えるとき、必ずといっていいほどにフリーライダー／テイカーである簒奪者の存在が危惧される。だがその人をテイカーにしている原因は何だろう。その人自身の怠惰を好み、意欲がなく他者からの簒奪を心地よしとする邪悪な心がけだろうか。あるいは、その人が提供可能なものを引き出したり見出したりすること、その人がギバーになれるよう「役割」や「仕事」、そして関係を整えることに関心のない周囲の態度や仕組みだろうか。与える喜びを身につける機会や教育、文化や経験、信頼の関係の格差だろうか。

ギバーであることを是とする〈私〉によって構成される共同体では、与え、与え合う善いサイクルが成り立ちやすい。そうした、ケアがあたりまえに織り込まれた社会の一端を、共に在る場の積み重ねが担う。**開くことは与えることであり、同時に受け取ることである。**上記に示してきた、個人や民間事業者を主体とするコミュニティの拠点の少なからぬ例は、〈私〉の開かれによって〈共〉や〈公〉の役割を担う。私的な場所や知見、価値を自分だけのものと抱え込まず提供し、他者からもまたケアの要請（話し相手になって欲しい、関心を向けて欲しい……）を含む何事かを受け取る／引き受ける。ギバーは社会と仕組み、適度な開かれによって育てられる。

それは「どこで」成されるか、という建築分野の関心事に引きつけて言えば、そうした、「ただそこに居られる」からはじまり、それを支える公共の福祉の場は、これまでに述べてきた「居場所の四要素」と「利用縁をつくり、拡げる場の要素」に加えて、**身体性に根ざした実在の場所である**ことを加えた、円環のシステムとして表現できる（図9－4）。それは、ある種のフィルタのもとにオープンで、固有性と文化をもち、生活における蓋然性があり、ゆえにインフォーマルな場と認識されながら、多様な混在がもたらす偶然の出会いがある、そして**現実に存在する物理的空間としての場所**である。

図9–4「ただそこに居られる」を支える公共の福祉の場

ＩＣＴやネットワーク技術の発展や普及は、ある面において情報や情報機器へのアクセシビリティや使いこなしスキルによる「格差」を拡大・強化する側面がある。このため、これらの技術は特に最も弱い人々にとって、身体的なケアから人々を「自由」にするものとはなりえない[15]。清水博氏が「共同体は身体を必要とする」と言うように、身体性を伴うケアを担う物理的空間としての実在の場所は人々の関係性、〈共〉を現実の体験として顕現させ、そこへの参加可能性を公平に保障する。それは、社会的存在としての人間が社会的関わりをもって存在できる**実在の場所**、すなわち**身体ひとつでアクセス可能な場所があることが福祉と人権の基盤**であることを示唆する。それは、その場所自身が独自な現実的存在として、ありうる意味に対してその場所がその場所であろうとする、実存の場所である。その実存の場所は、我々が身体と生体ケアから逃れられないという現実を踏まえ、**場所を介した社会的正義**（Place Based Social Justice）につながる。それは、オンライン社会だからこその、広義のケアの場や公共の「場所」の役割を再定義する概念でもある。

生活の外部化が進み、人の生活は様々な場における時間や経験の総体として捉えられ、生活が住まいの中だけに納まる行為であるとはもはや認識されない。地域公共施設の将来を考える段においても、「住まい（生活の中心的拠点）」と「それ以外の場所（生活の部分／生活への支援の拠点）」「住まうを支える事業の対象範囲」はすでに不可分といえる。[16] 人々は住まいを拠点にしながら、まちの様々な場所を利用し、それによって他者との関係を結び、社会に参加し、尊厳と心身の健康を保ち、Well-beingを生きる。人々は、まちに住まう。それゆえ、高齢者やこどものケアなど、**身体性に根ざした実在の場所**を介した支援は現実的に必要不可欠である。

その中で、従前は利用圏域とサービス対象者の人口分布に基づいて整備されてきた公共施設は、**距**

15 例えばオンライン受診やメタバース・ホスピタルなどが普及していく中で、特に広域の集客性（ニーズ密度が低く、利用圏域が広い）をもつ高度専門機能はオンライン化されていく。一方、高齢者等にそのようなオンライン受診を支援するためには現実の中継場所や支援スタッフが必要となる。このとき、在宅看護等を前提とする在宅でのオンライン受診よりも、現在のデイサービスなどに該当する「地域密着（在宅生活場所からのアクセシビリティと地域ネットワークでの支援）包括ケア」を前提とする集約的ケアの場での、情報支援が想定される。それは高度専門機能と実際の身体を中継する「実存の場所」である

16 従来、建築計画分野での研究視点の表現語彙として、戦後にこの分野を体系化していったいくつかの系統のうち、吉武泰水らに連なる施設研究では「使われ方研究／調査」、西山夘三らに連なる住宅研究では「住まい方（住み方）研究／調査」の語が使われていた。これらからは意識的または無意識的な、施設の使われ方（機能＋建築の一体的顕現）と、人々による住宅の住まい方（行為）、という注目の対象や主体の差異、そして施設と住まいが（意図的でないにせよ）異なるものとして扱われていることを読み取れ、興味深い

離を越える機能集約（例えばオンライン診療）と、**生体ケアの場と手を伴う場所を前提とするケアの場に分解、機能再編されていく**と想定する。そうした社会では、**物理的移動を前提とした施設整備、ケアにかかる実在の場所を拠点とした人口分布、福祉機能の統合化、コモンズとしてのケアシステム**などを前提とする福祉制度・建築計画および都市計画分野の枠組みの大きな変革が見込まれる。またそうした機能再編は、**社会福祉のあり方や社会制度の仕組みそのものの変革**でもある。生活の少なからぬ部分を、個々人の住まい以外の場所が担う。それはシェアされる生活の場――ライフコモンズである。「地域」は広域まで複層に重なり、「公共」は公／民の別を問わず、人々が集まる場所はある種の公共性を有し、事業拠点としてのポテンシャルをもつ。また、複数の事業での利用の相乗りなどの可能性を拡げる。

5 利用縁をつくる共在の場――与えよ、さらば与えられん

人々の関係性において選択性や変化可能性を重視する価値観のもとで、従前は地縁・血縁が担っていた社会とのクッションの役割は〈利用縁〉がより多くを担うようになっている。〈利用縁〉は地縁や血縁を超えて互助の歯車の基軸のひとつとなり、また地縁が結ばれなおす要素ともなる。日常生活に埋め込まれ、選択的に利用できる場所が地域に複数あることで、場所を介した社会との関係性や社会における自分の役割にも多様性をもてる。あるひとりがそれぞれの場所で、異なる振る舞い／役割を期待されるないしそのように使い分けができることで、一人ひとりが多様な側面を発揮することができる。それぞれの場所での関係のもとに、自分らしい居方を探ることができる。

・「共在の場」は、場所・人・行為が限定される従来の寄宿舎食堂やレストラン的施設と異なる、**フードコート型の開かれと閉じられが両立する場所・多様な主体と行為が混在する場**
・まちのなかに複数の場所が分散配置され、まち全体として共在の場として成立するケースもある

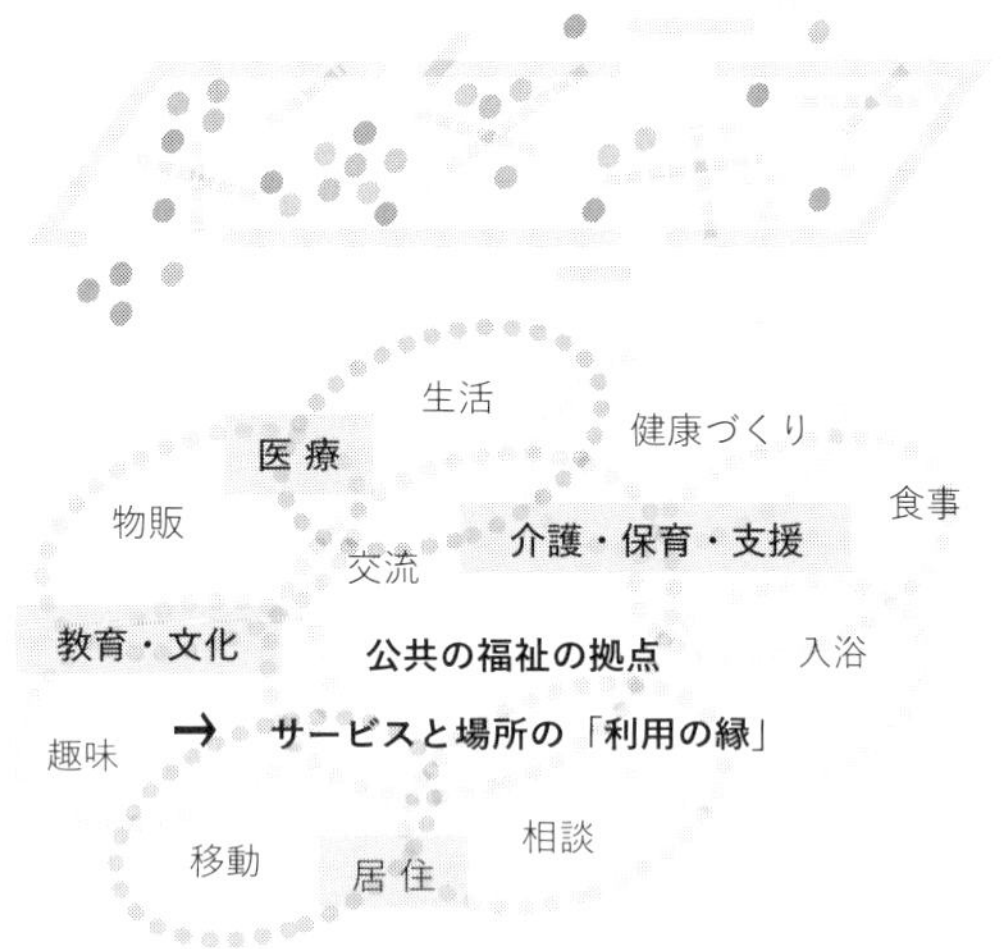

図9–5「共在の場」の関連機能や場所（意味化された空間）・場（関係）

これからの地域施設が担う役割のひとつには、このような〈利用縁〉コミュニティが複層にわたって形成されていくため属性による利用施設の分離が固定化されることなく、多様な人々やグループが利用できること、また機能や場所をきっかけとしてグループが生まれること、それらを支援できる共在の（共に在る）場であること、が期待される（図9–5）。

重ねて述べるように、社会が整備する「公共の施設」とは、その社会が是とする思想や制度が視覚化・空間化されたものである。「目に見える思想や制度」である**公共施設は、人々の考え方や生活の有り様を強固に縛る相互補完性をもつ装置**でもある。それらを利用しながらも常に疑い、**身体性に依拠しながら、実存の場所の力**によってインフォーマル・ケアを含む実態としての福祉、地域の連帯（地縁コミュニティ）を維持・再構成しなければならない。このとき、共同体のもの——コモンズとしての空間、水などの資源を含む自然環境、時間、そして個人を構成し個人が生み出す生体・知的情報[17]すらも、そのシェアや分かち合いはますます大きな意味をもつ。

社会学や経済学の分野では、上述のように、資本主義は開く構造に見えるものの、コミュニティか

ら資本家へ、グローバル・サウスからノースへの一方通行の簒奪だと指摘される。斎藤幸平氏は、マルクスの資本論の現代化として①使用価値経済への転換、②労働時間の短縮、③画一的な分業の廃止（労働の創造性の回復）、④生産過程の民主化（経済の減速）、⑤ケア労働など労働集約型のエッセンシャル・ワークの重視、を掲げる。[18,19] 分断し、奪う構造から統合とケアへ向かうこれらの提言はいずれも、ケアとそれがある場所を起点とし、適度な大きさをもつ（結果としての）共生コミュニティという、共在の場が目指す趣旨に合致するものと考える。

　ケアを実践する場であり、ケアを空間化する共在の場所の概念は、社会制度としての施設のあり方を変革する。社会制度としての地域公共施設をケアの場として捉え直すこと、社会的事業を共有されるケアとして意味づけ直すことが、そのための第一歩となる。

　ケアを得たことがない人がケアを与えることは難しい。ケアというものそれ自体を理解することができないからだ。同時に、ケアの担い手になったことのない者がケアの重要性を認識することも難しい。実践なくして、ケアとは何かを理解することは難しいからだ。いままで社会にあたりまえに存在し、自分たちも利用し、ときに担ってきた「施設」を公共の福祉（ケア）の場だと認識することは、自分自身が――誰もがケアを受けていること、ケアの実践に関わっ

17 感染症を研究する数学博士、アダム・クチャルスキーは、今後の医療技術の発展とともに良きにつけ悪しきにつけ個人の遺伝子情報は匿名性を失って共有され（つまり、コモンズになり）、そうした蓄積をもとにしたゲノム解析によって予防的医療やオーダーメイド医療が一般的になると述べる。またこれは、人体の（選択的）強化や環境のコントロールも可能とする技術として発展する、とも述べている。そして、その遺伝学とゲノミクス技術はコンピュータの高性能化とともに普及し民主化する、コンピュータがそうであったようにこの技術の急速な進歩と使用は止めることができない、と指摘している。ジム・アル＝カリーリ編、鍛原多恵子訳『サイエンス・ネクスト――科学者たちの未来予測』、河出書房新社、二〇一八。第4章「医療の未来（A・クチャルスキー）」。

18 大澤真幸『新世紀のコミュニズム――資本主義の内からの脱却』NHK出版、二〇二一、一六六頁。大澤氏は、前掲斎藤氏のこの提言を踏まえて、三つの領域でのコモンズの一般化が必要であるとする。①地球という自然環境、②ヒトゲノムという内的自然環境（後掲**14**）、③インターネットプラットフォームを含む一般的知性すなわち文化、である

19 前掲、斎藤幸平『人新世の「資本論」』二九九〜三一六頁。経済活動や日常生活を実態的に支えるエッセンシャル・ワークの価値は、前掲、ジョアン・C・トロント『ケアするのは誰か？』一五二頁や、「ケアを中心に、不平等や格差が構築されている」（一一一頁）にもある。ある程度閉じられたコミュニティの中では、そのコミュニティの価値観においてケア労働を含むエッセンシャル・ワークに適正な対価を支払える事例は、翻って過度な競争によるケアワークの価値の貶めの反転でもある

ていることを自覚することでもある。ケアの実践（ケアする／される）は、ケアを受け取る（ケアされていることを認識し、双方向の振る舞いの一環としてケアに対して反応を返す）技術とマインドを育てる。ケアは、その循環のなかに置かれた人にとっては、誰もがその実践者になりうる行為である。**私たちはケアしたい**。

まだ言葉も十分に話せない子供たちですら、人形などの「お世話遊び」を通して、自らが受けたケアを反芻的に実践する。人形に服を着せ、髪をなでてやり、布をかけて、歌を聞かせる。小さな子供のそうした振る舞いには男女の別もない。ただ自分がされたように他者を慈しみ、その行為によって自ら癒やされる。そのような**あたりまえの光景**は教えてくれる。ケアは喜びであり、あるいはそうせずにはおられない宿命的な衝動である（**私たちはケアしたい**）。そして、誰かにケアを与えることは、その誰かがまた、別の誰かにケアを与えられる者になることを助ける行為なのだと。

正しく発露され、正しく受け取られたケアは自己増殖する。誰もがケアを受け、またすべての人が自らケアを実践する、そしてそれができることを前提として共有することは、世界への信頼感のおおもとになる。自分が与えることはあたりまえに思え、それに対して直接的な見返りを不要とするほどの本質的信頼感である。私たちは知っている。自分が得たものよりも多くを他者に与える、互いにそれができれば、世界はよりよくなる。開くことは与えること、与えることは受け取ること、それは建築空間という可視化された思想や仕組みもまた貢献することができる、ひとつの循環である。多様な人々への配慮（ケア）が埋め込まれた空間で過ごすことは、多様な他者との共在の機会であり、多様な人々がいるのだということ、誰もがあたりまえにケアされる存在であることを知らず認識させる。例えば視覚障害者誘導ブロックが施された道を歩きながら、いまそれが必要でない人であっても、ここには視覚障害者がいるのだということを認識するし、視覚障害者があたりまえにまちにいることをまちが支援している、誰もが空間を介して必要なケアを受け取る存在なのだと刷り込まれる。あたりまえに多様な人々と共に在る場所は、自分もまた他者にとっての多様性の一部であり、存在が肯定されていると感じさせる。ケアする建築は、ケアされる経験を通して、ケアする者になることを支援する空間である。

与えよ、さらば与えられん。

1——春日台センターセンターを右手に、軒を連ねる商店街の様子をみる。多くはシャッターが降りているが、郵便局やカフェなどは営業している。写真左手が春日台会館（公民館／コミュニティセンター)、左奥に児童館がある
2、3——大きな庇の下のスペースは、夏にはビニールプールが置かれるなど子供の遊び場にもなっている。小上がりに連続する縁側は、ちょっとした休憩や談笑の場、コロッケスタンドで買った軽食を楽しむ場所などとして、自然に日常生活に溶け込んでいる
4——小上がりを吹き抜け上部から見下ろす

事例 | 13

日々そこにある暮らしで、地域をつなぐ

—

春日台センターセンター

所在地：神奈川県愛川町
設　計：teco 金野千恵
運営者：社会福祉法人愛川舜寿会
（理事長 馬場拓也氏）
https://pjcatalog.jp/archives/3043

高齢化と住民数の減少によって寂れてしまった戸建て住宅団地の住区センターのスーパーマーケット（春日台センター）の閉店をきっかけに立ち上がった、地元の人々との地域活動を経て、認知症高齢者グループホーム、小規模多機能型居宅介護、放課後等デイサービス、就労支援事業所としてコインランドリー・洗濯代行とコロッケスタンド、レンタルスペース、フリースペースの機能を併せ持つ複合施設として開設された。ここでは、住まう人、働く人、日常の居場所としている人が、年齢や障害の有無、国籍などによらず、それぞれの拠点となる場所をもちながら渾然一体となって過ごしている。

従来の福祉施設のイメージや制度の枠にとらわれず、地域と共にあり、人々が自然に、また心地よく過ごせる場所を目指して、なじみやすいスケール感と素材感の2階建て木造建築としてつくられた。まちの動線を住区センターに導いて通された、建物を分割する縦の通り土間、また機能群を結ぶ横の通り土間は「行き交い」のなかで人々や、機能がつながる関係を建築化している。外部と内部の曖昧な関係が人を呼び込む。1階に、元々の商店街の軒が連なる構えに対応した、大きくせり出した1枚の庇は「同じ屋根の下、地域のみんなが寄り添って過ごす場所になれるよう」（設計の金野氏）との思いが、地域の風景になじむ場所をとの馬場氏らのコンセプトに呼応

1

2

1——住宅街の道から、通り土間を見る。周辺住宅と境界があいまいで、施設利用者以外の方は気づかずに通るほど

レンタルスペースとしてKUMONやプログラマー、イラストレーターなどの個人事業主に貸出し、運用している。スペースを確保できるため、会議や視察対応でも利用されている。小中学生が勉強にも使っている

寺子屋は就労支援B型の作業場を兼ねる

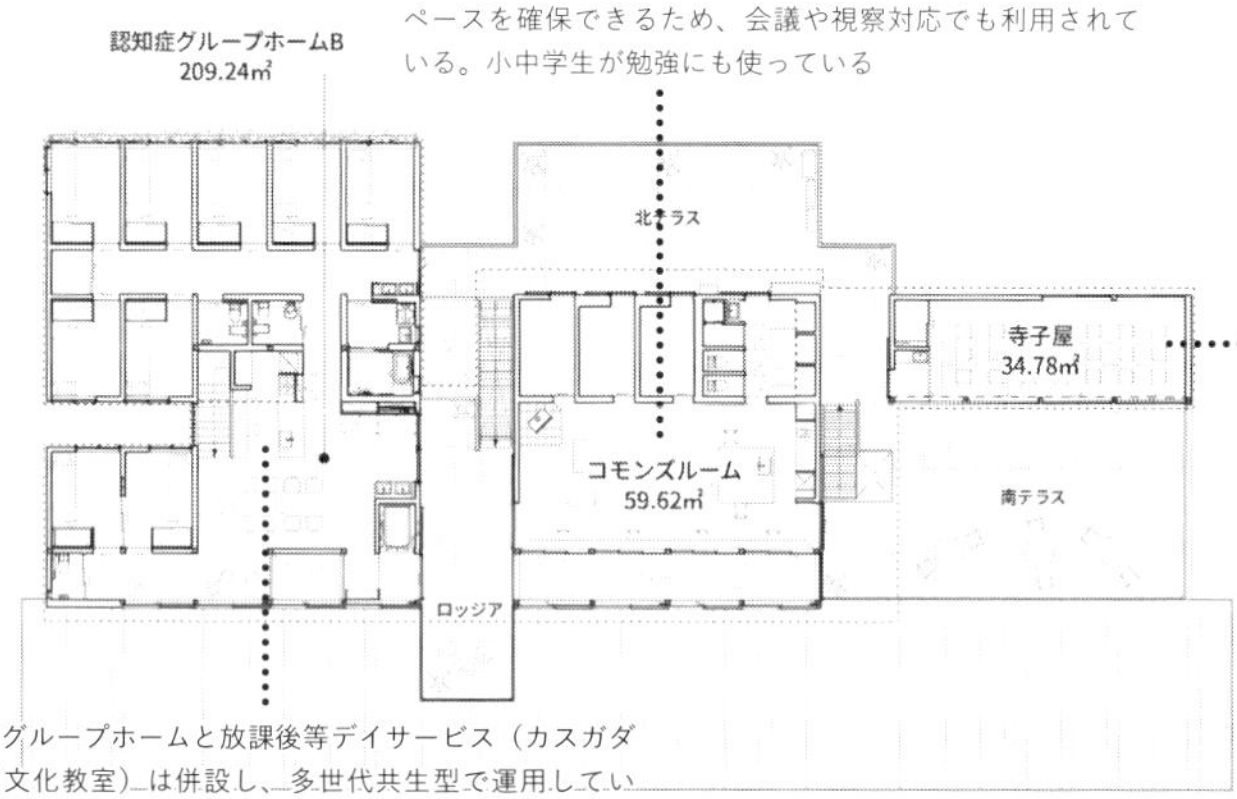

2階平面図

認知症グループホームと放課後等デイサービス（カスガダイ凸凹文化教室）は併設し、多世代共生型で運用している。カスガダイ凸凹文化教室は9割が小学生で、介護サービスの利用者との交流がある。子供たちが騒がしすぎる際には、グループホームの利用者が注意するなど、共生型サービスならではの自然な関係性が構築されている

小規模多機能型居宅介護には玄関がなく、通り抜け土間では洗濯スペースとグループホームの行き来など生活風景や音が行き交う。日中利用者は主にダイニングスペースで生活しており、小上がりはその間誰でも使えるオープンスペースとして開放されている

就労支援で働きやすいよう構造化している。コインランドリーには大きい机やカウンターテーブルがあり居場所にもなる

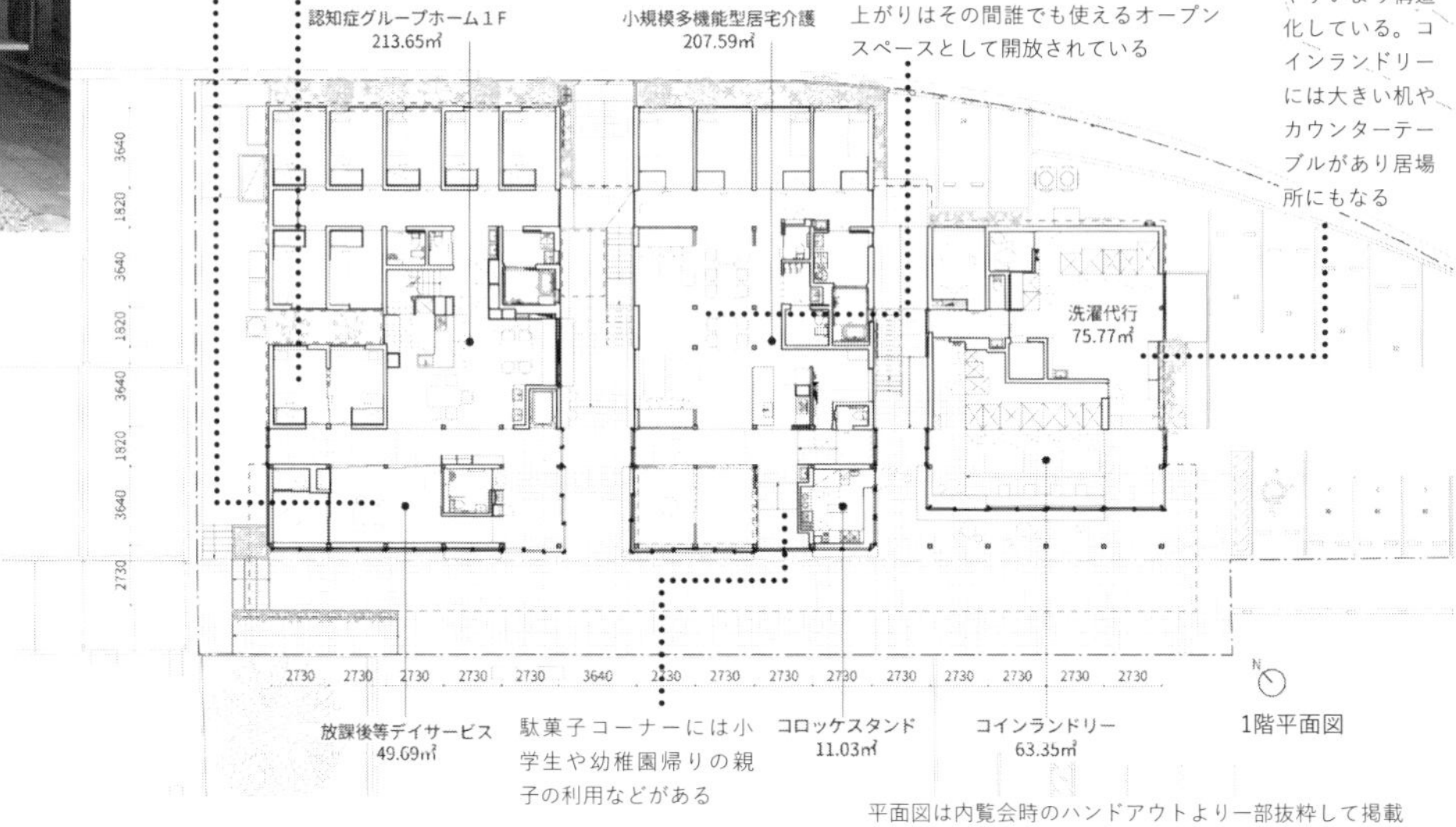

駄菓子コーナーには小学生や幼稚園帰りの親子の利用などがある

1階平面図

平面図は内覧会時のハンドアウトより一部抜粋して掲載

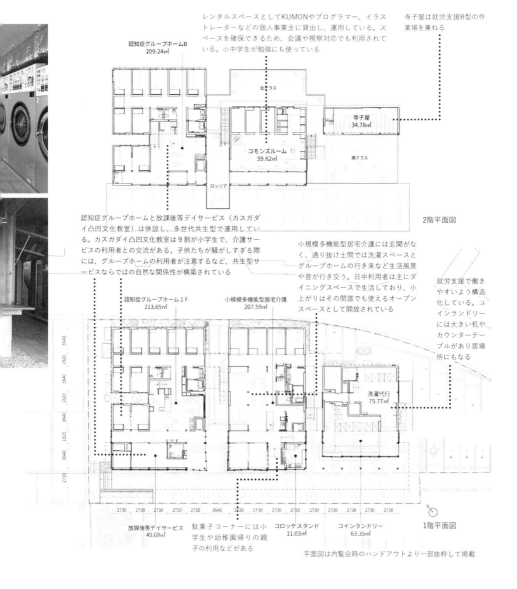

したものである。この軒下の空間に並ぶ机と椅子、縁側風のベンチ、小上がり、そしてその前の広場には地域の高齢者や学校帰りの子供たち、中高生とおぼしき人々があまりにも自然に過ごす姿がある。2階のフリースペースでは、子供たちが宿題をしたり、ゲームをしたりして過ごす様子も日常である。同法人が運営するカミヤト凸凹保育園の卒園生がその親御さんと遊びに来て、コロッケスタンドの前のモザイクタイルに目を向ける。保育園で使っている茶碗が割れてしまったものを取っておいて、ここの仕上げに使っているのだ。自分たちが育った場所の記憶、自分たちの成長の思い出がまちにちりばめられている。それはまち全体が愛着形成の対象となるためのきっかけであり、また、まちが子供たちを大切に想っているとメッセージを発している、そのやりとりが可視化されたものでもある。ここにある、このまちで育つ子供が多様な他者と共に、あたりまえに居る風景。ケアと育つが両立する風景。それは地域の未来そのものだ。

施設運営の特徴として、「ルールや禁止事項をつくらないというルール」がある。施設利用に係る明確なルールや禁止事項を設けないことで、自由な空間利用を促し、利用者らが自ら疑問をもち、「ここでは〇〇をしていいですか？／〇〇はどこですか？」といった質問をすることを介して関係づくりが促される。疑問は関係のフックだ。どこを見ても禁止事項を書いた張り紙や指示書などは設置されておらず、環境がゆるやかに〇〇すること――例えば、ここではゆっくりできそう、寝転んでよさそう。ここに座っていればいいかな――を誘導する。環境との相互作用のなかで一体的に過ごすことができる。使い込まれ、こなれていくことで空間と関係の曖昧さはさらに様々な要素が渾然一体となっていく土壌となる。ここは、施設全体が多様な利用者を自然に呼び込み、大らかな関係性のなかでそこに居ることが否定されない、しなやかな綾織物でできたクッションのような場所だ。

2――コインランドリースペース。ラジオDJBoxとしても使われる

3――充実した飲食メニューのコロッケスタンド。放課後等デイの卒業生の就労先としても連続性のある支援ができている。働く様子が見えることで、就労を誇らしく思う気持ちも育てている

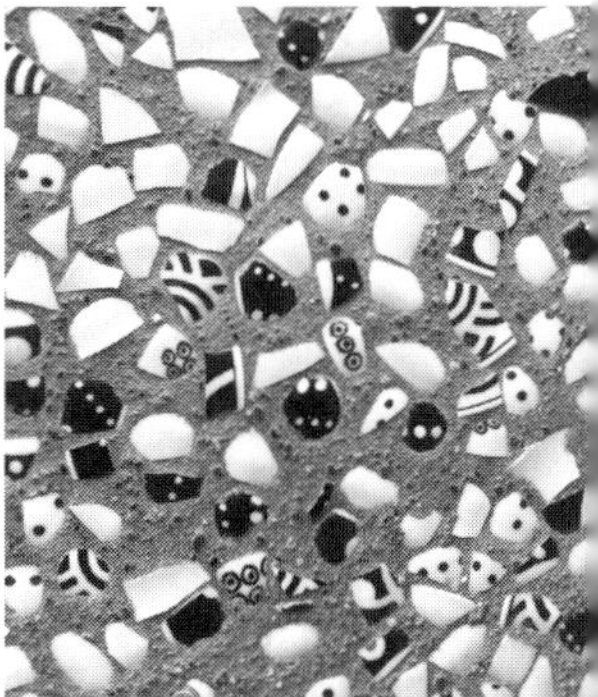

おわりに

ケアに回帰する、専門性の縁《ふち》を渡りながら

今日の様々な生きづらさや行き詰まりの原因として指摘される資本主義や拡大主義に対して、贈与の文化、知のコモンズ、共有の文化によって開かれた価値の回復は、ケアに回帰する我々の学問領域やその実践の発展の土壌となるでしょう。本書では意識的に、一般的には建築とは直接の関係がないと思われる事柄や、筆者らの世代ですでに古典であった理論までも含めた記述を重ねてきました。それらといまをつなぐことを、この時代の記録として残しておきたかったのです。「新しいものとは忘れられたもの」[1]と申しますが、無関係と（一旦）脇に置いていたことに光が当たることで再び新しく見えること、古いことと思われていたことに新たな知見を見出すこと、こうしたまさに温故知新といえる価値観は洋の東西を問いません。資本主義のこれからの方向を非貨幣的な価値や場所、コミュニティ、ローカリティに見出せることを、広井氏は「なつかしい未来」としてのコミュニティ資本主義と表現しています。[2]そうして、ここまで紡いできた**ケア**、**居場所**、**弱さ**、**差異**、**変化**、**偶然**、**結果**、**共生**、**開かれ**、**時間**、**使用価値**、**共同体**、**コモンズ**、**文化**、**利用縁**、といったキーワードは連想ゲームのように繰り出されながらも相互に関係して分かちがたく、幾重にも重なり、ぐるぐると**円環の構造を描く**ように見えてきます。このような構造と建築の、特に計画の領域において「施設」という専門性を尊重するべきとしてきた考え

1 フランス王妃マリー・アントワネットに仕えたモード商マリー・ローズ・ベルタンの言葉（一七八五）として伝わる

2 広井良典『人口減少社会という希望——コミュニティ経済の生成と地球倫理』朝日新聞出版、二〇一三

方は、少なからず異なります。後者はある面で社会の分断の片棒を担いできたのかもしれません。これはおそらく多くの、隣接領域にある同世代の人々が共有する感覚なのではないでしょうか。

「専門が確立すること」は、それ以外との差異を明確にすることでもあります。自己確立もまたしばしば、同じように私を私以外とは異なるものとして切り離し、自立と自律をすることと捉えられます。一方で、精神科医の木村敏は、「他者や世界とのあいだで間（ま）となる時空間をもつことこそ、自己が居場所をもつこと」であり、「そのあいだこそが自己である」と述べました。[3] 清水博氏の卵モデルにおいて、黄身（局在自己）がまとう白身（遍在自己、場、関係）との関係という理解とも通じます。同時に、ケア・場・関係の中にこそ人は人として存在できる、とする広井良典氏や東畑開人氏、現象学派の流れを汲む世界と人間の解釈は、自己の多層性とその枠組みにおける物理的・人的（社会的）環境との呼応関係を前提とします。内山節氏もまた、仏教の考え方を引きながら、共同体の形成と運営においては個別の要素（例えば個人≒個人の人権）ではなく関係こそが真であり単位であると述べています。[4] 古今東西の物語や人々、例えばティム・インゴルド氏が言うように王とは臣と民によってこそ存在し、[5] あるいは聴講生のいない講師が成り立たないように、他者との関係のないところに、ある役割を担う、社会的生物としての「人間存在」はありません。局在自己がまとう社会的存在としての拡大自己は遍在的で流動的であり、常時固定的で明瞭なかたちはなく、環境に対応してその有り様を変化させます。ある人という個人（局在自己）の姿はそのままであっても、社会が、場がどのようにつくられるかによってその人という存在（遍在自己、白身、他者との関係性）を形づくっていきます。専門性は役割をつくるものでもあり、それ自身は局在自己という価値観の形成にとって重要であるものの、

3 木村敏『自己・あいだ・時間――現象学的精神病理学』筑摩書房、筑摩書房、二〇〇六

4 内山節『新しい共同体の考え方とは』農村漁村文化協会、二〇一一

5 ティム・インゴルド著、奥野克巳、宮崎幸子訳『人類学とはなにか』亜紀書房、二〇二〇、一一五〜一一六頁

それだけでは存在がつくられることにはならない、と説明できます。

　形づくる境界を表す語のひとつとして、「縁」は縁側や辺縁、外縁のように、ものやものごとのへりやふちを示します。そして、縁側やご縁のように、ものごとの関係やつながりを示します。また、その「縁」の両側にはとりもたれるものがあります。すなわち「縁」はとりもつもの（媒介物）であると同時に、とりもたれるもの（関係）でもあります。**縁はそれであると同時に、それらの間のつながりである。**この構造は大変興味深く、**縁は存在であると当時に関係である、**と言えます。

　同じように、自分はあくまでも自分（主観的に感ぜられる時間的統合をもつ私性かつ私という身体）であり、私を形づくり私を認識させるものは自分ではない周辺の事柄との関係でもあります。そして**建築もまた、それであり、それがつなぐ関係です。**ということは同時に、それがつながれているもの――制度やその背景となる社会――でもあるということです。動的平衡の概念が説明するように、あるいはそれ以前に重ねられてきた生命と現象に関する理論が示すように、何事かが壊れ、それを補おうとする働きそのものが生命であるように、弱さこそが生き残り《サバイブ》を掛けた変化のトリガーとなってきたように、変化することこそが継続を紡ぐ方法です。専門性という枠組みの変化――関係がないと思う事柄をつなぐこと、逆に関係していると思う事柄を一旦切り離してみることこそが建築が生き残ること、次の時代の誘導や構築に寄与するのではないでしょうか。

時とところで、姿も意味も変わるもの

　筆者は地域の文化に根ざした建物が永く使い継がれることを好ましいと思い、それでこそある文化を共有する範囲である地域というものの存続が叶うと思い、それを強く願っています。ある建物がつくられた当初の目的や利用者の意図、想定した利用者、利用のしかたに対して、時代は異なるニーズ

を示すでしょう。そうした変化を受け容れられる、受け容れることとした建物が、永く使い続けられる建築であり続けることができます。建物も都市も同じ、建築とまちとして、人々の営みの器と位置づけられる、実存でありながら意味の空間として人々と、その関係と、歩んでいくものなのだと考えます。

本書の各章末に掲載されている、研究活動を共にしてきた氏らからの寄稿もまた、それらの論考や事例紹介はそれぞれ独自性を保つ存在（黄身）でありつつ、白身（本文）と器（ストーリー）の中に置かれることで、守られ、安定し、それ独自とはまた異なる文脈上の価値をもつ「それぞれ」となっています。それぞれの論考がもつ意味や価値とはまた別に、それがどのような文脈に置かれるかによって生じる意味や価値もあります。私は私でありながら、どこにいるかによって異なる役割を果たすでしょうし、場所や状況によっては全く邪魔にしかならないこともあります。私そのものの存在や知見や価値とは別に、それがどこにどう在るかによって生じる意味や価値があります。あるいはむしろその方が大きいのかもしれません。個々を尊重しながら編ずること、自己を保ちながら編じられることを受け入れること。それ独自の意味を保ちつつ、それが置かれた文脈での役割を果たすこと。それらもまた、変化と物語の中に置く／置かれることへの見方を再認識させる視点です。建築空間が、制度が、支援の仕組みが、それぞれ独自のコンセプト——個であるがゆえの土台であり目的とするところをもちながら、時代に合わせてほどかれ、つくりかえられていく。変化するものとして制度や制度と分かちがたく結びついた建築の姿を見ようとするとき、変わりうることで残っていく建築の姿を思うとき、ひと頃の建築を形なす制度や建築計画がそうであるように見えた、変わることやその過程でのバリエーションへのおそれは、溶けていくように思われるのです。この変わること、変わりうるところに真があり、在るものは壊れることは必定でありつつ、紡がれ織り直されることで継がれるものであるという感覚は、色即是空・空即是色を唱えた宗教家や、わたくしという現象は仮定された有機交流電燈のひとつの青い照明である、とうたった詩人が伝えようとした感覚とも通じるのかもしれません（ひかりはたもち／その電燈は失なはれ）[6]。従来の、新築を対象とし、固定的な役割を担う施設を対象としていた建築計画、またその背後にある制度がある意味で壊れ、変化していく現状はまったく必定ですし、公共施設がこれまでの姿を失くし、あるいは担い手が変わったとしても、それらが担ってきた役割——社会的分配やケアという「ひかり」をこそ保つことが重要なのだと申せましょう。

人口減少を伴う超少子・高齢社会にある我が国では、公共施設や公共機能の提供について拡大の時代の考え方からの転換が必要であること、その方向性がすでに多様な主体によって実践されている場にあることを本書では示してきました。ここまでに積みあげてきた、個が個のままに存在し、構成要素である部分は適宜その特徴によって閉じられながら、それらが集積されることで多様性に開かれまじる場所、**共在の場**は、多様な生物相の住処となる**雑木林のような場所**に例えられると考えています。雑木林は一見して調和し天然にそこにあるように見えて、放置すればその場所での生育に適した植物のみが繁茂するようになります。里山としての雑木林は、人の手を入れ続けることで極相林へと遷移しないよう維持され、そして、そのような「多様」とも、ある意味で「雑然」とも見えるだろうその様相を、多様性とは別に雑様性と表現してみます。多様性とはいろいろの異なるありようのものがあることですが、そこに関わりや混ざり合いを必ずしも含まないためです。この人間にとって気持ちのよい、また暮らしを支える資源となり、「自然」とのバッファとなる雑木林は人間の手入れが必要であるように、心地よいカオス性をもつ共在の場もまた、主《あるじ》のマネジメントを必要とします。そうした、ひとつの生態系のような互いの関係性と多様性のある雑多さ、「**雑様性**」**は、複合や再統合、その中**

6 宮澤賢治『春と修羅』一九二四、「序」と題された詩より

から生まれる新しい可能性のゆりかごとなります。それをいま、これからの地域施設のあり方を示す方向性として想像しています。ケアするものであり、ケアされるものである、場所。そこに生じる場の参加者にとっては、ケアすることによってケアされる関係を、場所との間に結ぶことでもあるでしょう。それは一見して構成要素や互いの関係がわかりにくく、そのバランスは複雑に思え、どうやって「つくる」のかはただちに理解することが難しいものかもしれません。それは主や参加者らの営みと関与の結果として「できる」ものだと捉えた方が適切なのではないかと思っています。もちろんそこには主がそれを目指す方向性やコンセプトがありますし、実体としての建築空間はそのあり方を規定もします。あらかじめ多方面に目を配り事前に色々なことを「決めて」おくことの比重が高すぎると、またつくろうとしすぎると、思いがけない可能性や、雑多な心地よいカオスでならもう少し楽に生きられる木々の芽を踏み潰してしまうのではないかと、建築「計画」を専門とする筆者は自省しています。世界はいささか、わかりやすさや効率性を重視しすぎてきたのではないか。つくろうとしすぎていたのではないか。参加者と場の主体性、双方向に、ときに即興的にそのとき必要なものが結果的に生じることを尊重する比重がもっと高まった方がよいのではないか。

そのような反省をしながら、学んできた事柄を改めて思い返すとき、私は「保育」の概念を思い浮かべます。保育の領域では、保育者自身が子供たちとは異なることを認識し、こどもたちが自ら動き、感じ、学び、育っていくことを支えるために「環境を介した間接的な保育」が推奨されています。[7] 片山忠次氏らは、生の統一であり、全体であって何かに分割することができない、「生活」に根ざし、その営みの中心は発達しようとする子供自身であることを意味するものとして保育を定義しています。[8] そして、その根底にある課題は、

7 片山忠次・那須川知子編著『改訂版 生活保育の創造』法律文化社、一九九八

8 前掲7、二八〜二九頁、三六頁、それぞれ片山忠次、戸江茂博執筆箇所

保育において「人間らしく生きる」ことができるように幼児を育成することであるとし、なぜなら人間は他者に代わることができない「みずから生きるべきものとして創られて」いるからであり、「人間はみずから生きることによってのみ、より人間らしくなるのである」と述べています。[9] ここには保育・生活・幼児のことが書かれているのですが、敷衍すれば凡そ人間というもの、人間の暮らしというものとケアの根幹についての記述のように読めてきます。分割できないその人、まちの、暮らしの全体を基盤として、存在とならんとするそれ自体を中心において、その自ら生きることを保《まもりたす》ける。建築やまちは、人や暮らしをまもりたすける主体でも関係でも手段でもあり、人がそれをまもりたすける対象でもあります。

人は生涯にわたって獲得と喪失を重ね、生物学的・遺伝的、環境的、社会・文化的影響を受けつつその限界の中でそれを乗り越えようともがき、その過程で個人がそれを主体的に受け止め、意味づけていく、そして変化・発達していくのだと捉える生涯発達の概念があります。[10] これらをつなぎ合わせると、人や関係や文化が育つことをまもりたすける建築や、公共の空間や、まちは、意図した場や関係や活動が結果として生じるよう、状況と材料を調える、環境を介した間接的な場づくりを基調とすることがすとんと得心できます。意図をもって計画しながらも、思ったものとちがう事柄が生じたときにはそれを素直に受け止め楽しむことが相応しい態度だろうと思えてきます。積み重ねられた先人たちの知恵や提言である本を繰り返し読み、ぐるぐると円環の糸をたぐりながら、人間が人間として育つこと、それをまもりたすけるゆりかごのような場所が必要なのだと、改めてたどり着いたところです。古来、満ち欠けを繰り返す「月」は、成長と変化、再生の象徴とも見なされてもきましたが――いま、ゆりかごの夢にはどんな月がかかっているでしょうか。

9　前掲7、二五頁、三六頁、片山忠次氏執筆箇所
10　無藤隆、久保ゆかり、遠藤利彦『現代心理学入門――発達心理学』岩波書店、一九九五、二〇二～二〇三頁、無藤隆執筆箇所

最後に、私が私ただひとりで私ではありえないように、研究や実践の活動を共にしている研究室のみなさんや研究仲間、もつれていく文章の整理に根気強くお付き合いいただいた編集の方々に篤く御礼を申し上げます。

プロフィール

山田あすか（やまだ・あすか）

東京電機大学未来科学部建築学科教授、博士（工学）、一級建築士

東京都立大学大学院工学研究科建築学専攻博士課程修了。日本学術振興会特別研究員（DC1、PD）、立命館大学理工学部建築都市デザイン学科講師、を経て現職。主な賞に、日本建築学会奨励賞、二〇〇九、『医療・福祉施設における利用者本位の建築計画に関する一連の研究――環境行動、施設計画、制度と都市環境のスケールを縦断して』にて日本建築学会学会賞（論文）、二〇一八、関東工学教育協会業績賞、二〇一八など。主な著書に『ひとは、なぜ、そこにいるのか――「固有の居場所」の環境行動学』青弓社、二〇〇七、『テキスト建築計画』学芸出版社、二〇一〇、『保育施設建築設計テキスト』彰国社、二〇一七、『福祉転用による建築・地域のリノベーション』学芸出版社、二〇一八など。

執筆者（あいうえお順）

小篠隆生（おざさ・たかお）

北海道大学大学院工学研究院准教授、博士（工学）、一級建築士

北海道大学工学部建築工学科卒業。主な著書・受賞歴に、『「地区の家」と「屋根のある広場」』鹿島出版会、二〇一八（日本建築学会著作賞）、『まちのようにキャンパスをつくり、キャンパスのようにまちをつかう』日本建築学会、二〇二〇、「東川町立東川小学校＋地域交流センター」にて公共建築賞優秀賞、二〇二〇ほか、「せんとぴゅあII」にて公共建築賞文化施設部門国土交通大臣表彰、二〇二三など。

加藤悠介（かとう・ゆうすけ）

金城学院大学生活環境学部環境デザイン学科教授、博士（学術）、一級建築士

大阪市立大学大学院生活科学研究科博士課程単位取得退学。主な著書・受賞歴に、『福祉転用による建築・地域のリノベーション』学芸出版社、二〇一八、人間－環境学会奨励賞、二〇〇七、「ケアホームはやぶさ」にて日本建築士会連合会まちづくり賞奨励賞、二〇一四、など。

佐藤栄治（さとう・えいじ）

宇都宮大学地域デザイン科学部建築都市デザイン学科准教授、博士（工学）

東京都立大学大学院工学研究科建築学専攻博士課程修了。主な著書・受賞歴に、『コンパクトシティ再考』学芸出版社、二〇〇八、都市住宅学会優秀博士論文賞、住宅総合研究財団研究奨励、日本建築学会奨励賞、日本公衆衛生雑誌優秀論文賞など。

西野辰哉（にしの・たつや）

金沢大学理工研究域地球社会基盤学系教授、博士（工学）、一級建築士

東京大学大学院工学系研究科建築学専攻博士課程修了。主な著書・受賞歴に、日本建築学会編『公共施設の再編』森北出版、二〇一五、『住みつなぎのススメ』萌文社、二〇一二。住総研研究選奨、二〇一四、日本建築学会奨励賞、二〇一〇年度、日本建築学会賞（論文）受賞、二〇一九など。

松原茂樹（まつばら・しげき）

大阪大学大学院工学研究科准教授、博士（工学）、一級建築士

大阪大学大学院博士後期課程修了。主な著書に『福祉転用による建築』学芸出版社、二〇一八、『利用者本位の建築デザイン』彰国社、二〇一七、『まちの居場所』鹿島出版会、二〇一九、『ケア空間の設計手法』学芸出版社、二〇二三など。

ケアする建築《けんちく》
「共在《きょうざい》の場《ば》」の思想《しそう》と実践《じっせん》

二〇二四年一月三〇日 第一刷発行

著者　山田あすか
発行者　新妻 充
発行所　鹿島出版会
〒一〇四―〇〇六一
東京都中央区銀座六―一七―一 銀座六丁目-SQUARE七階
電話　〇三―六二六四―二三〇一
振替　〇〇一六〇―二―一八〇八八三

印刷・製本　三美印刷
ブックデザイン　北田雄一郎

ISBN 978-4-306-04711-2 C3052

本書の内容に関するご意見・ご感想は左記までお寄せ下さい。
URL: https://www.kajima-publishing.co.jp/
e-mail: info@kajima-publishing.co.jp